香港文匯報簡史

（1938-2018）

黃　瑚　等撰

香港文匯出版社

目錄

　　1938年1月25日，《文匯報》在上海創刊，至今已80周年；1948年9月9日，《文匯報》在經歷了兩次停刊後從上海遷至香港復刊，至今已70周年。

　　《文匯報》在上海誕生之日，正值中國人民抗擊日本侵略之時。這份由愛國人士嚴寶禮等創辦、以英商名義發行的報紙，高舉抗日救國的大旗，是抗日軍民心頭不倒的精神支柱。在日偽與租界當局的雙重陷害下，《文匯報》為保護其抗日的英名不為玷污，出至1939年5月18日後自行停刊。1945年8月18日，即抗戰勝利後的第三天，《文匯報》排除種種困難，迅即以「號外」的形式在上海復刊。作為一份愛國民主人士主辦的報紙，雖然在復刊之初盲目擁護國民黨政府，但不久後就認清了形勢，呼籲和平、反對內戰，呼籲民主、反對專制，出至1947年5月24日後被國民黨當局迫令停刊。

　　之後，徐鑄成等文匯報同仁南下香港，試圖在香港恢復出版。在多方的支持與幫助下，《文匯報》浴火三生，於1948年9月9日在香港復刊，頑強地舉起團結、民主的大旗，聚焦內地、譜寫解放篇章，關注香港、反映民眾心聲，迅即為香港進步人士與愛國民眾所認可與歡迎。1949年5月上海解放後，徐鑄成等部分文匯報同仁返回上海，於

6月恢復出版上海《文匯報》。至此，《文匯報》進入了「一枝兩花」的新時期，分別在香港、上海兩地出版，同聲相應，同氣相求，一起見證了新中國的誕生與發展、進步與勝利、艱難與挫折。香港《文匯報》扎根香島，堅守愛國愛港、客觀公正的立場，見證了香港經濟起飛、回歸祖國等重要歷史時刻，當下正在為推進「一國兩制」的偉大實踐而奮戰在新聞輿論的前沿陣地。

1988年，為紀念《文匯報》創刊50周年、在香港復刊40周年，鄧小平親筆為香港《文匯報》題詞：「祝賀香港文匯報創刊四十周年。」1993年，在《文匯報》創刊55周年、在香港復刊45周年之際，江澤民為香港《文匯報》題詞：「發揚愛國愛港精神，為香港穩定繁榮做出新貢獻。」這一題詞，充分肯定了該報提出的「愛國愛港」的辦報方針。2013年，為慶祝《文匯報》創刊75周年、在香港復刊65周年，國家主席習近平向香港《文匯報》發出賀信指出：「香港《文匯報》與祖國同心，與香港同行。香港回歸祖國以來，《文匯報》秉承文以載道、匯則興邦的理念，支持特別行政區政府依法施政，關注香港民生，凝聚各界共識，增進香港與內地的相互理解。希望《文匯報》繼續堅持愛國愛港、客觀公正的報道立場，不斷擴大影響力和公信力，為推進「一國兩制」在香港的實踐，為

保持香港長期繁榮穩定，爲實現中華民族偉大復興的中國夢，作出新的更大的貢獻。」這一題詞，高度評價與讚揚香港《文匯報》的成績與貢獻，充分肯定了報社提出的「文以載道、匯則興邦」的辦報理念。

挨諸香港《文匯報》的發展歷程，「文以載道、匯則興邦」始終是一代代文匯報同仁的辦報理念，「責任、包容、創新、進取」始終是一代代文匯報同仁的從業情懷。無論是在硝煙瀰漫的戰爭時期，還是在風雲變幻的經濟建設年代，香港《文匯報》以「愛國愛港」、「港報港辦」爲辦報方針，全面、客觀、公正、準確地報道新聞事實、記載社會風雲、反映民眾心聲，引領時代潮流，並以「海納百川」的胸懷，多面、充分地匯聚才智、整合資源，有效地傳播國家民族理念，爲實現中華民族的復興而擔當起民眾的耳目與喉舌之大任，在中國新聞輿論傳播史上留下了不可磨滅的閃光一頁。

歷史研究，以史料爲本。爲研究香港《文匯報》創刊80周年、在香港復刊70周年走過的漫長歷程，本人帶領幾位新聞史博士研究生撰寫了這部記載香港《文匯報》自1938年1月25日在上海創刊、特別是1948年9月9日在香港復刊以來的報史書稿。本書稿在創意策劃、資料收集、文字撰寫等諸多環節中，得到香港文匯報同仁的大力幫助，

在此表示衷心感謝。

　　由於撰寫時間有限，本書稿存在不少不足之處，敬請讀者原諒，並誠望大家不吝指教。

　　謹以本書獻給《文匯報》創刊80周年、在香港復刊70周年的大慶之日！

復旦大學　黃瑚

2018年5月20日

第一章

從上海到香港　艱難玉成
（1938–1949）

第一節
「孤島」問世　吹響抗日的號角

　　自1937年11月12日國民黨軍隊撤離後，上海及周邊地區先後淪於日本侵略軍的鐵蹄之下，英、美、法等國管理的公共租界和法租界兩塊彈丸之地在日佔區的包圍之下，恰似茫茫大海中的「孤島」。由於在地理上租界與周邊淪陷區以及通往香港、海外的水路交通依然相通，因而利用這一特殊環境進行抗日宣傳活動，既有助於幫助淪陷區民眾了解抗戰的眞實狀況、堅定抗戰必勝的信心，也有助於中國爭取世界上一切反法西斯國家的同情與支持。因此，留居「孤島」的各種政治力量與愛國人士，利用外商發行的報紙（包括中文報紙）受租界當局保護、可免遭日本侵略軍當局的新聞檢查這一特殊狀況，創辦起一大批以外國商人名義發行的抗日報紙，時稱「洋旗報」。《文匯報》是這一時期在「孤島」上最先問世的「洋旗報」之一。

一、《文匯報》的創刊

　　1938年1月25日，以外商名義發行的《文匯報》誕生於「孤島」。社址設在上海公共租界福州路436號。

　　這份以抗日宣傳爲己任的「洋旗報」，由留居「孤島」的愛國人士嚴寶禮、胡雄飛、徐恥痕等發起創辦。嚴寶禮（1900～1960），字問聃，號保厘，江蘇吳江人。1916年秋進入上海南洋公學（今上海交通大學前身）學習，畢業後任職於滬寧、滬杭甬兩路局。善於經營籌劃，被推舉爲路局「同仁會」負責人。1930年代初，曾在上海創辦、經營集美廣告社，經營路牌廣告，與新

聞界廣有交往。上海淪爲「孤島」後，嚴寶禮與新聞界友人胡雄飛、徐恥痕等人商議，決定創辦一份以外商名義發行的中文報紙，擬以合股方式集資一萬元，最後實際籌得七千餘元。嚴寶禮經濟狀況較好，認購了四股，兼有經營管理的經歷與經驗，被推舉爲籌辦負責人。

爲了免受日軍新聞檢查，嚴寶禮通過朋友方伯奮找到了一位曾經當過記者的英國人克明（Henny Monsel Cumine，1882-1951），請他擔任這份報紙的發行人兼總主筆，並由他出面向英國駐上海總領事館註冊登記。克明曾任職於在上海出版的英文報紙 Shanghai Mercury，該報停刊時其英文報名雖被賣出，但中文報名《文匯報》尚未賣出。因此，克明建議這份新創辦報紙的中文名爲「文匯報」，英文名爲 The Standard，並成立英商文匯有限公司經營此報。

英商文匯有限公司董事會由中、英雙方董事各 5 名組成：中方董事是嚴寶禮、胡雄飛、沈彬翰、徐恥痕、方伯奮，英方董事是克明、勞合、喬治、薩埃門、小克明（Eric Byron Cumine，1905-2002，克明之子，又名「甘洛」，晚年在香港擔任設計師）。公司即報社的領導層是：克明任董事長兼發行人，僅擔負對外聯繫、交涉之責；嚴寶禮任經理，實際主持報務；胡雄飛任協理兼廣告科主任；胡惠生任總編輯；徐恥痕任編輯部秘書，負責編輯部日常業務。

在創建過程中，文匯報社還得到了已被迫停業的上海大公報社的支持與幫助。由於經費不足，文匯報社租用了大公報社的印

刷廠，樓上改用作編輯部，樓下印刷廠代印報紙。作為社址的福州路436號，僅夠報社營業部之用。《文匯報》初創時，其員工的工資明確規定只拿四折，其餘六成待報紙銷路與廣告量上升後再補發。創刊兩個月後，《文匯報》發行數已超過1萬份，票面為每股20元的股票，實值已升至720元，但現金調度仍很困難，員工的工資仍按七折領取。《文匯報》創刊後不久，《大公報》總經理胡政之即主動向嚴寶禮提出入股要求。入股的條件是：《文匯報》原有的一萬元股份升值一倍，價值二萬元；《大公報》在此基礎上投資一萬元，用《文匯報》欠付的印費和大公報社現存的白報紙抵充。《大公報》主動向《文匯報》投資的背景是：抗戰初期，蔣介石在武漢召見《大公報》總編輯張季鸞，並交給他2萬大洋作經費，希望《大公報》設法在上海租界內辦一張掛洋人招牌的華文報紙。胡政之此舉，正是為了完成蔣介石交辦的此項任務。

　　《大公報》入股《文匯報》後，雙方資產比例為一比二，因而仍由《文匯報》控制財權。《大公報》派出徐鑄成等人參加《文匯報》編輯部工作。徐鑄成（1907～1991），江蘇宜興人，1916年起先後在宜興、無錫、北京、保定等地求學，課餘給幾家通訊社投稿；1927年初以半工半讀方式到國聞通訊社工作，擔任該社北京分社抄寫員、練習記者、記者、代理主任；1929年初，調任天津《大公報》編輯，因成功採寫有關閻錫山、馮玉祥聯合反蔣及陳濟棠反蔣等重要報道而受到報社負責人的重視並獲提升；1936年上海《大公報》創刊，徐鑄成任要聞版編輯、後任總

編輯；1938年2月，徐鑄成出任《文匯報》主筆，並成為該報編輯部的實際負責人。此時，《文匯報》還新建社務委員會，由《大公報》派出的徐鑄成、費彝民以及《文匯報》方面的李秋生、儲玉坤、魏友棐等組成。

《文匯報》創刊時，日出對開一張四版，第一版為要聞版，第二版為國際新聞版，第三版為本市新聞版，第四版為副刊版（名《文會》，後改名《世紀風》）。3月5日後，《文匯報》改版為日出對開兩張，要聞、國際新聞和本市新聞均擴為兩個版，並增加經濟新聞一個版。4月，該報再次擴版為對開三張，新增教育與體育新聞、社會服務等版面和副刊《燈塔》。7月1日起，改出對開三張半或四張。《文匯報》的發行量也與日俱增，創刊不到半年即接近5萬份，最高時達6萬份，在當時上海報紙中居首位。

《文匯報》的報頭，係民國時期著名書法家譚澤闓所書寫。譚澤闓，字祖同，號瓶齋，室名天隨閣，辛亥革命元老譚延闓之弟，湖南茶陵人。善書法，工行楷，善榜書，氣格雄偉壯健，力度剛強。民國時期南京「國民政府」的牌匾，即出自其手筆。當年《文匯報》報名定下後，請來兩位書法家書寫報頭。譚澤闓用顏體書寫的報頭，字形豐滿，結構嚴謹，遂被採納並沿用至今。

二、呼籲團結抗戰　追求民主正義

《文匯報》是作為「洋旗報」問世的，自須染上一些外商報紙的色彩。該報發刊詞《為本報創刊告讀者》實際上是儲玉坤執筆撰寫的，但在發表時署名英商發行人克明，文中的話語也充滿

西方的色彩：「本報本著言論自由的最高原則，絕不受任何方面有形與無形的控制。」「報紙是人民的精神食糧，其所負的使命，一則為灌輸現代知識，另則為報道消息。是以報紙的生命，在其獨立的報格，不偏不倚，消息力求其正確翔實，言論更需求其大公無私，揭穿黑幕，消除謠言，打破有聞必錄之傳統觀念。所以本報同仁必遵行此記者紀律，始終不渝，以建樹本報高尚之報格。」「最後，有不得不鄭重聲明者，即本報刊行，絕非為投機取利，而實為應環境需要而產生，故必竭本報同仁之力，為社會服務，凡若有利於社會公眾之事業，無不欲先後興辦，以謀大眾之幸福，而副讀者之期望也。」

話雖如此，但《文匯報》在本質上則是一份以抗日為主旨的報紙，辦報方針始終堅持愛國主義的立場，呼籲團結、抗戰，追求民主、正義。

《文匯報》宣傳報道的首要內容，是傳頌中國軍民英勇抗戰的捷報，評析國內外大事和抗戰中的問題，以堅定「孤島」民眾抗戰必勝的信念。1月25日，即《文匯報》創刊之日，該報頭版頭條位置就以特大字號的標題刊載鄭州專電《津浦線發生激烈戰　華軍兩路包圍濟寧》，報道了津浦線上中國軍隊兩路包圍日軍的消息。之後，《文匯報》依據中央社消息，集中報道正面戰場的戰況。據統計，該報90%以上的頭版頭條報道，都是有利於中國抗戰的軍事新聞。1月28日，《文匯報》發表第一篇社論《淞滬之役六周年紀念》，通過對十九路軍將士英勇抗戰業績的緬懷與讚頌，向廣大讀者進行愛國主義教育，激勵「孤島」民眾

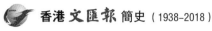

投身抗日鬥爭，拯救國家危亡。在台兒莊戰役期間，《文匯報》在3月19日至4月10日的23天內，有22天將這場戰役的報道作為頭版頭條，以滿足讀者渴求抗戰佳音的需要。《文匯報》還及時配發社評，如4月1日社評《津浦大捷後》指出，「這一戰，是中國勝利的起點，但要達到最後勝利的目的，勢必再經若干次這樣的戰鬥。」此外，對於蔣介石的講話，如「七七周年廣播講話」，「八一三周年紀念告淪陷區民眾書」，「九一八七周年的廣播詞」，「雙十節告全國同胞書」等，《文匯報》也都在要聞版頭條位置予以刊登。該報還發表過《戰局分析》、《對抗戰現局應有的認識》等分析抗戰形勢的社論。

《文匯報》還無情揭露日軍的暴行和漢奸投降活動，並告誡徘徊歧路的人們莫走錯路，揭露與抨擊漢奸賣國活動。《文匯報》開闢的「各地鄉訊」欄目，其主要內容就是揭露淪陷區日偽勢力的姦淫擄掠罪行。1938年2月8日，徐鑄成為《文匯報》撰寫的第一篇社評《告若干上海人》，就義正詞嚴地警告落水當漢奸的民族敗類要懸崖勒馬，不要去當「小丑」。這篇社評還對一些可能誤入歧路的人士提出告誡：「你們要繼續循著正路向前走，切勿戀著曇花一現的幻境，被漫天的風沙，葬送了自己！」1938年3月偽「維新政府」在南京成立後，《文匯報》立刻發表社論予以揭露與斥責，指出梁鴻志之流都是一具具政治殭屍，讓這些「自暴自棄的廢物」「去曝屍露體，供人玩弄，受人唾棄吧！」對於大漢奸汪精衛，《文匯報》也及時予以報道，使其賣國嘴臉昭然若揭。

　　難能可貴的是，作為一份愛國進步人士主持的報紙，《文匯報》能在政治上辨明是非，站在正確的立場上，堅決擁護中國共產黨的抗日民族統一戰線政治主張以及其他抗日政策，積極報道中國共產黨領導下的八路軍、新四軍在敵後戰場英勇奮戰、爭取勝利的消息。

　　1月27日，即《文匯報》創刊後第三天，該報在頭版顯要位置以「北平特訊」大字標題，報道了八路軍挺進平綏、平漢、正義鐵路三角地區，開闢敵後抗日根據地近1萬平方英里的戰績。此後，《文匯報》不斷發布消息，報道八路軍收復新樂、望都、定縣、淶源等城市。2月7日，平型關戰役已經過去近四個月，《文匯報》在其副刊《文會》上發表前線通訊《平型關一役　興奮的回憶》，對平型關戰鬥作了回顧性報道，向敵後民眾報告八路軍發動這場戰役並大獲全勝的真實戰況。2月8日，《文匯報》副刊《文會》刊載前線通訊《朱德將軍最注意的事件》，引用了朱德有關依靠人民才能取得勝利的話語，使敵後民眾深受鼓舞。2月13日，《文匯報》在要聞版上刊載了毛澤東對美聯社記者的談話。毛澤東在談話中分析了中日兩國的實力對比，作出了中國必勝、日本必敗的科學預言，引起了巨大的反響。當時，周恩來代表中共中央在國統區從事抗日、團結與統戰工作的活動，多次向記者發表重要談話，《文匯報》也都在要聞版顯著位置予以報道，擴大中國共產黨的政治主張在國統區的作用與影響。例如，1938年10月，日軍進攻武漢，周恩來舉行記者招待會，分析戰局，強調不論武漢是否失守，中國必將取得最後勝利，《文匯

報》在頭版予以報道。此外，《文匯報》還刊登過專欄文章《周
恩來的私生活》，以及其他有關彭德懷、賀龍、葉劍英、劉伯
承、林彪、任弼時等八路軍高級將領的訪問和報道，對中國共產
黨人進行正面介紹。

　　抗戰爆發後，中國共產黨領導的八路軍、新四軍，及其在敵
後建立的抗日民主根據地，特別是中共中央所在地延安，都為國
統區與敵後民眾所關注。鑒此，《文匯報》發表了不少有關通訊
報道。1月28日，剛創刊的《文匯報》就刊載通訊《關於八路軍
的話》，報道在山西的八路軍的嚴明紀律以及與當地民眾的親密
關係。2月2日起，《文匯報》副刊《文會》發表《中國紅軍十
年史》，連載4天，正面介紹八路軍、新四軍的奮戰歷史。2月
11日起，副刊《世紀風》連載美國記者史沫特萊撰寫的長篇報告
文學《中國紅軍行進》，詳細地敘述當時鮮為人知的中國紅軍自
1927年至1932年間的戰鬥歷程。3月15日，《文匯報》發表社論
《西北大戰的展望》，對八路軍和陝甘寧邊區作了高度評價：
「陝北現為八路軍之中心，人民經兩年餘之嚴格訓練，抗日思想
最為濃厚；武裝民眾，遍地皆是。彼等已厲兵秣馬，準備為保護
國土，獻身祖國。八路軍主力，現集中陝晉邊境者無慮廿萬，經
多年之苦鬥，萬里之長征，耐勞苦，守紀律，有濃厚之政治意
識，高遠之政治理想，每一個士兵，均能成為一個作戰單位。」
7月12日，副刊《世紀風》譯載新西蘭籍美聯社記者勃脫蘭的通
訊《與中國游擊隊在前線》，敘述中國共產黨領導的晉北抗日根
據地的所見所聞。10月4日，《文匯報》發表通訊《今日之延

安》，比較全面地介紹了延安的實況，向讀者展現了延安朝氣蓬勃的景象。

1939年3月31日，《文匯報》發表兩篇來自延安的通訊，一篇報道了延安選舉第一屆參議會的盛況，另一篇報道延安參議會一位女參議員的故事（至4月1日續完）。1939年4月4日，《文匯報》報道新四軍挺進蘇州五峰山，在無錫峽山殲敵，襲擊南京郊外的戚墅堰等消息，讓上海及周邊地區的民眾為之振奮。報道中國共產黨領袖人物的講話，介紹中國共產黨和中國紅軍領導人的消息、通訊與報告文學作品，在《文匯報》上時時可見。此外，文匯報還曾多次向讀者介紹抗日軍政大學和陝北公學，如1938年9月24日刊登的延安抗日軍政大學招收第五期學員、陝北公學招收第三期學員的公告等，並回答讀者提出的關於抗大的入學條件、如何報名等問題。

在團結抗戰問題上，《文匯報》的立場十分堅定，主張全國團結一致，抵抗日本侵略。1938年2月17日，《文匯報》就國民黨特務暴徒搗毀漢口新華日報社事件發表社評《國共合作之前途》，指出「國共合作的基礎完全建立在抗日的最高原則上，於今中國正處於長期抗戰最艱苦的階段，我們不但不相信，國共合作有破裂的可能，而且相信國共合作必隨中國抗戰的困難而趨於堅固與密切」。

當然，《文匯報》在宣傳報道上也曾發生過一些失誤。1938年6月21日，該報發表社論《一個建議》，認為中國一年來的英勇抗戰，粉碎了日本武力侵略中國的迷夢，日本已到了精疲力

盡、不勝支持的程度，建議英、美、法、蘇等國「趁此時機，迅速召集世界和平大會，以和平國家的合力制止日本的侵略，以收拾殘局，而重造遠東的均勢」。當時，日本外相宇垣也正在玩弄議和的陰謀，因而這篇社論的發表在事實上不利於抗戰，爲讀者所不滿。《文匯報》看清問題後迅即糾錯，在四天後（即6月25日）又發表社論《重申我們的信念》，內云：「我們在這五個月中，無日不主張團結抗戰，無日不呼籲中國國民應盡天職，這是有目共睹的事實」。「我們主張召集會議，是希望各國會商實行經濟制裁辦法」，「是希望日本受到不可抗拒的壓力，以加速其潰敗」。

三、直面血雨腥風　展開反恐怖反迫害鬥爭

以「洋旗報」爲主力的抗日宣傳活動在上海租界內勃興，當然爲環伺於租界外的日本侵略者所不容。日本侵略者除了與租界當局交涉取締租界內抗日報刊宣傳活動外，還豢養了一個由落水流氓、地痞組成的恐怖組織「黃道會」，採用打恐嚇電話、投送恐嚇信函或物件、投擲炸彈、武裝襲擊報館等恐怖手段，向愛國報館及報人施壓。1939年春汪精衛叛徒集團來到上海後，這種針對抗日報館、報人的恐怖、迫害活動進一步升級。

《文匯報》作爲當時「孤島」上最有影響力的抗日報紙之一，所承受的壓力更大、迫害更烈。但是，守衛在抗日宣傳報道的前沿陣地的《文匯報》同仁，無懼日僞暴徒製造的恐怖、迫害活動，堅忍不拔地與日僞暴徒展開反恐怖、反迫害的鬥爭，不惜犧牲個人的一切包括生命。

　　1938年2月9日，《文匯報》收到日偽勢力以所謂「正義團」名義發來的一封恐嚇信。內云，《文匯報》言論激烈，奉勸文匯報人識時務者為俊傑，此後務望改弦更張，倘再有反日情緒，將遭殺害。翌日（即2月10日）下午六時許，日偽方面派來暴徒，向文匯報社投擲了一枚手榴彈，當場炸傷工作人員3名。其中報社發行部職員陳桐軒因傷勢過重、送醫不治，於2月21日去世，成為「孤島」上第一位為抗日宣傳殉難的報人。發行部辦公地點靠近報社大門，此前曾有人提醒過陳桐軒：「倘若有人投擲炸彈，那你就要第一個遭殃了。」但他坦然地回答說：「大丈夫應當視死如歸。現在前線作戰的軍士，都是我們的兄弟。這個抗戰的責任，我們實在也有份兒。如果有一天我為盡責任而流血，那也算不了一回事。」[①]

　　對於日偽暴徒的這一罪惡行徑，《文匯報》勇敢地揭之於報端，公之於民眾，以爭取社會各界的同情與支持。2月12日，《文匯報》不僅詳細報道了這一恐怖事件，還配發社論《寫在本報遭暴徒襲擊之後》，指出此不幸事件係因言論公正、主持正義、消息翔實正確而導致，並表達了文匯報同仁願為抗日犧牲的決心：「前日暴徒向本報投一巨彈，就是黑暗勢力向吾人進攻的第一聲。吾人對此，不獨不稍存氣餒之心，反而勇氣百倍，加倍努力，以與黑暗勢力相周旋。」「炸彈，流血，撼不動我們的信念，恐怖，威脅，不足以使我們氣餒。今後的本報，不但仍要本著我們的宗旨及信條，繼續奮鬥下去，而且還要加倍努力，以副愛護本報讀者的期望。」「我們願為正義而流血，並願為維護

---

①　伯南：《悼陳桐軒先生》，《文匯報》1938年2月23日。

言論自由而奮鬥到底。」

　　當日，文匯報社又收到了一封措詞更為激烈的匿名恐嚇信件。對此，《文匯報》編輯部在翌日（即13日）頭版再次刊出以英籍發行人克明名義發布的大幅啓事，再次揭露並譴責日偽特務的恐怖活動，嚴正聲明《文匯報》「不畏利誘，不畏威脅」。

　　3月1日下午3點多鐘，一名不明眞相的水果店學徒，受日本人指派的漢奸之托，給文匯報社送來了一個裝熱水瓶的紙盒，並用一家著名百貨公司的招牌紙包裝。但打開紙盒，裏面竟是一截顏色萎黃、已經腐爛的人手臂，還附有一封用毛筆寫的恐嚇信：「此乃抗日者之手腕，送於閣下。希望閣下更改筆調，免嘗同樣之滋味。」①

　　3月22日深夜11點多鐘，日偽派來的3名暴徒從一輛黑色的轎車中躍出，開槍打傷了一名負責警衛報社的中國籍警察（時稱「華捕」），然後掏出木柄手榴彈兩顆，接連向報社內投擲。報社底層發行、廣告等部門辦公室被炸毀，一個過路行人被炸傷，報社工作人員因已下班而未受傷害。

　　3月27日下午3點鐘，爵祿飯店一名姓徐的服務員（時稱「茶房」），受開房間的客人（兩個日本特務和一個漢奸）支使，將三隻裝潢精美的花籃送到報社。花籃內盛有用花紙包裹的蜜桔、蘋果和柚子，並附有具外國人洋名的致編輯部和報社主筆的三封英文短信，內云：「貴報在此環境中，本愛國思想，勇敢發言，至堪欽佩。爰特奉上水果三筐，聊表敬意」。② 報社知其背後必有殺機，與巡捕一起將這個茶房連同水果送去租界捕房

① 《文匯報六十年大事記》，文匯新民聯合報業集團新聞研究所編，2001年5月內部印刷，第6頁。
② 《文匯報六十年大事記》，文匯新民聯合報業集團新聞研究所編，2001年5月內部印刷，第8頁。

（即警察局）。後經化驗，每隻水果都注有毒液。

　　爲了堅守抗日宣傳陣地，文匯報社被迫採取各種措施以加強自身戒備。例如，報社大門及弄堂口各裝鐵門一道，報社經理部裝上防彈鐵絲網，向租界巡捕房請來幾名由報社支付開支的「請願警」，等等。報社同仁也都提高警惕，時時戒備。徐鑄成回憶說：「我上下班時，汽車不停放在固定的地方，也不按一定的時間。後來空氣更緊，商之嚴寶禮，在附近的大方飯店開了一個房間。這房間在該店五樓，在通四樓的扶梯口還裝有鐵門，原是旅館老闆爲了防備綁票而自用的。有時，我們幾個主要編輯人員就不回家，在那裏過夜。有些會議也在那裏舉行。」[1]

　　對於上海租界當局應日本侵略者之請而採取的各種鉗制性或迫害性的指令，文匯報社也與其他抗日報社團結在一起，採用各種方法予以抵制。1938年7月底，英國駐滬總領事館通知各家英商報紙的發行人，要求各報在「八一三」上海抗戰一周年前後不得發表任何紀念文章和刊登有關紀念活動的消息。對此，《文匯報》決定在8月13日休刊一日，以紀念「八一三」上海抗戰一周年，同時也向租界當局表示抗議。

四、副刊專刊等業務特色的形成

　　在宣傳報道業務方面，《文匯報》最鮮明的特色，體現在其創辦的各有專長的副刊、專刊上。

　　副刊一直是中國報紙不可或缺的一個重要組成部分，與新聞、言論、廣告一起被稱爲中國報紙的四大要素。1938年1月25日《文匯報》問世之日，其副刊《文會》也隨之創刊。創刊之初

---

[1]　徐鑄成：《文匯報是怎樣誕生的》，載《新聞研究資料》，第2輯，中國社會科學出版社1980年1月出版，第146頁

的《文匯報》僅四個版，副刊《文會》就有一個版，佔報紙篇幅的四分之一。《文會》的內容以通訊爲主，也有一些從內地乃至延安寄來的書簡和留滬作家的小品文字等。2月11日，該副刊改名爲《世紀風》，由進步作家柯靈主編。柯靈（1909～2000），原名高季琳，浙江紹興人。1930年來上海擔任《時事周報》編輯，1933年後擔任《晨報》記者兼《社會服務》版編輯、《大美晚報》周刊《文化街》主辦人、《明星》半月刊主編、《大晚報》特寫記者等。1937年抗戰爆發後曾擔任《救亡日報》編委、《民族呼聲》周刊主編等職。在柯靈的主持下，《世紀風》突破傳統、積極創新，不久即發展成當時最受讀者歡迎的報紙副刊之一，成爲「孤島」上一個團結愛國民衆、打擊日僞勢力的強大抗日文學堡壘。

雜文，被魯迅先生讚譽爲「匕首和投槍」，也是魯迅先生在上海時期爲報紙副刊寫得最多的一種體裁，已爲上海這一國際大都市的讀者所關注和偏愛。《世紀風》創刊後，除了善於運用各種短小精悍的文藝體裁外，還每天發表雜文一至兩篇，還曾出過數期雜文特輯，其內容以抗戰、肅奸爲主題，富有戰鬥性與時代性。每當遇到抗戰進程中的重要節點，《世紀風》都會刊發筆鋒犀利、矛頭直刺敵人心臟的戰鬥性雜文。當日僞方面對文匯報社或寄恐嚇信、或扔手榴彈，直接襲擊文匯報社之際，《世紀風》連續發表雜文，嚴厲譴責日僞方面的卑賤墮落行爲。2月12日，《文匯報》發表《眞理的被擊》（作者王任叔）和《暴力的背後》（作者柯靈）兩篇雜文，義正詞嚴地指出，「炸彈可使奴才

屈膝，但不能使真理低首」，「暴力的施行，在被壓迫者是表示反抗；在統治者，卻往往是權力失墜的最後一著棋」。當汪精衛投敵時，《世紀風》刊發《流寇新義》《沒有心肝的東西》《劉豫之死》等雜文，予以無情的譴責和抨擊，指出汪精衛及其走狗的下場必與引金兵侵略宋朝的劉豫一樣。對於作家周作人的投敵，《世紀風》也進行了密集聲討，除發表多篇譴責文章之外，還刊發了不少名家抨擊周作人投敵變節的詩作。

每逢「五四」、「七七」、「九一八」等重大紀念日，《世紀風》都會推出匯集雜文、散文、詩歌等多種體裁的專輯，號召讀者不忘國恥，激勵鬥志，誓死驅逐日寇。例如，1938年7月27日，《世紀風》刊出「北平的末日」專輯，編者在《前記》裏指出：「千古名都，淪於敵手，文物的橫遭摧殘，人民的慘遭荼毒，對於每一個中國人，無論如何是一個永遠忘不了，也不該忘了的恥辱。」自1939年1月25日起，《世紀風》連續刊發《一年來的作家動態》《一年來的戲劇生活》《一年來的兒童生活》《中國電影的路向》等總結性文章，並發表編者短文《我們這一年》，總結抗戰爆發一年多來的戰鬥生活，指出，「這是一個空前的時代，中國每一個角落都需要著新的血液，文藝界自然也不能例外」，「熱誠地希望在前線、內地的作者和讀者給我們幫助，寄文稿給我們」，在讀者中引發了強烈的反響。

謳歌中國抗日軍民的英勇鬥爭事跡，特別是有關八路軍、新四軍戰鬥生活的文學作品，也是《世紀風》上令人矚目的內容。《世紀風》創刊之日就開始連載美國記者史沫特萊的報告文學

《中國紅軍行進》。之後，該副刊又刊發了許多記敘中國軍隊抗日事跡的報告文學、散文等。例如，美聯社特派戰地記者勃蘭特撰寫的長篇通訊《與中國游擊隊在前線》，敘述作者在晉西北八路軍根據地的所見所聞；曹白以「夏侯未胤」為筆名撰寫的《半個十月——富曼河記》，以散文筆調敘述江南抗日游擊區的戰鬥生活與風土人情；等等。

此外，《世紀風》還積極介紹、推薦革命文學作品。《魯迅全集》出版前後，《世紀風》不僅多次刊載介紹、推薦文章，還在1938年5月23日刊出推薦專頁。瞿秋白的《餓鄉紀程》《赤都心史》《亂彈》等文學遺著出版後，該副刊也曾刊登專文予以介紹與評價。

《世紀風》的成功，首先是其辦刊目的明確，即以文學為武器，以宣傳抗日救國或者反對內戰、反對獨裁，團結激勵民眾為己任。其次是擁有一個堅守民族氣節、用筆墨為武器抗擊侵略者的作者群體，其中有一批專業作家，如巴人（王任叔）、阿英（錢杏村）、唐弢、王統照、梅益、鄭振鐸、于伶等，還有一批業餘作者。1938年3月7日，《世紀風》編輯室發表《致讀者》，宣示「時代是這樣的苦難，在淪陷與在戰爭的土地上不斷地扮演著可歌可泣的悲劇與壯劇」，希望每一位讀者「都能在這裏傾吐他的心聲，說一切被壓迫者要說的話」。再次是中共地下黨員的參與與幫助。當時，中共地下組織曾在「孤島」上舉辦了一個不拘形式、不定期的座談會，以聯絡、組織當時還在上海的作家們，積極為《世紀風》等報刊副刊寫稿、投稿，參加這個座

談會的成員中就有經常爲《世紀風》撰稿的巴人（王任叔）、于
伶、梅益等共產黨員。

　　除了《世紀風》外，《文匯報》還辦有其他各具特色的副
刊、專刊等。副刊《燈塔》創刊於1938年7月1日，邀請江紅蕉
（原《民報》副刊《民話》編輯）主持編務。該副刊與《世紀
風》有別，繼承上海報紙傳統的舊文藝副刊的風格。《文匯報》
之所以在副刊建設上新舊並蓄，旨在團結一切愛國抗日人士。
《文匯報》創辦的專刊則有《劇藝周刊》《俗文學》《兒童園》
《自學周刊》《學術講座》《讀者園地》《法譚》《無線電》周
刊、《中國醫藥》周刊、《商業知識》等，各有自己的辦刊特色
與讀者群。其中1938年12月12日發刊的《自學周刊》，以青年
爲主要讀者對象，以討論「孤島」青年前途問題爲主要內容。

　　《文匯報》在宣傳報道業務上的另一個引人注目的特色，是
每天發表一篇社論，分析國內外時勢，解答讀者大衆的疑惑。
《文匯報》剛創刊時，上海各報均無社論，因而該報的社論不啻
空谷足音，大受讀者的歡迎。有鑒於《文匯報》社論在輿論引導
上的成功實踐，《每日譯報》等其他抗日報紙後來也積極仿效，
增闢社論和其他評論性欄目，使「孤島」報紙上的新聞評論大爲
加強。

　　此外，文匯報社還辦有《文匯報晚刊》《文匯年刊》以及
《文藝叢刊》等其他出版物。《文匯報晚刊》創刊於1938年12
月1日，由李秋生主編，日出四開四版，以配合《文匯報》日刊
的宣傳報道活動。該晚刊曾全文刊載毛澤東的《論持久戰》、連

載許廣平整理的《魯迅日記》等，至今仍有重大意義。《文匯年刊》由柯靈主編，1938年秋開始籌劃出版，1939年5月正式出版，共計120多萬字，分論文、文獻和抗戰以來中外大事記三大部分，收入了大量抗戰初期的文獻資料和圖片。《文藝叢刊》僅出過1本，即1938年11月出版的《邊鼓集》，內有王任叔（筆名「屈軼」）等6名抗日作家的雜文181篇，共計20多萬字。

文匯報社還開展過許多支援抗戰的社會活動，如發起讀者獻金運動、設立救助生活困難學生的清寒助學金、與上海華洋義賑會合辦的徵募救濟難民捐款、捐贈「文匯杯」以支持上海震旦大學舉辦慈善足球賽募捐活動、代收讀者慰勞「四行孤軍」的捐款和慰問品活動等。其中最為成功的是副刊《世紀風》發起的「文藝工作者義賣周」活動，始於1939年4月24日，籲請作者惠寄稿件並將稿費捐助抗戰。「義賣周」活動因得到上海文藝工作者的熱烈響應而不得不一再延期，直至報紙被迫停刊才結束。

《文匯報》在事業上的欣欣向榮，廣告收入也迅速增長。創刊半年內，廣告版面從初創時的不足一版，增加到九版甚至近十版；廣告篇幅佔報紙版面的比例，也從初創時的20%左右增加至60%。

五、寧為玉碎　自行停刊

進入1939年後，「孤島」的政治局勢日趨險惡。4月12日，日本駐滬總領事三浦義秋約見公共租界工部局總董樊克令（C.S. Franklin），並面遞備忘錄一份，要求取締租界內宣傳抗日的「洋旗報」。5月1日，公共租界工部局發出布告，宣布禁止在租界

內進行一切抗日活動。對此，《文匯報》等租界內的抗日「洋旗報」堅決予以抵制。

5月16日，《文匯報》與《每日譯報》《中美日報》《大美報》等4家「洋旗報」不顧租界當局的有關規定，刊登蔣介石在全國生產會議上的「訓詞」。為此，《文匯報》於5月18日接到英國駐滬總領事館的通知，以蔣介石的「訓詞」中某些文字與維持租界安定有所牴觸為藉口，迫令《文匯報》停刊兩周。與此同時，《每日譯報》《中美日報》《大美報》也分別接到英國駐滬總領事館或上海工部局迫令停刊兩周的通知。自5月19日起，《文匯報》等4家租界內影響最大的抗日「洋旗報」同時被勒令停刊，引起了社會上巨大的反響與抗議。

在《文匯報》被迫停刊前後，汪偽特務還釜底抽薪，通過漢奸董俞用10萬元巨款收買了愛錢如命的《文匯報》發行人克明，誘使其將《文匯報》改造為汪偽集團掌握的漢奸報紙。6月1日，即《文匯報》停刊兩周期滿之日，徐鑄成等26位文匯報同仁聯名在《申報》上發表《文匯報編輯部全體同人緊急啟事》，內云：「同人等服務文匯報一年有半，立場堅定，向為社會人士所深悉。茲因報館內部發生變動，嚴經理去職，特向本報當局提出要求，保證不變本報原來編輯方針，庶得保持本報一貫立場。在未獲得滿意答覆以前，同人等暫不參與編輯工作。一俟交涉獲有結果，自當另行聲明。」這一《緊急啟事》的發表，將日偽企圖控制《文匯報》的陰謀公之於眾。

與此同時，嚴寶禮等文匯報同仁還在社會上收買到佔總數三

分之一的《文匯報》股票，並根據英國公司法的有關規定，向英國駐華大使館申請停業。馬季良（筆名唐納）將停業申請書上交與其熟識的英國駐華大使寇爾後，後者為避免事端，當即批示英國駐滬領事，吊銷了英商文匯有限公司的登記執照，粉碎了克明夥同汪偽特務篡奪《文匯報》的陰謀，使《文匯報》這份抗日報紙的清名未遭到玷污。

至此，《文匯報》自1938年1月25日創刊至1939年5月18日停刊，計出報477期；《文匯報晚刊》自1938年12月1日創刊至1939年5月18日停刊，計出報164期。

《文匯報》雖然被迫停刊了，但日偽方面對它始終恨之入骨。1945年初夏，已經面臨失敗的日本侵略軍逮捕了原經理嚴寶禮、副刊主編柯靈、國際新聞版主編儲玉坤、會計袁鴻慶、社論委員費彝民等文匯報同仁。這5位人士在被捕後受到日本人的嚴刑折磨，柯靈因其雜文抗日色彩強烈而更飽受老虎凳、灌辣椒水等酷刑。但他們始終堅貞不屈，後經多方大力營救而先後獲釋。

第二節

梅開二度　誓作民主的喉舌

1945年8月15日，日本宣布無條件投降，中國人民抗擊日本侵略的正義戰爭取得了最後勝利。上海人民與其他淪陷區人民一樣，終於度過了漫漫長夜，盼來了天亮之日。就新聞宣傳報道而言，各種政治力量、各界社會人士迅速回到上海這一中國報業中心重振旗鼓，已停刊的報刊紛紛復刊，新創辦的報刊紛紛問世，使上海這一中國報業中心的聲勢更為宏大，色彩更加斑斕。《文匯報》在這一背景下迅即恢復出版。

一、抗戰勝利　申江復刊

抗戰勝利的消息剛在上海傳開，在整個抗戰期間始終留居上海的《文匯報》創辦人嚴寶禮，立即邀集《文匯報》原國際新聞編輯儲玉坤等人，開始著手籌備《文匯報》的復刊事宜。在借得小沙渡路（今西康路）上的一個印刷廠作為社址後，儘管經費、人員、設備等尚未全部落實，嚴寶禮、儲玉坤等文匯報同仁，立即以「號外」形式恢復出版已經停刊六年多的《文匯報》，時不我待地發出抗戰勝利之聲。

1945年8月18日，即日本無條件投降、中國抗戰勝利後的第3天，《文匯報》「號外第1號」在上海復刊。日出八開一張（兩個版面）。至9月5日出版「號外第19號」，先後出了19天號外版。9月6日，《文匯報》正式復刊，編號為第478號，與1939年5月18日出版的第477號相接，以示精神一脈相承，其英文報名則開始改為WEN WEI PAO。此時，文匯報社已遷至圓明

園路149號，報紙改由中央日報社承印，日出對開一張（四個版面）。發行遍布全國各地，重點則在上海、北京和江浙地區。嚴寶禮任發行人兼總經理，儲玉坤任總主筆。

進入1946年後，為《文匯報》的發展，主持社務的嚴寶禮與已回上海、但尚未回文匯報社工作的徐鑄成商議，邀請進步報人宦鄉加盟《文匯報》。宦鄉（1909～1989），貴州遵義人，1932年上海交通大學畢業，後赴日本、英國短期留學，回國後在武漢、宜昌、上海等地海關任職。抗戰期間開始從事新聞工作，1938至1945年間任江西《前線日報》副社長兼總編輯，曾在報紙上發表有關日本將南下進軍和希特勒將入侵蘇聯的判斷，並為事實所驗證。文匯報社向宦鄉提出邀請時，他雖然還沒有加入中國共產黨，但已在政治上站在中國共產黨一邊，並自覺接受黨的領導與幫助。當時，中共上海地下黨組織十分重視《文匯報》這份在上海市民中具有很大影響力的民營報紙，支持宦鄉加入文匯報社工作。宦鄉上任後，以副總主筆身份實際主持《文匯報》的筆政，並接受中國共產黨的推薦，接受抗戰時期曾在《文匯報》任職過的著名記者唐海、孟秋江（後任採訪主任）重回報社工作。宦鄉主持《文匯報》筆政後，還著力改變辦報方針，提出要把反對內戰、反對獨裁，推進國內民主作為基本原則，使《文匯報》的新聞報道、專論、社評等都出現了積極的變化。其中宦鄉親自撰寫的大量反對內戰、促進國內和平的評論文章，可謂膾炙人口。

1946年4月，徐鑄成回到文匯報社工作，擔任總主筆，主持

社務。此時，馬季良、陳虞孫也先後進入文匯報社，馬季良任總編輯、陳虞孫任副總主筆，與先此已任副總主筆的宦鄉一起，組成了一個以徐鑄成為首的、實力強大的《文匯報》筆政核心。

　　馬季良（1914～1988），原名馬驥良，筆名唐納，江蘇吳縣人，上海聖約翰大學畢業，1930年代中期開始從事新聞工作，主編上海《晨報》影劇副刊，同時參加影劇演出活動。1936年應聘擔任上海《大公報》影劇版編輯。抗戰爆發後，以《大公報》記者名義赴前線採訪。1937～1938年間負責大公報社所屬大公劇團的組織領導工作。1938年底，回到上海「孤島」，一度參加英國新聞處工作，後應邀擔任《時事新報》總主筆，因受敵偽方面的壓制而被迫離職。抗日戰爭勝利後，回上海出任《文匯報》總編輯。陳虞孫（1904～1994），又名陳椿年，江蘇江陰人，1921至1927年在南京金陵大學求學，八一三事變後參加抗日救亡活動，1937年12月從上海轉到武漢參加抗日宣傳活動，1938年9月加入中國共產黨，開始從事地下黨的宣傳和統戰工作。後在擔任國民黨《浙江日報》總編輯期間，因叛徒告密被國民黨當局傳訊後逃至上海，一度與黨組織失去聯繫。1946年出任《文匯報》副總主筆，不久後重新加入中國共產黨。

　　此外，柯靈、唐弢、楊培新、欽本立、劉火子、程光銳、秦柳方等抗戰時期的《文匯報》同仁或其他進步報人也先後入職《文匯報》。《文匯報》面貌為之一新，文匯報社開始成為當時上海進步報人的一個戰鬥堡壘。

二、從盲目擁護政府到自覺捍衛正義

這一時期的《文匯報》，在報道宣傳上經歷了一個從盲目擁護政府到自覺捍衛正義的歷程。

1945年8月18日，即《文匯報》以號外形式復刊的當日，其《復刊辭》明確表明該報擁護當時的國民政府及其領袖蔣介石的立場與態度：第一，「吾人認為對於八年長期抗戰之終於獲得最後勝利，必須向我全國最高領袖蔣主席，以及效命疆場的全國將士，與艱難困苦擁護國策到底的各地同胞，致其最崇高之敬意」。第二，「中國在道德上所獲取的勝利，其價值比在軍事上所取得的勝利，更要重大若干倍」。第三，「抗戰勝利雖已確保，可是建國大業猶待努力——吾人必須更深刻地檢討過去的一切錯誤，一切欠缺，依照蔣主席《中國之命運》中所昭示的方針，致力於各部門的建設」。8月23日，《文匯報》發表社論《今後的本報》，再次闡述其辦報方針，「一、宗旨純潔，完全站在民眾的立場發言」。二、「實行憲政，勢在必行」，「有待報紙之啓迪民智」，「必賴言論的自由」。三、「報道新聞，迅速翔實」。四、本報有「『富貴不能淫，威武不能屈』之高尚風格，今後仍當保持」。五、「報紙為社會事業之工具，故本報同仁必竭盡所能，為社會服務」。9月6日，《文匯報》正式復刊，再次發表《復刊詞》，聲稱該報「為無黨派色彩商業性報紙」，「以言論自由為最高原則，矢志保持高尚的報格」。

當時的《文匯報》既然已經認定建國大業必須一切依照蔣介石的《中國之命運》中所定方針進行建設，因而在復刊後的幾個月內，在政治上盲目擁護國民黨當局，其報道與評論與當時國民

黨官方主辦的報紙並無二致，反映出該報對國民黨當局抱有不切實際的幻想。其具體內容有四：

一是中國政府收復淪陷區特別是收復上海、國民政府要員回歸舊地的報道。1945年8月24日，《文匯報》在要聞版頭條報道國民政府派來的上海市副市長吳紹澍抵達上海以及宣布施政方針的消息，並發表社論《歡迎吳副市長》，稱「吳氏是黨政傑出人才」。9月4日，《文匯報》報道「上海大亨」杜月笙回滬的消息，並配發社論《歡迎杜月笙先生》，「代表上海市民向先生致敬並表示歡迎之意」，將這位流氓出身的「上海大亨」譽為「勞苦功高的地方領袖」。9月5日，《文匯報》要聞版刊出頭條報道《全市民眾渴望中　國軍今晨空運來滬》，並配發社論《歡迎國軍》。9月8日，《文匯報》刊發社論《明白黑　辨順逆》，內云，「湯恩伯將軍昨日抵滬，其麾下的將士，也大批開到了……昨天起，上海的天真亮了」。10日，《文匯報》刊出報道《五百萬市民歡迎中　錢大鈞市長昨抵滬》。11日，《文匯報》刊發社論《一切納入正軌》，呼籲上海實現「正常化」、「法治化」。

二是日軍投降及懲處漢奸的報道。1945年9月3日，《文匯報》報道了2日上午日本投降簽字儀式在「密蘇里」號主力艦上舉行的消息並配發社論《日本降書的簽字》。9月9日，《文匯報》刊發報道《日本投降簽字儀式今晨在首都舉行　何應欽總司令昨午飛抵京　解除日軍武裝三個月可竣事》。9月12日，《文匯報》刊發《上海地區日軍投降　今日起開始接收　湯將軍召見

松井命令遵照》、《市政府各局派員　今晨接收僞市府》等報道。9月30日，《文匯報》刊發報道《漢奸30餘名就逮　將解法庭公開審理　袁履登林康侯聞蘭亭等均在內》。

三是服從領袖與政府在戰爭廢墟上重建國家的呼籲。9月14日，《文匯報》刊發社論《迎頭趕上去》，呼籲人們「迎著民主自由世界潮流，放準目光，灑開大步趕去」。文中還有不少對蔣介石及國民黨政府充滿幻想的溢美之詞，頌揚蔣介石「是中國偉大而英明的領袖」，「中國有的是好的領袖和好的民眾，如何體洽民情，秉承領袖爲國的苦心，走上開明與進步的大道，正是當前政治家應負的責任。」

四是指責中國共產黨及其人民軍隊的言論。10月24日，《文匯報》刊發社論《江南善後》，內云「傳新四軍已由江南撤退，每一個流亡上海的江南人，都鬆了一口氣」，並無端指責「新四軍濫用『抗幣』，強徵糧食，民眾倒懸，村市成墟」。10月30日，《文匯報》不僅在頭版刊發擁護政府、反對中共的報道《共軍行動逐漸擴大　政府處以最大忍耐》，還配發短評《向中共呼籲》，內云，「全國人民也只有一種主張，認爲消弭內戰的辦法，只有絕對擁護中央」。「如果中共當局，執迷不悟，仍欲一意孤行，不惜引起內戰，使我民族陷於萬仞（劫）不復之絕境，則其爲民族罪人，是不可饒恕的」。11月1日，《文匯報》刊發社論《請問毛澤東先生》，指責中國共產黨的言論與行動互相矛盾，「實在令人惶惑難解」，並把矛頭直指中共領袖毛澤東，「我們只想先請敎毛澤東先生一個問題，就是中共的根本政策，

是不是眞正主張中國的團結進步？」

　　當然，由於殘酷的現實屢屢打破美好的期望，《文匯報》對個別問題也開始出現疑惑、憂慮甚至不滿。1945年9月24日，《文匯報》報道，「滬日紗廠接收後，失業工人激增，全市計達萬四千人，停業工廠49家」。9月29日，《文匯報》報道，「物價飛漲，影響民生」。對於當時出現的學潮，《文匯報》則能站在公正的立場上予以報道。12月5日，《文匯報》刊發社論《何故壓制學潮》，批評國民黨當局鎮壓昆明學生反對內戰的學潮，雖然同意「每一個靑年都能置身於政治渦流之外，寧寧靜靜地研究學習，爲國儲用」的說法，但認爲「這個責任，顯然在於政府而不在靑年本身」。

　　1946年後，隨著宦鄉、孟秋江、徐鑄成、馬季良、陳虞孫等先後加入報社執掌筆政，《文匯報》的立場與態度開始發生了變化，不再盲目擁護政府、維護政府利益，開始轉向以維護人民大衆的利益爲最高準則，立志服務人民，自覺捍衛正義。正如1946年9月6日《文匯報》刊發的徐鑄成爲紀念《文匯報》復刊一周年而寫的《一年回憶》中所說的那樣：「一張眞正民間報立場應該是獨立的，有一貫的主張，而勇於發表。明是非，辨黑白，決不是站在黨派中間看風色，看形勢，隨時伸縮說話的尺度，以響應的姿態多方討好，僥幸圖存。」「《文匯報》的努力方向是非常顯明的，政治上我們要求民主要求安定，在憲政沒有實行前要求眞正尊重人民的基本自由，遵循政協決定的軌道，化除糾紛實行團結，立即停止內戰，改進人民生活。」

《文匯報》開始改行新的辦報方針之際，正是政治協商會議舉行之時。該報積極報道了這一全國人民關注的熱點，刊發了不少精彩的消息、通訊與高質量的評論文章。

　　自 1946 年 1 月 10 日政協會議開幕至 2 月 2 日閉幕，《文匯報》每日都刊發來自重慶的航訊，充分報道會議的進程，並配發有獨到見解的社評或專論。1 月 10 日，《文匯報》發表社論《樂觀協商會議》，認為「對於國是，也差不多有共同的認識，就是政治民主化和軍隊國家化必須同時貫徹」，「政府的基礎必須擴大，政治必須清明，所有言論自由身體自由等基本的人民權利，必須真被尊重」，「這些，都是全國民眾的熱切願望」，「誰違反了這個人民意志，誰就要受民眾的唾棄」。1 月 17 日，《文匯報》刊發政協會議旁聽記《願永無內戰》，引述周恩來發言的觀點，即：「政治解決應互相承認，不應互相敵視。問題貴在商量，不可獨斷，互相讓步，不要獨斷，互相競賽，不應互相取消。」1 月 18 日，《文匯報》報道了中國共產黨在政協會議上提出的十項和平建國綱領。1 月 24 日，《文匯報》全文刊發了上述和平建國綱領草案。

　　1 月 29 日，《文匯報》刊發社論《國民黨今後應有的作風》，指出「現在的國民黨失掉了民主精神，所以黨的意識始終脫離不了『朕即國家』的陳腐圈套」，特別是大膽地揭露與批評國民黨當局「以『特務』來維持對國家的統治，竭力排斥異己」，希望「國民黨訴求進步，改進本身的組織，保持民主的意識，學習民主的方法，表現民主的行為，建立民主的作風。」2

月1日，《文匯報》在政協會議閉幕日刊發社論《暴力是扭不轉歷史的》，指出「歷史是少數人扭得轉的嗎？……從古今的歷史事實中從來沒有發現出這可能」，「全國乃至全世界對於滄白堂的會議（即政協會議）只許成功，不許失敗。……這個歷史動向並非少數人所能決定，並非少數人所能扭轉。而事實擺在眼前，歷史的確已經而且正在朝著這個方向行進。在這個場面中，用暴力來搗亂，不僅不能扭轉既定的方向，而且恰恰和搗亂者的願望相反，適足促使這歷史進程加速發展。」2月2日，農曆恰逢大年初一，即春節，《文匯報》就政協閉幕刊發了富有抒情味的社論《春光普照著大地》，但對前途仍是充滿憂慮：「滄白堂會議已圓滿結束，春光正普照著大地，我們在歡欣鼓舞中益增戒慎恐懼之心。因為以往的會議太多了，記錄太多，演辭也太多了，這次究竟算不算數呢？」

1946年後，《文匯報》在有關國共和內戰的問題上開始拋棄原先所持的所謂「不偏不倚」的態度，站在人民的立場上，表達廣大民眾對和平民主的熱切盼望，抨擊國民黨為一黨之私，置國家民族利益於不顧而走向內戰、走向獨裁的倒行逆施，正面報道中國共產黨方面的消息、動向與談話並予以正確的解讀，為國統區民眾了解事實真相提供了一個可靠的平台。

4月24日，《文匯報》刊發社評《最低調的呼籲》，指出「復員八個月，國家所受的損失，比抗戰八年還屬害」，呼籲「趕快停止這種亡國滅種的內戰，趕快實行政協決議，誠意團結，開創民主的局面」。5月4日，《文匯報》刊發重慶通訊

《周恩來論東北問題》，對周恩來有關東北問題的由來及中共的態度主張的談話作了詳細報道。5月25日，《文匯報》就國民黨軍隊佔領長春事刊發社評《長春收復後之時局》，指出長春「是中共讓出來的」，其目的是為了「向全國人民表示中共停戰求和的決意，滿足全國人民熱烈希望內戰不起的要求」，並「使政府方面得到『面子』」，希望政府「趕緊懸崖勒馬，立即開始和平談判，完成全面（包括東北在內）停戰」。8月4日，《文匯報》援引外電，報道國民黨當局派飛機轟炸延安的罪惡行徑。10月15日，《文匯報》就國民黨軍隊佔領原為中共根據地的張家口刊發社評《張垣下後之政局》，指出：「政府對中共既下決心採用軍事解決的方針，對國大又採用了違反政協決議的辦法，漠視了各參加政協黨派的意志和黨格，其結果當然只有迫使中共在軍事政治上採取相應最後絕招，迫使國家走上政治分裂的悲慘而危險的道路。」11月1日，《文匯報》報道中共發言人在南京發表的書面談話，闡明中國共產黨堅決反對國民黨當局以國大名單作為停戰條件的無理要求。

　　1947年2月23日，《文匯報》轉發美國合眾社延安電，報道了周恩來有關談話的內容：「自美國調解失敗後，今後無需英、美、蘇聯或任何外國之任何調解，中共此後將自行解決其問題。」3月4日，針對國民黨勒令中共代表團撤退，《文匯報》刊發社評《最低限度的民主風度》，指出國民黨當局在「命令中共聯絡處停止工作的前後，大規模的恐怖行動，普遍在各地發生了」，「今天中共撤走了，政府是不是要把民主運動人士作為對

手呢？」　5月18日，《文匯報》報道沂蒙山大戰，並刊發「編者的話」——《魯戰》，指出「沂蒙山區的會戰已經結束」，「這一戰據說是一場極慘烈而具有決定性的主力決戰。如中央社16日電所報道，國軍原擬在此『緊握殲滅良機』，可是結果仍被共軍潰退了。」

對於國統區的眞實狀況、國統區民眾從期望到失望的心路歷程，特別是工人、學生等各界民眾反飢餓、反內戰、反迫害的愛國民主運動，《文匯報》始終站在人民的立場上進行客觀、公正的報道。

《文匯報》如實報道了當時上海工人失業、物價飛漲等社會眞相。1946年1月23日，《文匯報》刊發特寫《爲了吃飯要求復工》，報道上海失業工人已有10萬人以上，其中70%是抗戰勝利後失業的，並在文中引用了當時失業工人的民謠：「慶祝國慶停生意，歡迎國軍餓肚皮」。2月5日，《文匯報》刊發社論《穩定法幣！》，指出「勝利5個月來，法幣到一處，物價就高一處」，「就上海而言，這兩個月來，金價每兩從三萬元升到十二萬，一漲就是四倍。發展到現在，薪俸階層以下的生活全被動搖了」。2月24日，《文匯報》刊發「星期評論」《天坍了》，指出「米價扶搖直上，日用品一日數漲，黃金突破20萬大關」，「民以食爲天，物價高漲將促成中國社會經濟的崩潰，這是血的預兆」。9月13日，《文匯報》刊發社論《展望經濟前途》，嚴肅指出「中國經濟已走向崩潰的邊緣」，「放眼一看，災區遍及十九省，災民達三千五百萬」，其根本病源「無疑在通貨的不斷

膨脹」。

1946年6月20日，《文匯報》報道了上海聖約翰、大同、之江等72所學校學生組織成立上海市學生爭取和平聯合會的消息，發起上海學生反內戰簽名運動，並刊發其《告同學書》。6月22日，《文匯報》不僅報道了120多所學校的學生加入反內戰運動的消息，還配發社評《擴大反內戰運動》，呼籲「反內戰運動要擴大深入到全國廣大的群眾中去」，批判「反內亂」之類錯誤口號，希望「學生們不要忘記了自己的光榮傳統與緊急任務，汲取歷次學生運動的經驗教訓，把握方向，嚴整陣容，領導全國同胞，為國家民族，為我們自己，爭取光明的生路」。

與此同時，由上海人民團體聯合會發起、上海各界知名人士馬敘倫、陶行知、馬寅初等164人聯名上書蔣介石，呼籲和平，反對內戰。上海各界人民還組織上海人民和平請願團，推派馬敘倫、吳耀宗、蕡延芳、盛丕華、張絅伯、包達三、閻寶航、雷潔瓊，以及學生代表陳震中、陳立復，赴南京請願，要求和平與民主，反對內戰與獨裁，但請願團剛抵達南京下關就遭到國民黨當局派出的幾百名暴徒的包圍和毆打，史稱「下關事件」。《文匯報》對這一事件的前前後後均予以如實報道。

6月24日，《文匯報》報道了上海各界人民歡送代表晉京請願及示威遊行活動，並刊發社評《偉大的行列》，讚揚這支以學生為主導、五萬民眾參加的大規模的示威遊行隊伍是「上海市出現了勝利以來最偉大的行列」。下關慘案發生時，《文匯報》駐南京記者在現場目睹了國民黨當局這一暴行，在衝出暴徒包圍後

迅即將這一情況告訴民盟負責人設法營救被圍毆的人民代表，並
於凌晨一時向報社發回專電。25日，《文匯報》即在頭版刊發加
框的專電《上海人民代表到南京　竟在下關車站被打　陳震中等
受傷最重　迄今晨一時尚被困重圍中》，率先揭露國民黨當局製
造的這一駭人聽聞的暴行，並配發社評《對南京暴行的抗議》，
譴責國民黨當局無異於「玩火者」，眼睛裏「根本沒有人民」。
在整個事件進程中，《文匯報》始終站在抗議的最前列，積極報
道有關新聞，為民主發聲，6月26日、27日連續刊發親歷事件人
士的敘述，之後又逐日逐地的報道全國各地的抗議集會，在輿論
上給以國民黨當局巨大壓力。

　　1946年7月李公樸、聞一多兩位先生在雲南昆明先後被國民
黨特務暗殺後，《文匯報》對這一事件的經過、真相以及各方反
應作了詳盡的報道，並刊發讀者來信，要求懲處兇手。10月4
日，《文匯報》用大半個版面刊登上海舉行追悼李聞二先生大會
的新聞，並刊發社評《實現四大自由——敬悼李聞二先生》，指
出「李聞二先生之死是死於政治暗殺」，為了實現四大自由，
「今天只有依靠人民自己」。

　　此外，對於這一時期發生的美國軍人打死三輪車夫臧大咬子
事件、美國軍人強姦北大女學生事件、上海攤販集體請願事件、
勸工大樓血案等震撼全國的重大事件，《文匯報》均用大量篇幅
予以詳盡報道，並用多種形式的言論聲討國民黨鎮壓愛國民主運
動的罪惡行徑、反映人民群眾的正義呼聲。

　　由於《文匯報》新辦報方針符合歷史發展方向，因而很快贏

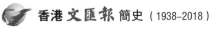

得了眾多讀者，其影響面覆蓋到工、農、商、學等各個社會階層，至1947年5月被迫停刊前已經發展成爲在上海乃至全國發行量最大、影響力最強的日報之一。

三、副刊與專刊的傳承與創新

這一時期的《文匯報》，在新聞報道業務方面的最大亮點，體現在其各具特色的副刊、專刊上。《文匯報》的副刊、專刊，早在上海「孤島」時期就已聞名上海，戰後復刊後進一步發展爲該報的重要支柱，並因其充滿時代氣氛、堅持進步正義、善於運用各種短小生動活潑的文學藝術方式而吸引了大量讀者。

1945年9月6日，副刊《世紀風》在《文匯報》正式復刊之日恢復出版，仍由柯靈主編。10月10日、11日，副刊《世紀風》刊發了兩個版面的《我理想中的新中國》，所刊馬敘倫、郭紹虞、師陀、唐弢等人的文章，對國家的前途充滿希望。但僅僅過了一個月，副刊《世紀風》就開始改變其盲目擁護政府的立場。11月9日，發表聶紺弩的新詩《命令你們停戰！》。28日，發表魯逸的雜文《難產》，討論言論自由問題，因言辭激烈而三處被刪179字，從而使這一期報紙的版面上出現179個「×」形符號，以代替被刪文字。

1946年1月1日後，副刊《世紀風》開始由中共地下黨員葉以群接任主編。當日，該副刊即發表郭沫若撰寫的《歷史在大轉變》，旗幟鮮明地批判國民黨當局的一切反人民言行。之後，《世紀風》的進步立場更加鮮明，內容開始逐漸轉變爲以政論爲主。6月24日南京下關慘案發生後，《世紀風》在25日至29日連

續三期以整版篇幅刊登茅盾、葉聖陶、鄭振鐸、夏衍、駱賓基、周信芳、史東山、徐遲、馮亦代等人的抗議文章。7月，李公樸、聞一多先後被刺殺後，《世紀風》發表了蕭嵐悼念聞一多的詩《你不能死！》。

1946年1月1日，《文匯報》增出專刊《讀者的話》，由柯靈主編。新出的《讀者的話》以「有話大家來說，有事大家商量，不論男女老少，人人可以投稿」為辦刊原則，其「開場白」《請大家都來講話》云：「報紙被稱為『民眾喉舌』，顧名思義，不但應當代人民說話，更應當讓讀者多多發言。」「上至國家大事，下至市井瑣屑，乃至切身痛癢，有意見不妨貢獻；有問題不妨討論；有義憤不妨控訴；有愁苦冤屈，或什麼難以解決的疑難雜症，也不妨公開提出。」1月3日，《讀者的話》刊發「街頭人語」，反映上海民眾對國民黨當局失望的心聲：「勝利以來，上海人大都有點悔不當初。一悔當初沒有到重慶戰時首都去鍍金，人家抗戰回來雞狗也飛升；二悔當初沒有當漢奸，拍賣國家賣大錢，如今搖身一變，依然堂皇做好官。」同日，《文匯報》還恢復出版「孤島」時期創刊的、以趣味性與通俗性為其基本定位的舊式副刊《燈塔》。《燈塔》復刊後，與《世紀風》相配合，一新一舊，一硬一軟，以利於該報聯繫更廣泛的讀者階層。《燈塔》曾連續發表馮玉祥為釋放政治犯而寫的白話詩《較場口》等，諷諫蔣介石，警告其勿效仿德、日、意法西斯的倒行逆施。

7月1日，《文匯報》增出新副刊《筆會》，由唐弢主編，

以反對國民黨獨裁，要求民主自由爲基調，並繼承了《世紀風》在柯靈主編時期的組稿傳統，作者以郭沫若、茅盾、鄭振鐸、王統照、巴金等在滬作家、藝術家爲主，作品在內容、題材、形式上力求多樣，還不定期出刊「專輯」，如「抗戰名作推薦」、「哀悼聞一多」等。1946 年 10 月底，《世紀風》被併入《筆會》。同日，《文匯報》還增闢《教育界》《讀者顧問》《中國農村》周刊等專刊，原有的《文匯半月畫刊》改版爲《半周畫刊》，每逢星期三、六發刊。

1947 年 3 月 1 日，《文匯報》增闢《新思潮》《新文藝》《新社會》《新科學》《新經濟》《新婦女》等六個不同領域的專刊，旨在有計劃地反映這些領域裏發生的問題。6 個新專刊的問世，使該報的副刊、專刊更爲豐富多彩，內容也更爲有聲有色。這 6 個專刊的一大亮點，就是其主編及主要編撰者都是當時各個領域的知名專家，有號召力，能夠反映各個領域裏的主要動向。例如，《新思潮》的編輯者爲侯外廬、杜守素、吳晗等；《新文藝》的編輯者爲郭沫若、楊晦、陳白塵等；《新社會》的編輯者爲李平心等；《新科學》的編輯者爲丁瓚、潘菽等；《新經濟》的編輯者爲張錫昌、秦柳方、壽紀明（壽進文）等；《新教育》的編輯者爲傅彬然、孫起孟、余之介等。

新增專刊最先見報的是《新思潮》，1947 年 3 月 1 日創刊，刊登郭沫若的《春天的信號》、侯外廬的《新思想的障礙》等文章，以進步的觀點論述「新思潮」的動向。之後創刊的《新文藝》不僅對文藝界思想、理論的問題提出自己的看法，還涉及到

文藝戰線內部的鬥爭；《新社會》針對國民黨特務任意抓人這一情況提出保障人權的強烈要求。《新經濟》刊發《新經濟的道路》《當前的財政與法幣》《戰後物價的演變過程》以及王亞南的《中國官僚資本之理論的分析》（連載）等文章，剖析當時工廠倒閉、通貨膨脹、物價飛漲的嚴重問題。

此外，《文匯報》的《讀者來信》專刊，發揮了聯絡讀者、團結志同道合的群眾與反動勢力進行鬥爭的特殊作用。

四、維護新聞自由　被迫再次停刊

抗戰勝利後，國民黨當局雖然被迫在口頭上承諾人民享有言論出版自由權利，宣布取消新聞出版檢查制度，但在實際上從未放鬆過對新聞業的監控與迫害。因此，《文匯報》復刊後，與上海乃至全國各地的其他進步報紙一樣，始終處於國民黨當局的高壓之下，不得不為維護新聞自由而戰。

1946年1月11日，即蔣介石在重慶開幕的政治協商會議上宣布保障人民自由、釋放政治犯等「四項諾言」的次日，1930年代活躍於中國報壇的著名記者、軍事評論家羊棗在國民黨當局的獄中被迫害致死。《文匯報》獲悉羊棗之死的真相後極為憤慨，先後刊發了14篇報道、文章和來信，揭露與抨擊國民黨當局摧殘新聞自由、虐殺新聞人才的罪行。《文匯報》等報刊的61名記者還聯名向國民黨當局提出嚴重抗議，要求當局「徹查羊棗先生在獄遭受虐待情況和致死原因，並嚴懲非法下令逮捕的禍首」，要求「全國同業一致呼籲言論自由，向政府索取新聞記者的人權保障」。1月23日，《文匯報》在顯著地位、以醒目的標題全文刊

發了這封抗議信。這是抗戰勝利後上海新聞界針對國民黨當局的
第一次聯名抗議活動。

　　國民黨第三戰區長官顧祝同誣稱羊棗因「泄露軍事機密罪
嫌」被捕的覆函在《大公報》刊出後，《文匯報》記者再訪羊棗
夫人沈強，發表詳盡的訪問記，揭露國民黨軍警迫害羊棗的具體
事實，對顧祝同的誣辯予以駁斥。2月14日，蔣介石在上海舉行
記者招待會。《文匯報》記者唐海當場提問：「政治犯何時可以
釋放？」蔣介石當場惱羞成怒，逼問唐海提供應該釋放者的名
單。會後，國民黨當局為此事通知各報，這次記者招待會的消息
必須統一採用中央通訊社的稿件。唐海（1920～2004），原名唐
盛寬，浙江寧波人，1940年起先後任桂林、香港國新社記者，衡
陽《大剛報》、成都《華西晚報》記者。在香港國新社工作時，
曾一度赴蘇北敵後新四軍採訪。抗日戰爭勝利後，先後任上海的
《新民報晚刊》採訪部副主任、《文匯報》記者兼南京《大剛
報》上海辦事處主任等職。5月25日，《文匯報》刊發該報總主
筆徐鑄成等102名上海記者給上海記者公會的公開信，要求公會
對各地記者受到迫害、報社遭暴徒搗毀的情況作一個嚴正的表
示，以保障言論自由和記者的人身自由與安全。

　　1946年7月，文匯報社因堅持正義而被迫停刊兩個星期。這
次停刊的緣起與經過是：12日，《文匯報》發表兩封上海警察意
在揭露內幕的來信，並表示不願欺壓人民，呼籲「吃飯不忘種田
人，拿出良心來待老百姓」。對此，國民黨當局惱羞成怒，抓住
此事大做文章，強令文匯報社交出來信原稿。文匯報同仁堅決拒

絕國民黨當局的這一無理要求，聲明「為讀者來稿保守秘密是報社的規矩，同時也是報人的一種道德問題」。17日，上海警察總局勒令《文匯報》自7月18日起停刊7天。《文匯報》被迫停刊後，全國輿論嘩然，郭沫若、葉聖陶等許多著名社會人士發文公開抨擊當局，大批讀者致函文匯報社，強烈抗議國民黨當局迫害報業的劣行，並表示願做《文匯報》的堅強後盾。7月25日，《文匯報》恢復出版，發行量較前大增。復刊當日的《文匯報》發表社評《向讀者道歉》，宣稱「文匯報是一家民間報，所謂民間報，決不是中立的，而是獨立的報紙，有一貫的主張，而絕無私見偏見」，「決不許昧著良心，不分黑白，不辨是非，一味歌功頌德，或者嘩眾取寵」。

12月，《文匯報》與《商報》、《益世報》、《民國日報》、《時事報》、《國民午報》等12家民營報社發起成立上海市民營報業聯誼會。是月12日，該組織代表赴南京向國民政府要求給各報3萬元的低息貸款，但國民黨當局提出貸款須以油墨紙張為抵押的無理條件。對此，上海民營報業聯誼會繼續與政府交涉，要求按照政府給南京各報貸款的前例，最後因國民黨當局相互推諉而未果。

1947年5月，以學生為主體的國統區愛國民主運動已經發展至高潮時期，《文匯報》上幾乎每天都有學生運動的報道與評論。例如，5月3日，《文匯報》刊發上海市學生抗議美軍暴行聯合會的《紀念五四對時局宣言》，將學生提出的保障人權、反對內戰、反對徵兵徵糧、反對中美商約、反對國際干涉、美軍立

即滾出中國等要求揭之於報端。4日，《文匯報》刊發南京專電，報道南京五所大學為紀念「五四」發表的反對內戰、要求和平，反對政府非法查禁刊物，立即實行民主政治的宣言。5日，《文匯報》報道了上海、北平、天津、杭州等地學生紀念「五四」運動的消息。6日，《文匯報》報道，上海法學院300多名學生赴市府請願，對警察毆打「五四」作街頭宣傳的學生表示抗議，同時還報道各大學代表去醫院慰問受傷學生的消息。10日，《文匯報》刊發社評《善處當前的學潮》，指出政府「堅持原來的主張」，「那除了促使事態更趨擴大，結果更加損害政府威信以外，不見得會有更好的後果的。」同時刊發一組學生運動的新聞，如《上海學生抗議五四事件請願速寫》等。

16日，《文匯報》報道南京中央大學等高校學生舉行「飢餓遊行」赴教育部、行政院請願等消息。18日，《文匯報》報道了北平的北京大學、清華大學、北洋大學等校相繼罷課，南京的中央大學、金陵大學等大專院校組成聯合會並決定後天再度請願，蘇州大學生擁護中央大學同學的主張以及國民黨政府教育部發言人稱凡未回校的大學生一律開除等消息。19日，《文匯報》報道國民黨政府將嚴厲對付學潮的消息。

20日，南京發生毆打逮捕反飢餓、反內戰遊行示威學生數十人的流血慘案。21日，《文匯報》不顧當局的禁令，刊出本報南京專電，如實報道來自讀者的強烈反響，並發表客觀公正的評論。23日，《文匯報》報道，上海40所學校罷課，抗議「五二零血案」。當日，《文匯報》記者李肇基、麥少楣到復旦大學採訪

學生進步活動，混在人群中的特務一擁而上，對李、麥兩人行兇毆打。事後，李肇基、麥少楣向上海市市長吳國楨當面提出抗議，要求懲辦兇手。吳國楨不但拒絕了他們的正當要求，反而威脅說：「我正要找文匯報，這次學潮，文匯報要負責任。」當晚，採訪主任孟秋江等聚集在總編室就這一事件進行議論，議題的中心是刊發新聞以揭露國民黨當局指使特務暴徒毆打《文匯報》記者、還是保持沉默避免國民黨當局尋釁製造事端以維持報紙生命，最後達成的共同意見是：翌日刊發由李肇基、麥少楣執筆寫出親身經歷和代表編輯部同仁抗議暴行的「編者的話」。寧可玉碎，不為瓦全！24日，《文匯報》刊發該報記者李肇基、麥少楣《復旦門前被毆記》，報道他們在復旦採訪學生被毆打的情況，並刊發「編者的話」《我們的抗議》，指出「在政府以一再明令保障新聞自由之後，在這樣的大都市裏，公然嘯聚數十暴徒，圍毆手無寸鐵的記者，這實在是國家的恥辱。尤其是對中央和地方當局一再公布的緊急措施的一個大諷刺」。「編者的話」還鄭重向當局提出三點要求：「（一）切實保障新聞採訪自由。（二）懲治兇手。（三）保證以後不再發生類似的事件。」當日，《文匯報》接到淞滬警備司令部勒令《文匯報》停刊的命令，內云：「查該報連續登載妨害軍事之消息，及意圖顛覆政府破壞公共秩序之輿論與新聞。本市為戒嚴地區，應予取締。依照戒嚴法規定，著令該報於明日起停刊，毋得違誤。此令。」同日，上海的《新民報晚刊》、《聯合晚報》也因同樣的「罪名」被勒令停刊。《文匯報》被勒令停刊後，國民黨特務還搜捕該報

同仁，記者麥少楣（女）、主筆張若達、助理編輯李碧依（女）三人被捕入獄，後經營救獲釋。

　　1947年5月24日這天的報紙，即《文匯報》第1068號，成了解放戰爭時期在上海出版的《文匯報》的最後一期。《文匯報》自1945年8月18日復刊，至1947年5月24日被迫再次停刊，歷時一年零八個月。之後，國民黨南京當局要求《文匯報》與《新民報晚刊》、《聯合晚報》三報負責人到南京談判復刊事宜，對《文匯報》所提的復刊條件是，由政府資助宦鄉出國，由政府派人擔任《文匯報》編輯主任。對此，代表《文匯報》赴南京談判的徐鑄成斷然予以拒絕，指出復刊只能是無條件的。後國民黨當局又在上海進行試探，《文匯報》同仁為保持報格、人格而再次予以拒絕。

第三節

南下香港 浴火三生

　　上海《文匯報》停刊之時，正是中國共產黨領導的人民解放戰爭走向勝利之際。1947 年 6 月 7 日，距《文匯報》停刊不滿兩周，劉伯承、鄧小平率領人民解放軍一部強渡黃河、挺進大別山，標誌著人民解放戰爭已經轉入戰略反攻階段，共產黨必勝、國民黨必敗的大局已定。在國統區，一切愛國、民主的黨派與政治力量，無不認清了形勢，站定了立場，投身於中國共產黨領導的新民主主義革命大潮之中。此時，走入窮途末路的國民黨當局也全面暴露出邪惡面目，在國統區內大肆迫害、殘酷鎮壓一切愛國、民主活動，連原先宣傳鼓吹走「第三條道路」的活動也不放過。不少愛國、民主黨派與人士，以及其他國民黨眼中的異己黨派與人士，被迫撤至香港。自此時起至 1949 年 10 月中華人民共和國成立的兩年多時間裏，香港成了許多愛國、民主黨派與政治力量以及其他不滿以蔣介石為首的國民黨獨裁統治的黨派與人士的避難所與集結地。正是在這一情勢下，《文匯報》在香港第二次復刊。

一、多方合力 香島復刊

　　1948 年 9 月 9 日，兩度涅槃的《文匯報》在香港恢復出版，距 1947 年 5 月 25 日《文匯報》在上海停刊之日不滿 16 個月，可謂浴火三生。報頭下標明：「督印人徐鑄成」、「中華民國二十七年一月創刊」，以示其與公歷 1938 年 1 月上海《文匯報》一脈相承，編號則另起，標為「港字第一號」，其英文報名為

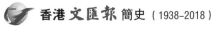

WEN WEI PAO（註：自 1959 年 4 月 17 日起，改用 WEN WEI PO，沿用至今）。

《文匯報》在上海剛停刊，嚴寶禮、徐鑄成等就選定了香港作為《文匯報》的復刊之地。事實上，早在1946年《文匯報》在上海復刊後不久，眼見國民黨當局對進步報業的迫害與摧殘日益加劇，《文匯報》同仁已開始考慮去香港創辦一個姊妹刊，以互為倚靠與響應，並派副主筆宧鄉到香港進行了考察，後因辦報經費窘迫而未果。此時，《文匯報》已經到了只有南下香港才可能繼續生存與發展的危急時刻。而當時已退居香港的國民黨元老李濟深、何香凝等也正在整合國民黨左派力量，準備成立中國國民黨革命委員會（簡稱「民革」），創建自己的機關報以作輿論陣地。李濟深（1885～1959），歷任黃埔軍校教練部主任、國民革命軍第四軍軍長等職，抗戰期間擔任桂林行營主任，與當時正在那裏擔任桂林《大公報》總編輯的徐鑄成相識，對徐鑄成的品德與才幹十分讚賞。《文匯報》第二次停刊後，徐鑄成賦閒在家，李濟深即請已撤至香港的馬季良向徐鑄成正式轉達了「民革」方面請他主辦「民革」機關報的邀請。此時的《文匯報》同仁，也有與李濟深為首的國民黨左派合作、在香港恢復出版《文匯報》的想法，雙方可謂一拍即合。

1948年3月，徐鑄成秘密去香港，和「民革」方面商議《文匯報》在香港復刊事宜。徐鑄成抵達香港後，先會見了當時中國共產黨派駐香港的負責人潘漢年、著名新聞工作者夏衍等。潘漢年、夏衍對《文匯報》來香港復刊表示支持，夏衍還建議「色彩

不宜太紅」，以免爲港英當局所不容。緊接著，徐鑄成拜會了李
濟深等國民黨左派人士。經商議，雙方同意復刊後的報紙雖然具
有「民革」機關報性質，但仍保留《文匯報》報名不變；雙方各
出資10萬元作爲開辦費，報紙復刊後仍由徐鑄成全權主持報務。
李濟深還邀來國民黨著名左派人士陳劭先、陳此生和梅龔彬一起
磋商籌辦計劃，並決定由徐鑄成、陳劭先、陳此生、梅龔彬四人
負責籌辦事宜。此時，爲躲避國民黨迫害而流亡香港的文匯報同
仁，如馬季良、柯靈、孟秋江、劉火子、楊培新、唐海等，聽聞
徐鑄成來香港復刊《文匯報》，也都予以積極支持，並表示願意
重回報社效力。此外，沈鈞儒、郭沫若、章伯鈞等在香港的民主
人士，得知《文匯報》準備來香港出版的消息後也都表示歡迎與
支持。

　　之後，徐鑄成迅即返滬，向嚴寶禮等匯報在港會晤磋商情
況，並商議下一步的籌辦計劃。5月，徐鑄成再去香港，開始著
手具體籌備工作。四個月後，《文匯報》在香港復刊。經商定，
香港《文匯報》的領導層由「民革」與文匯報社兩方選派的人士
組成。李濟深任董事長，與蔡廷鍇、虞順懋、嚴寶禮、徐鑄成等
人組成董事會。報社設社務委員會，由陳劭先任主任、徐鑄成任
副主任，嚴寶禮、陳此生、梅龔彬和馬季良等任委員。具體主持
報務的負責人、編輯部骨幹等都是文匯報同仁，即：總主筆徐鑄
成，總編輯馬季良，副總編輯柯靈，總經理嚴寶禮，經理宦鄉、
採訪主任孟秋江等。由於嚴寶禮、宦鄉一時還無法脫身來香港，
因而經理部工作也暫由總主筆徐鑄成兼管、楊培新負責實際事

務。報社還新建評論委員會，其成員爲：金仲華、陳此生、千家駒、楊東蓴、胡繩、狄超白、梅龔彬、吳茂蓀、林煥平、張鐵生和石兆棠。此外，印刷廠員工等普通工作人員，也大多是來自上海的文匯報同仁。

《文匯報》在香港復刊後，人員、資金等各方面均面臨很大困難。但是，久經磨練的文匯報同仁以滿腔的工作熱情，排除一個又一個困難，一步一個腳印地艱苦創業。

辦報資金不足，是當時最大的困難。「民革」與文匯報社在籌辦時約定雙方各出資10萬元，但實際上並未到位，報紙出版近半年時才交來股款計五六萬元。著名的國民黨愛國將領龍雲爲籌集《文匯報》所需經費，不惜賣了自己的一棟別墅。辦報最重要的一條，就是要確保每日所用的白報紙不能中斷。文匯報社不可能預購大批紙張庫存，一是沒有大筆資金，二是沒有可儲藏大量白報紙的倉庫，因而得時時爲此事操心。徐鑄成曾回憶說，報紙創刊後，白報紙的需要越來越大，幾乎天天像過大年三十般極力張羅，甚至向各方求援、借貸。由於資金拮据，報社只能發給員工遠低於香港其他報紙的薪酬，而且還不能按時發放，最嚴重時曾連續三個月發不出工資。但是，文匯報同仁不計報酬，毫無怨言，心甘情願地在文匯報社裏吃苦，還有一些同仁拒絕了其他機構的高薪聘請。

最初，文匯報社設在一位「民革」成員提供的一棟四層小樓裏，門牌號是香港中環荷李活道30號。這棟小樓每層約60平米，總面積不滿300平方米，非常簡陋。底層用作發行部和印刷

間，二層用作排字房，三層用作編輯部和經理部，白天經理部員
工辦公，夜晚則由編輯記者使用。辦公室沒錢安裝冷氣，僅有的
幾台電扇難敵炎炎夏日的烘烤。頂層用作員工宿舍與食堂。而住
宿十分緊張，十幾個人擠住在一個小房間裏。由於人滿為患，身
為總主筆的徐鑄成也只能蝸居在樓梯轉角處一間僅容一個單身舖
位的「斗室」中。此外，報社所用的印刷設備僅有「民革」成員
提供的一部平版印刷機，鉛字和木架則是在上海定製並運來香港
的。

　　《文匯報》在香港復刊後，中國共產黨在香港的地下組織動
員香港進步社團給予《文匯報》有力支持。除向左派社團廣泛宣
傳訂閱報紙外，還直接由左派工會出面召開報紙發行會議，要求
各社團免費幫助《文匯報》擴大發行。

　　《文匯報》在香港復刊，既沒有舉辦儀式或酒會，也沒有刊
登廣告，僅在《文匯報》復刊號上轉載了美聯社關於《文匯報》
復刊的報道《關於本報復刊　美聯社的一篇報道》。內云：「文
匯報在表面上因鼓動學潮而被封，但當時抗議它被封之浪潮卻極
大。據其他新聞界人士說：該報對學生運動之態度，向極溫和，
但卻堅持獨立立場不變。它只選擇是非，並不因其是為學生或為
政府而改變立場。」該報道還引述了當時影響很大的英文《密勒
氏評論報》的話，稱新的《文匯報》「已走在人民的隊伍中，它
的支持人民的政策遂使它走上成功之路。當它變成人民的朋友
時，它也成了反動者的眼中釘。」

　　《文匯報》復刊雖很低調，卻因堅持站在人民的立場上，因

而一創刊即深受讀者歡迎，發行量不滿半月即突破兩萬份，不久後又上升至四萬餘份，超過當時的《華商報》等。當時香港人口僅80萬，加上澳門10萬，兩地共計也就90餘萬。但報紙很多，僅綜合性中文日報就有十多份，競爭異常激烈。《文匯報》的迅速成功，不可說不是一個奇跡。究其原因，主要是《文匯報》一面世就亮明了自己的政治態度，在新聞報道上連續推出獨家、精準、深刻的重磅新聞消息，還有具有自身傳統與特色的副刊與專刊。值得一提的是，《華商報》是《文匯報》的親密戰友，不僅觀點一致，在新聞報道方面互相呼應，而且在物資、人員上也積極支援《文匯報》。當時，《文匯報》常常遇到白報紙不能及時供應的困難，《華商報》曾多次將自己儲備的白報紙出借，以救《文匯報》的燃眉之急。

二、聚焦內地 譜寫解放篇章

《文匯報》在香港復刊後，立即就向廣大讀者和香港社會各界亮明了自己是一份站在人民大眾立場上的報紙，在政治上擁護中國共產黨正在領導的中國新民主主義革命。當時，推翻蔣介石為首的國民黨獨裁統治的人民解放戰爭，已經勝利在望。《文匯報》自創刊那天開始，就大力報道中國共產黨領導的人民解放戰爭節節勝利的消息，為新中國的建立而呼號。

在香港出版的《文匯報》復刊號上，頭版正中央刊發一則題為《濟南吃緊 外圍共軍築公路》的新聞報道。當時，香港有十幾家中文日報，除《華商報》外，對中國共產黨及其領導的人民解放軍的稱謂，無一例外地稱之為「共黨」「共匪」和「匪

軍」。而《文匯報》在這則新聞的副標題上使用「共軍」一詞，一改當時香港中文報紙對中國共產黨及人民解放軍的稱謂，鮮明地亮出了自己的政治立場與態度。

《文匯報》復刊後，在消息來源上全面採用包括新華社在內的國內外各大通訊社的電訊稿，真實、全面、客觀、公正地報道了當時中國人民解放戰爭的實況。其中有關遼瀋、平津和淮海三大戰役的報道，尤爲當時香港乃至世界各國所關注。

1948年9月19日，人民解放軍開始進攻山東省會濟南，著名的濟南戰役由此打響。9月20日，《文匯報》刊發著名國際通訊社的電訊稿和「本報特訊」，全面報道這場戰役。其中合衆社云，「共軍今日已完全包圍濟南，佔領北面機場，並向城內猛烈以雨點般之炮彈轟擊，約有三十萬至五十萬聚集在魯中之共軍，正從各方面向濟南推進」。路透社稱，「過去24小時內，……共軍以二十二萬大軍（包括機械化部隊在內）不斷猛攻」。最後的「本報特訊」云：「十七日晚起，國軍在陸空炮協同下，不惜重大代價，進行反攻。共軍十三、九、渤海等三個縱隊暨土共攜炮三十餘門，以全力反擊」。

10月10日，《文匯報》刊發一則綜合戰況報道。內有中央社消息云：「張家口八日電，平綏路東段昌平縣攻防線，八日仍在城郊慘烈進行。國軍增援部隊正向戰場挺進中」。《文匯報》「本報特訊」云：「西安八日消息，關中戰事益緊，王震部連佔大荔、朝邑、平民。」美聯社上海九日電稱：「瀋陽市民，下至黃包車夫在內，因聞及長春撤退之說，都在爭先搶乘飛機，企圖

能有座位而離開」。

　　10月21日，《文匯報》開始報道遼瀋戰役的消息，依然是先用外電。其中路透社消息云，「共軍佔領長春後，又開始兩大新行動，攻打長城附近靠近山海關的國軍陣地，另外的行動是自法庫向瀋陽行進」。《文匯報》特訊云，「據悉，國軍正源源由葫蘆島登陸向錦州反攻，進行順利」。10月31日，由於戰況接連失利，蔣介石親臨東北華北「督戰」，但已無力回天。《文匯報》就此發表駐南京記者的評論，指出：「總統出勤北方，絲毫未能挽轉大局，而且倒好像去將錦州長春等大城市一一奉送」，「共軍所至，竟如秋風掃落葉的一般，南京大軍據守的大城市，竟如爛熟的果實一般，被中共軍像老園丁樣的逐個採摘下來」。

　　11月3日，《文匯報》發出關於淮海戰役的消息。路透社消息云：「陳毅與劉伯承集大軍六十萬，準備大攻勢，進攻華中中國軍隊主要基地與通南京的北面大路」。《文匯報》專訊云，「據最高軍事當局透露，目前圍繞在徐州四周的共軍，有陳毅、劉伯承諸部隊，其兵力超過國軍的三分之二以上」。

　　11月3日，《文匯報》又發出關於平津戰役的消息。合眾社云，「林彪部下之勝利共軍，結集大舉進攻華北，而政治專員則接收瀋陽之行政」。美聯社云，「中國人開始詢問，北平是中國精神文化的寶庫，可否宣布為一不設防城市」。12月23日，再刊發合眾社消息，云「林彪似已把他在華北的大部分兵力，移向天津。共軍正從四面八方向天津包圍，局勢已日趨嚴重」。美聯社消息云，「北平廣安門附近，昨晚曾遭共軍攻擊，但已被國軍擊

退」。

《文匯報》復刊後，還全面客觀報道有關中國共產黨領導的解放區的真實情況。這些報道的相當數量是直接採用新華社的電訊，為當時香港中文媒體所罕見。《文匯報》刊發這些新華社電訊，完全不同於國民黨中央社發布的歪曲報道，有助於香港乃至世界各國的讀者了解到解放區的全面、真實的情況，從而也使《文匯報》的自身地位得以提升。

1948年9月17日，《文匯報》刊登「特訊」，內云：為對抗國民黨的幣制改革，中共陝甘寧邊區政府頒發緊急布告，「絕對禁止法幣或金圓券入境或在境內流通，違者一律沒收，邊區金銀一律嚴禁流入國軍區」。這一消息，表明中共政權仍然在陝北行使職權，擊破中央社所吹噓的「國軍」西北戰績的謊言。

10月16日，《文匯報》刊發新華社電訊，介紹華北解放區的教育事業恢復和發展。這篇報道還首次使用原稿中的「解放區」這一稱謂。12月26日，《文匯報》刊發特稿，介紹解放區教育事業的情況，並首次將原「共軍」這一用詞改為「人民解放軍」一詞。這篇特稿以近兩千字的篇幅報道了解放區欣欣向榮的景象：「根據不完全的統計，現在東北、華北、西北和中原解放區共有大學20餘所，學生35760人；中學、師範共424所，學生共68980人；小學65297所，學生4075566人。」這些解放區資料的刊發，使人們對中國共產黨及其領導的新政權有了進一步的認識。同日，《文匯報》在另一篇特稿中云，「人民解放軍秋季勝利攻勢，徹底地解放了東北、華北和華中的許多大中城市，當人民武

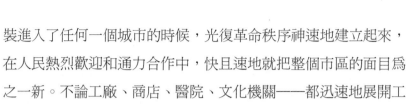

裝進入了任何一個城市的時候，光復革命秩序神速地建立起來，在人民熱烈歡迎和通力合作中，快且速地就把整個市區的面目爲之一新。不論工廠、商店、醫院、文化機關——都迅速地展開工作。電燈、電話、自來水、交通工具——都完全照常工作恢復過來。」

　　1949年1月9日，《文匯報》連發兩篇特稿，全面介紹解放區發展生產繁榮經濟、公私兼顧勞資兩利的情況。文內列著所謂『發展生產，繁榮經濟，公私兼顧，勞資兩利』的新民主主義工商業政策，在這個合理政策下，不但確實地保護了中小資產階級的私人企業，而且保障了職工們的職業和生活。2月7日，《文匯報》刊發路透社消息，以外媒之口預示中國的發展方向：「中國四億六千七百萬人口之中，已有二億零二百萬在中共統治之下。太原、青島、西安、漢口、南京、上海等地計五千八百萬之人口，短期內亦將由中共統治」。

　　對於國民黨統治區日益衰落的情況，《文匯報》也進行了如實的報道。

　　《文匯報》在1948年9月9日復刊號上就刊發過一篇「編者的話」，評述了當時國統區滑坡般的經濟金融形勢，譴責國民黨當局「今日爲進行內戰，竟不惜施用一切的手段，但無論如何，總不該把民族的命運來做賭本。否則，抗戰死難的幾千萬軍民將何以瞑目！」接著，這篇「編者的話」還將傳聞中的國民黨當局準備與日本、韓國政府搞「中日韓同盟」斥之爲漢奸行爲，「與當年的『共榮圈』、『協同體』又有什麼分別！」「奉勸以國事

爲兒戲的先生們，這套把戲是玩不得的。趕快懸崖勒馬罷。這樣的引狼入室，養虎遺患，到頭來，歷史是不等人的。」

當時，由於國民黨當局的倒行逆施，政府絕大部分財政資源用於內戰的軍費支出，國統區經濟連年不振、千瘡百孔，人民生活陷入水深火熱之中。1948年下半年，國民黨政府的財政已接近破產，面臨崩潰，官場上貪腐橫行，市場上物價飛漲。在此背景下，國民黨當局爲挽救危局，推出幾項措施，一是由「太子」蔣經國掛帥去上海打擊貪腐之風，鎮壓豪門投機倒把，大發「國難財」；二是進行「幣制改革」，用「金圓券」代替舊有的「法幣」，禁止民間及私人藏有金銀。對於上述形勢與「措施」，《文匯報》充分發揮其來自上海、在內地新聞資源豐富的優勢，獨家刊發了一系列有關報道，領先全港媒體。

在這些報道中，最爲各方稱道的是《文匯報》關於「幣制改革」的連續報道，信息眞實、權威，內幕全面、精準，所作的分析與預測也十分深刻、準確。尤其是《文匯報》駐上海的記者浦熙修、欽本立發來的報道，更是吸引各方人士，特別是與「幣制改革」的利益息息相關的上海財團大實業家們。他們無法從上海本地媒體得到正確消息，每天都在翹首盼望從香港行銷內地的《文匯報》。1948年9月9日，《文匯報》在香港創刊當日刊發浦熙修以「靑函」爲署名的報道《是王牌麼？改革幣制的內幕》，詳細描述了國民黨當局這一決策的內幕。翌日，《文匯報》刊發關於「內幕」的續篇，指出「內戰不能停止，生產不能增加，預算不能平衡，物價也無從穩定。這局面拖下去，今天的

金圓券，能保險不變成當年的法幣大鈔嗎？」之後又連發五篇有關報道，從可靠來源得到金圓券庫存數字，戳穿國民黨當局所謂金圓券準備金充足的謊言，並預言金圓券最多只能維持一個月。此後，國統區金融形勢的發展完全證實了這一預測，《文匯報》在讀者心目中的威信隨之大增。

這期間，《文匯報》還刊發過多篇關於國民黨當局金融危機的分析或報道。如在香港復刊當日獨家發表的著名金融專家章乃器的分析文章，指出「金圓券的發行數字二億九千六百八十一萬餘元，通貨膨脹更形劇烈的事實，亦已由數字說明。」1948年9月13日，《文匯報》發表專論《評南京政府的幣制改革》，指出，南京政府這次幣制改革是「計無所出的措施」，「完全是被動的，是逼出來的」。9月26日，《文匯報》刊發「上海航訊」，報道上海銀行錢莊對抗當局管制外匯的措施，紛紛轉移外匯資產，讓本來就捉襟見肘的當局更爲窘迫。10月31日，《文匯報》發表駐上海記者的報道云，「十月份爲止的統計，金圓券發行十六億，比法幣時代膨脹了七倍半」，「這一狂潮，夠使南京的負責當局頭痛的，本來想以『十足準備，公開發行』來號召，來欺騙人民的物資與勞力，充當『戡亂』的資本，但公布發行的結果，反演出了『搬了磚頭壓著自己腳』的痛苦」。這些報道從多方面證明了國民黨當局幣制改革的失敗，顯示《文匯報》在內地具有廣泛、權威的新聞來源。

對於因經濟崩潰、物價飛漲、民生凋零而造成的國統區日薄西山、氣息奄奄的境況，《文匯報》也進行了客觀的報道。

　　1948年9月22日，《文匯報》刊發「蘇州航訊」《昔日繁華
今已矣　姑蘇誰說是天堂》，描述了戰亂之下的蘇州景象，「江
南美麗婉秀的景色，給戰爭的烽火蒙上一層黑污的垢痕，已不復
是人世的樂園了」，「十二年的戰亂，煎迫著老百姓，對魚米之
鄉的蘇州又何嘗能例外呢，就在幣制三度改易（法幣換偽儲備
票，偽票再換法幣，法幣再換金圓券）的過程中，以及高物價的
重壓下，農村經濟已經瀕臨崩潰的前夕」。10月7日，《文匯
報》在一篇「瀋陽航訊」中報道，「長春近況淒涼，人口只剩七
萬，店舖大都關門」。10月10日，《文匯報》刊發題為《南京無
興致祝國慶》的報道，其中援引外電云，「由於軍事形勢之發
展，南京官方人士對於雙十節之反應極為冷淡。總統府說蔣不準
備於是日接見各國使節，官方慶祝雙十節只有一個茶會」。

　　此外，抗戰勝利後，美軍在國統區飛揚跋扈的情況，《文匯
報》也無情地予以揭露。9月14日，《文匯報》刊發駐青島記者
的通訊云，「隨著中國國際聲譽的低落，美國人在青島越發蠻橫
了，美軍隨便打中國人的事已經再引不起人們的注意，因為在青
島這已經是司空見慣的事了」。記者在文尾感嘆道，「青島，幾
十年的花都，現在是被侮辱被損害成這個模樣。望著海灘，望著
綠樹濃蔭，再望望那些吉普卡、皮靴，毛茸茸的大手臂，那些以
佔領者自居的美國人，我們還有何話可說？」

　　12月10日，美軍太平洋艦隊司令宣稱，要調運海軍陸戰隊到
上海「保護僑民」，此舉遭到中國人民的譴責。民革中央主席代
表香港各民主黨派發表聲明堅決反對。《文匯報》也發表題為

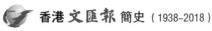

《正告美國》的評論，表明「我們站在中國人民的立場，為中華民族獨立自由的尊嚴，堅決反對美國陸戰隊準備登陸上海的謬行。對於南京，我們自不必對它存什麼希冀，因為它今天為了保持政權，倒行逆施，已不惜出賣一切領土主權」。

三、關注香港　反映民眾心聲

香港《文匯報》雖然對祖國內地正在發生的巨變傾注了極大的關注，但並沒有忘記自己是在香港出版的一份報紙，對香港社會的熱點、焦點同樣十分關注，客觀報道香港民生百態，反映香港民眾心聲，與香港社會呼吸相通。

當時的香港，因應祖國內地的劇變，也承受著巨大的壓力。之前，香港新界與內地雖有邊界，但並不設防，往來十分自由，沒有什麼「簽證」「批准」等手續。隨著解放區的不斷擴大，南下香港「避難」或轉道「逃難」的各類人士大量增加，給香港社會帶來沉重負擔，港英當局已無法繼續維持原先的做法。對於這些香港民眾關注的問題，《文匯報》也及時予以採訪報道。

1948年10月5日，香港《文匯報》消息，「昨日上午十一時左右，九龍和香港方面的警察忽然大批出動，全身武裝形勢緊張。出動人數都在數百人。香港方面還有巴符陸軍部隊參加。人數也有幾百人⋯⋯在駱克道軒尼詩道一帶實地演習。九龍方面則在彌敦道、四方街一帶實地演習，演習時荷槍實彈，機關槍步槍排開陣地作防衛演習」。可見當時港英當局對所謂的「中共可能進佔香港」的傳言是認真的。10月7日，港英香港立法局急速通過已經拖了很長時間，與國民黨政府合作的中港關務協定，意圖

加強反走私行動，以遏制日趨激烈的偷渡潮。11月30日，《文匯報》消息，立法局又修訂新界條例，「藉以改善對新界的管理，提高行政官的職權」。1949年2月12日，《文匯報》消息，「香港政府決意徵募香港防衛軍」，「不問國籍，不問種族，均一視同仁」，圖借助民眾力量，以加強香港防衛。港英當局的急切心情，在招募啓事中溢於言表。1949年5月9日，《文匯報》消息，「政府當局鑒於近日新界迭連發生事件，故特別在新界邊境一帶加強警察實力。流浮山警署由前月起已加派警察駐守，並同時在元朗旂嶺鎮增設警局一所」，「由九廣方面調動大批印警數十人駐防打鼓嶺警署」。上述這些消息，爲《文匯報》記者採訪所獲，爲以後《文匯報》關於香港本地政治新聞的報道打下了良好的基礎。

對於當時港英當局以及來港實業家們期望與中共新政權開展貿易的想法，《文匯報》在獲悉後立即予以報道。1948年11月26日，《文匯報》刊發消息，一則轉發路透社電訊云，「英國官方之意似將企圖與中共佔領區及可能佔領之地區做生意」；另一則是本報訊，報道已來港的實業家們希望及早安定，恢復生產及貿易，內云，「就目前情勢而論，他們希望共產黨能早一點佔領平津與京滬」，「這只是因爲他們希望局勢能早一點安定，以便生產」。

報道香港民生百態，自然是這一時期《文匯報》的一項重要內容。文匯報同仁大多來自內地，但在左派社團和香港百姓的支持下，盡力深入香港社會各個層面角落，反映百姓的所思所想及

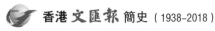

每日的街談巷議。1948年9月15日，《文匯報》報道了港商冒用當時墨西哥駐華大使名義走私西藥的大案，反映了戰亂之際香港走私日趨猖獗的情況。10月18日，《文匯報》刊發本報訊，站在罷工工友的立場上進行報道，云，因勞資糾紛而罷駛的的士司機「自停工以來，得外間各社團之同情，予以金錢物資等支援甚多，生活甚為『寫意』，最近彼等發起全體的的士司機同業聯歡會……現在聯歡晚會已定之節目，計有舞蹈、話劇、音樂、遊戲等」。11月23日，《文匯報》刊發本報消息云：「近日本港地產生意十分繁榮，據地產商談，地價並無多大變動，而房價漲得很高。現地產之顧客買屋者甚少，多數是頂屋住，因此近日頂費激漲，價格混亂」。1949年3月4日，《文匯報》刊發本報訊，云「本港食水存量，只夠四月之用，如人口續增將進一步制水」。在沒有內地供水的二十世紀四五十年代，用水問題是香港全民關注的一個熱點。6月9日，《文匯報》刊發新聞《鬧市喋血記　昨日灣仔盧押道　警匪展開大決戰　三個匪徒兩死一重傷》，積極融入香港的市民生活。9月13日，《文匯報》刊發本報消息，報道本港各區紛紛成立街坊福利會的消息。當時，香港左派組織將街坊福利會視作聯絡民眾的重要平台，而《文匯報》的報道，積極推動了這一行動向前進展。

當時，香港還承受著內地戰亂延伸而來的各種壓力，《文匯報》也把這些新聞報道列入香港新聞的一個重要內容。1949年2月26日，《文匯報》轉發路透社、法新社、美聯社等外媒的電訊云，「國民黨政府郵局官方宣布自今天起恢復中共區與國民黨區

之郵運」，「香港與華北之貿易係採取以物易物制，香港的染料、紙與其他貨物已換得棉與絲」。4月28日，《文匯報》刊發本報消息云，「昨日上海共來了二十幾架客機和包機，截至下午八時半止，到達十八架，晚上依舊全夜通航，一直到今天早晨五時，還有客機降落」；「國民黨的特務頭子，昨天又有一批流亡到香港」，並在報道中點出了幾個國民黨特務頭子的名字。

　　當時，國民黨在香港尚有很大的實力，《文匯報》對此也時有揭露與報道。1949年6月20日，《文匯報》刊發本報訊云：「國民黨反動派在香港進行的陰謀活動之──組織所謂「中華民主黨」，招羅一班反動落後分子，配合國內特務機關地下組織，進行破壞民主工作。自經本報及華商、大公兩報揭發後，即銷聲匿跡，不敢再次露面。」7月2日，《文匯報》刊發本報訊云，「上海逃往到香港來的小白華，以國民黨上海時代的警備司令部偵緝處處長陶一珊為首，正在進行組織一個半公開的俱樂部，以陶一珊和軍統特務為中心」。

四、發展業務特色　開展社會服務

　　這一時期香港《文匯報》在業務上的貢獻，與之前的《文匯報》一脈相承，主要表現在副刊、專刊以及評論等方面。

　　豐富多彩且各具特色的副刊、專刊，是香港《文匯報》有別於其他本港報紙的一大貢獻。在上海兩起兩落的《文匯報》，副刊、專刊已經十分發達，擁有眾多的讀者和廣泛的影響。《文匯報》在香港復刊後，十分重視繼承這一傳統與特色，著力辦好副刊、專刊這一重要陣地。

當時，南來香港的文人、作家很多。文匯報同仁充分利用這一優勢，以各類副刊、專刊為陣地，把留居香港的文化人與作家聚集在一起，組建起一支《文匯報》史上實力最強的作者隊伍。其中經常為《文匯報》副刊撰稿的固定作者有茅盾、秦牧、孟超、司馬文森、鄒荻帆、韓北屏等。茅盾將他撰寫的長篇新作交給《文匯報》副刊首發與連載，秦牧、孟超以及文匯報同仁聶紺弩等為副刊撰寫了一批潑辣、厚實的雜文，鄒荻帆每天為副刊撰寫政治諷刺詩一首，韓北屏、司馬文森、艾明之等為副刊撰寫連載小說，著名畫家黃永玉、方成及《文匯報》美術編輯米谷等定期在副刊上發表畫作。這一切使《文匯報》副刊的特色更為鮮明、內容更為豐富、水準更為上佳，很快吸引到一大批忠實讀者。當時，香港電影空前繁榮，帶動了影評的發達。《文匯報》還率先開辦影評周刊，邀請夏衍、林默涵、張駿祥等電影大家撰寫電影評論。這一創舉，開香港報刊先河，香港各大中文報紙爭相效仿。

　　《文匯報》的專刊，由於得到流亡香港的眾多文化學術界著名人士的支持與加盟，如郭沫若、茅盾、夏衍、侯外廬等，因而也辦得很有特色。這些文化界人士，大多曾是上海《文匯報》時期的作者，有的還編過副刊或專刊。《文匯報》一復刊，徐鑄成立即邀請郭沫若主持以周刊形式循環出版的各個專刊，並通過郭沫若很快邀請到了一批名流分任各個版面的主編。他們是：千家駒，主編星期一出版的《經濟周刊》；孫起孟，主編星期二出版的《教育周刊》；郭沫若、侯外廬，主編星期三出版的《新思

潮》；茅盾，主編星期四出版的《文藝周刊》；翦伯贊，主編星期五出版的《史地周刊》；曾昭掄，主編星期六出版的《科學周刊》；宋雲彬，主編星期日出版的《青年周刊》。在上述專家的主編下，這些專刊水準高，且各具特色。

香港《文匯報》副刊、專刊在內容建設上的成功，與時俱進是重要特徵。1948 年 10 月 27 日，《文匯報》不吝篇幅地刊發一篇討論東歐新民主主義國家的理論長文。這篇文章編譯自外媒，內容是當時蘇聯理論界對新民主主義內涵的討論。照理說，香港願意關注和能夠讀懂這篇文章的人肯定不多，但由於此時中共領袖毛澤東已經宣布，即將建立的新中國將實行新民主主義制度，因而《文匯報》認為有必要在理論副刊編譯此文，進行有關理論的宣傳和普及，以跟上時代的步伐。12 月 31 日，為迎接新年，《文匯報》報道了畫家米谷精心構思、創作的《中國人民英雄——毛澤東畫傳》的出版。

不斷發表有影響力的言論和評論，是香港《文匯報》在業務建設方面的另一重要貢獻。香港《文匯報》自創刊伊始，就繼承上海《文匯報》的優良傳統，十分注意經營言論和評論。實際上，從徐鑄成開始，再到他的繼任者金仲華、聶紺弩等，都是新聞界著名的大家，因而使《文匯報》的言論、評論在一開始即以其觀點犀利鮮明、文風簡潔樸實、文章短小精幹等特點而享譽各界。例如，《文匯報》在香港復刊當日刊發的「編者的話」，就是一篇很好的言論，寥寥數百字，深刻揭露那些以國事為兒戲的人正在把國家帶入深淵，並能讓讀者一看就明白其矛頭所指就是

南京國民黨當局。9月15日，《文匯報》刊發的「編者的話」，諷刺蔣介石在其即將垮台之際卻提出的什麼「發起勤儉建國運動」，以調侃的筆法寫道，「華盛頓方面對蔣經國在滬的作風，大起反感，說他的『警察方法』，國內機構及中美貿易，有強烈影響，甚至說蔣氏的作法，有共產的傾向。」「國產的『紅帽子』，算得有名了，想不到『美國製』的紅帽子，竟會飛到我們那位蔣先生的頭上。」看到上述文字，真是讓人忍俊不禁，拍案稱絕。

《文匯報》在社會多方的支持與幫助之下得以復刊，因而在香港發刊後就致力積極服務社會。盡力援助來香港避難或轉赴內地參加革命工作的各界人士，是《文匯報》在社會服務方面的最大貢獻。

1948年是中國歷史即將迎來大變化的前夕，許多傾向中國共產黨、嚮往新中國的知名文人紛紛南來香港暫居，以待北上參與新中國建設。為了解決這些人士在香港的居住、生活乃至維持生計等問題，當時在香港的中共地下組織除自身盡全力支援，也動員左派力量以各種方式給予支持。《文匯報》雖財力、物力十分拮据，但仍盡力予以幫助，或是延聘適當人士加盟《文匯報》，或是以約稿、專訪、提供機會等方式予以支持。著名詩人臧克家回憶說，當他避走香港、生活陷於窘迫之時，「老朋友《文匯報》派編輯來慰問我們」，「向我們要稿子」，「寫了幾十年的文章，那時覺得意義不同，生活無著，誰知道哪天才能登上去解放區的船？稿費收入成了度日的基本收入。《文匯報》、《大公

報》的朋友們，約我們寫稿子，給頂高的稿酬，不言而喻，收到
的不是港幣而是寶貴的戰友情誼啊。」

第二章

立足香港　與新中國風雨同行
（1949–1966）

第一節
扎根香江　穩步發展

　　1949年10月1日，中華人民共和國成立，標誌著中國共產黨
領導的新民主主義革命取得了全面勝利。新中國成立後，在中國
共產黨的領導下，內地社會逐步實現了由新民主主義到社會主義
的過渡，政治、經濟、社會等各項建設均取得了重大的成就，並
逐步登上國際舞台，爲世界和平、民主積極貢獻自己的力量。與
內地僅一山一水之隔的香港，這時雖然仍處於英國治理之下，但
也發生了巨大的變化。港英當局爲了繼續從香港這顆「女王皇冠
上的明珠」上獲取利益，率先改變美國等西方國家對新中國的外
交封鎖政策，於1950年1月宣布承認中華人民共和國政府，與新
中國建立了外交關係。

　　中英外交關係的建立，使香港進入一個穩定的發展時期，進
步力量日益壯大，反動勢力日漸萎縮，爲《文匯報》在香港扎
根、生存與發展提供了一個安全、有利的環境。不久後，由於英
國參加以美國爲首的侵略朝鮮的聯合國部隊，中英關係又開始陷
入低潮，《文匯報》在香港的發展的道路雖然更爲艱辛，但依然
呈現出不斷向前推進的態勢。

一、堅守陣地　發展事業

　　新中國成立前後，一大批爲躲避國民黨當局迫害而流亡香港
的各界進步人士先後回內地參加新中國建設。1949年5月上海解
放後，徐鑄成、柯靈、陳虞孫、唐海等香港《文匯報》負責人或
骨幹成員先後返回上海，參加上海《文匯報》的復刊工作。1949

年10月前後，宦鄉、楊培新等香港《文匯報》負責人或骨幹成員也回到內地工作。據老報人簡捷回憶，「廣州解放前夕，採訪科同事何明、董厲、赫諸英等，先後離開報社回到內地，這時，大約有半個多月的時間，採訪科只剩下陳朗和我，每天要採寫數千字的新聞，才能應付版面。」

在此情況下，香港《文匯報》重組編輯隊伍，堅守新聞輿論陣地，克服各類困難，在事業上穩步發展，不斷提升報紙的社會影響力。徐鑄成等回上海後，劉思慕、莫乃群、孫師毅、劉火子等先後出任香港《文匯報》總編輯並主持筆政。1951年4月劉火子回上海後，李子誦出任總編輯，開始擔起香港《文匯報》筆政之重任。同年，余鴻翔出任總經理。1952年，梅文鼎出任董事長。與此同時，報社求賢若渴，以更加包容的姿態引進新人，員工隊伍日益壯大，並開始出現年輕化、本土化的新景象，其熱情高漲的工作狀態更是令人鼓舞。據統計，香港《文匯報》員工總人數，1949年為156人，1969年已發展至208人，其中女員工37人。

1949年11月廣州解放後，香港《文匯報》廣州辦事處成立，係香港《文匯報》在內地建立的第一個辦事處，香港《文匯報》對內地新聞的報道宣傳得以進一步加強。1951年11月，香港《文匯報》又與中國新聞社、香港《大公報》合作，成立廣州聯合辦事處，簡稱「三聯」辦事處，對外「聯合」，對內三個新聞機構獨立運作，第一任辦事處主任為著名作家司馬文森，副主任為曾敏之和簡捷，《文匯報》派駐該辦事處的特派員為陳朗。「三

聯」辦事處建立後，充分發揮其駐地記者站的作用，《文匯報》上許多粵穗新聞開始由報社直接採訪發稿，大大提高了工作效率。之後，該辦事處屢經變遷，分分合合，至「文化大革命」時期被解散。

這一時期，香港《文匯報》的財政逐漸趨於穩定，愛國工商界人士陸續參股，1952年正式組建爲股份有限公司。但是，報社的辦公環境還沒有大的改變，所有編輯部門仍擠在荷李活道不滿三百平方米的老樓內。曾任香港《文匯報》副刊部主任的秦瘦鷗，在其回憶1952年加盟香港《文匯報》時說，「荷李活道那幢老屋子三樓的總面積才四五十平方米，全部劃作編輯部，桌椅從窗口一直排列到入門處，幾無空隙，人們走動得側著身子才行。」職工宿舍也十分擁擠，「每間二十來平米，住十多人，一排排帆布床，像海輪的統艙一樣。」此外，資金周轉也非常困難。這一狀況直至1955年才開始出現轉機。這一年，香港《文匯報》的基礎建設有了很大發展，出現了創業以來的第一次大突破，即報社從荷李活道搬遷到波斯富街，自置社址，並添置了新中國成立後的第一台三十二吋輪轉印報機。該印報機投產後，香港《文匯報》報頭可套印紅色，遇到發表重要新聞及廣告時也可套用紅、黑雙色印刷。

二、加強業務建設與社會服務活動

這一時期，香港《文匯報》通過舉辦、參與社會活動，加強與讀者的聯繫，提高報社在香港社會的聲譽度。

每年報慶，香港《文匯報》借此時機廣泛聯絡各界，提升自

身聲名。1956年《文匯報》在港創刊8周年之時，報社假中華總商會大廈舉行雞尾酒會接待各界嘉賓，並贈之以精心編印的畫報《在可愛的土地上》，同時還舉辦「讀報有獎月」，以抽獎方式將七千元名貴獎品贈送給讀者。1958年《文匯報》在港創刊10周年大慶時，除例行舉辦雞尾酒會以聯絡各界人士外，報社還舉辦「十年來十大新聞選舉」，幫助讀者回顧十年來的國內外大事，了解時局及祖國的進展情況，並備獎品獎勵中選者；報紙刷新版面，增加特刊五張，出版畫冊《大躍進時代》，宣布向廣大讀者發起徵文活動，「誠懇地向讀者徵求文章及對本報的意見和希望」。此外，香港《文匯報》還舉辦過有獎新聞問答等活動，「有世界大事，有香港新聞，一問一答之間，既重溫往事，又增廣知識」，在當時頗受讀者歡迎。

在廣泛開展社會活動的同時，香港《文匯報》更加注重自身的業務建設。

香港《文匯報》和香港其他綜合性報紙一樣，定期出版名目眾多、涉獵廣泛的副刊、專刊或專欄，有涉及文學、哲學、歷史等學術性專刊或專欄，也有刊載小說、詩歌、散文、雜文等文藝性副刊，還有刊載讀者來信來稿的專欄，可謂百花齊放，有效地吸引各個領域和層次的讀者。這一點，從1950年6月10日香港《文匯報》發布的《各種副刊輪流表》中可見其端倪：「星期日：戲劇電影，工人世界；星期一：新文藝（雙周刊），新教育（雙周刊），學習生活；星期二：新美術；星期三：學習生活，戲劇電影；星期四：婦女園地；星期五：學習生活；星期六：蘇

聯介紹。」《文匯報》的副刊還注意通過組織讀書會、座談會等方式在左派愛國社團中吸引讀者，並在報紙開闢專門版面，舉辦專題筆會。因此，香港《文匯報》的文藝副刊在左派社團的年輕人群裏擁有相當多的讀者和作者，具有很大的凝聚力。

1951年6月2日起，香港《文匯報》創辦《文匯畫報》，逢星期六出版，每期出版一大張四版，隨報贈送。1956年2月出至第253期時暫時停刊，1961年4月6日恢復出刊，改爲逢周一、周四出版，每期仍出版一大張四版，並改用書紙柯式印刷。該畫報以精彩的圖片介紹祖國風貌、香江百態、世界新聞熱點、體育活動、影星動向、美術攝影等等，內容多彩多姿、深受讀者喜愛。

香港《文匯報》向來重視評論，也爲讀者所看重。由於該報在內地的廣泛聯繫，社會各界乃至港英政府和其他媒體都十分重視從其發表的評論中窺得新中國的最新動向。因此，《文匯報》幾乎每期都會以「社論」「編者的話」「專論」等形式就時事動態表明立場，有時還會一天兩篇評論文章，一篇關於中國政治，另一篇關於本港的新聞熱點，在香港傳媒界獨具特色，尤其是關於中國政治大事的評論更是爲各方讀者所關注。《文匯報》的社評開門見山，文字活潑，用詞準確犀利，還帶有濃郁的粵港文化色彩，迎合了香港讀者的閱讀習慣，對香港《文匯報》繼續扎根香港發揮了突出作用。

此外，香港《文匯報》能在香港保持重大影響力，很大程度上是因爲與內地的聯繫而報道的各種獨家新聞。香港《文匯報》剛創建時的「金圓券」報道，奠定了獨家報道在香港《文匯報》

發展中的地位。此後，該報在業務上始終注重採集獨家新聞，擴大自身影響力。例如，獨家宣示新中國關於香港的政策、率先報道原國民黨政權在港企業宣布起義、第一時間報道解放軍登陸海南島等新聞，都成為香港《文匯報》歷史上值得稱頌的經典之作，也是報社取得的重要業務成就。

第二節
高歌新中國的誕生與成長

　　新中國成立之初，中央人民政府將主要精力集中在恢復經濟
發展上。在消除建國初期的通貨膨脹、恢復財政穩定後，新中國
又著手進行社會主義改造，實現從新民主主義社會向社會主義社
會的過渡，並開始實施第一個「五年計劃」，以加快進行工業化
建設。政治上首次召開了全國人民代表大會，制定了中華人民共
和國第一部憲法等。外交上也逐漸打開局面，承受了建國初朝鮮
戰爭的嚴峻考驗後，新中國頻頻亮相萬隆會議、日內瓦會議等國
際舞台，開展和平外交。此後雖經歷了「反右派運動」，50年代
末期的「大躍進」和「人民公社化」等運動也對經濟發展造成的
一定破壞，但總體上這一時期中國內地在各個方面獲得了恢復和
發展，經濟建設卓有成就。香港《文匯報》自誕生之日起，就是
爲了滿足中共與國民黨內革命力量，以及國共兩黨以外其他愛國
力量對新聞事業的共同需要。新中國的成立，無疑更加堅定了香
港《文匯報》把愛國民主的旗幟堅持下去的決心，堅定了與人民
站在一起的立場。

一、歡呼新中國的誕生

1、新中國籌備活動與開國大典的報道

　　1949年9月21日，以籌備新中國爲目的的中國人民政治協商
會議第一屆全體會議在北平隆重召開。香港《文匯報》除了刊登
新華社的稿件，還克服重重困難，邀請已經返回內地的老記者郁
風作爲特約記者，到現場採訪報道新政協會議。郁風來自第一線

的報道及時準確，鮮活生動，給人以身臨其境的現場感，吸引了大批讀者。如對9月30日大會最後一天情景的描寫，「大門口紅漆的圓柱，巍巍的金殿上，掛著一排七呎直徑的紅宮燈，會場內，今日選舉投票，特別隆重，十數個水銀燈齊開，奏新戰士之歌時，全體隨著音樂節奏鼓掌，毛主席宣布圓滿閉幕以前，剛剛起立，便被如潮的掌聲所擁，在全體代表熱烈歡呼中，起立三分鐘，最後，扯起美麗的新國旗，唱國歌，喊口號，代表們在無比歡欣興奮的情緒中，徐徐離開會場。於是這舉世矚目的新政府，宣告成立。」① 又如他一則關於大會的側記寫道，在討論紀年時，七十六歲老人周孝懷表示：「我從未用過民國紀年，不管是寫信記帳，自從袁世凱出來，我就反對，但我還等著有個好人，我便承認這民國，結果越弄越壞，到了蔣介石，更是壞到不可救藥，所以我絕對主張用公曆」。② 郁風的多篇報道，為讀者提供了關於新政協會議的多方位視角。

　　1949年9月30日當天出版的香港《文匯報》，在香港諸多報紙中率先按照第一屆全國政協通過的《共同綱領》關於中華人民共和國採用公元紀年的規定，將報頭位置的年號從之前的中華民國紀年改為公元紀年，並隨報贈送讀者一面中華人民共和國國旗圖樣，同時報社社址所在的荷李活道30號也懸掛出嶄新的五星紅旗。10月1日，香港《文匯報》刊發了新華社關於新政協第一屆會議圓滿閉幕的新聞，詳細報道「中國人民政治協商會議第一屆全體會議，它的最後一天，選出了毛澤東為中華人民共和國中央人民政府主席」，選舉朱德等六位為副主席，並公布了陳毅等五

---

① 《中央人民政府告成立　毛澤東當選首任主席》，香港《文匯報》，1949年10月1日，第一版。
② 《大會側寫》，香港《文匯報》，1949年10月1日，第一版。

十六位爲中央人民政府委員名單及一百八十位第一屆全國政協委員名單。並報道大會通過了「給全國人民解放軍的致敬電」，通過了豎立「爲國犧牲的人民英雄紀念碑」的決定和紀念碑的碑文，全文刊發了「人民政協宣言」，以及本港新聞工作者三百餘人爲慶祝中華人民共和國開國暨中央人民政府成立特擬制的祝詞。

香港《文匯報》對新中國成立的喜悅充分體現在10月1日的社論中。當日該報在第一版社論欄中連發兩篇文章《祝中央人民政府成立》和《人民政協圓滿成功》，文中熱情地宣布：「這個政府是中華民族有史以來第一個人民自己用力量建設起來的政府，這個政府的成立，他表現了中國社會的決定的轉變，表現了中國人民的決定的勝利，達到了百年奮鬥的目標，建立人民的政權，把帝國主義的勢力驅逐出中國，把封建殘餘和帝國主義孕育下的蔣介石政權打垮。從此，人民眞正做了國家的主人。」並呼籲仍在華南和西南蔣管區的人民，「今天對於中央人民政府的最好貢獻，便是積極支持大軍的南下，迅速肅淸殘留在華南和西南的蔣軍殘餘，爭取革命的完全勝利，全中國的徹底解放，完成獨立、民主、和平、統一和富強的建設任務。」

10月4日，香港《文匯報》在第二版刊登了新華社關於開國大典的詳細報道《海陸空軍大檢閱，三十萬民衆湧入人民廣場，五十四門禮炮齊鳴數十響，人民政府成立典禮盛況》。文中寫道，「中華人民共和國中央人民政府毛澤東主席，今日在新中國首都宣布中華人民共和國中央人民政府公告」，「典禮在北京天

安門前舉行，參加這個典禮的有三十萬人」，「在閱兵式中，全場掌聲像波浪一樣，一個高潮接著一個高潮」。「閱兵式結束時，天色已晚，天安門廣場這時變成紅燈的海洋」，「舉紅燈遊行的群眾像火龍似的穿過全城。使新的首都浸在狂歡裏直到深夜。」同日，香港《文匯報》再發社評，「今天，新中國的五星紅旗，已經在國內飄揚，在海外也將到處飄揚愛國精神的表現。」這天的版面也多與新中國誕生有關，如《擁戴中央人民政府　永遠警衛國防前哨　二野指戰員電賀人民政府　四野舉行盛大遊行示威》，《肅清殘敵解放全國　鎮壓一切匪徒的反抗和搗亂　朱德總司令宣讀命令》，《建立正常外交關係　周恩來部長通知各國》等。此後連日都有關於新中國誕生的報道，10月5日香港《文匯報》轉發新華社發自上海、天津、南京、武漢，紛紛舉行慶祝大會和遊行，「均成不夜之城」。10月20日，又發表近2千字的特寫《莊嚴隆重的大典　中央人民政府成立之日在北京》。據統計僅10月份有關開國大典的新聞消息、特寫、評論等報道就有約215篇。

2、解放北平、上海、廣州等地的報道

《文匯報》在香港再生之時，人民解放戰爭已經從戰略防禦轉向戰略反攻，因而人民解放軍在內地節節勝利的戰況成了該報在新中國成立前後最重要的報道內容。

1949年2月1日，香港《文匯報》報道北平和平解放。這則新聞先採用美聯社的報道，稱「共軍今日開入北平，他們勝利地來了，可是毫無驕傲之感。」「他們的武器有拜佐卡槍以及其他

自敗北的敵人手中俘獲的美式裝備，觀衆無敵視之感，他們表面的情緒是好奇的。共軍則非常端莊嚴肅。」緊接著就是該報發自北平的專電，「北平國民黨軍移駐工作，明日可竣事」，「『華北剿總』二月一日起停止辦公。」這則來自北平的消息，說明國民黨政權和軍隊已經交出權力。而第三則轉發的中共陝北電台的新聞，宣布「北平的解放基本結束了華北的戰爭」。

4月21日，渡江戰役打響。4月23日，第三野戰軍一部解放了南京。接著，各路大軍向南挺進，5月3日解放杭州、5月22日解放南昌。5月18日，香港《文匯報》刊發一篇題爲「踏進華南之門」的言論，詳細分析了戰局的發展趨勢，預告「上海的解放可能是天津的再版，人民解放軍將上海對外所有的交通線切斷，使上海成爲死島，在大軍壓力下命令國民黨軍投降」，「時間不可能超過兩星期」，並斷言「華南之戰的結束是以廣州的解放爲標誌的」。這篇軍事評論爲後來的戰局發展所印證。

5月26日，香港《文匯報》以欣喜的筆觸發表社論《慶祝上海解放》，表示「上海已於昨晨解放了，讓我們爲上海獲得解放而歡呼！讓我們爲上海市民獲得解放而慶賀！讓我們向解放上海的人民解放軍致最熱烈的慰問和最崇高的敬意！上海是世界第四大都市，遠東最重要的經濟都會，中國的最大城市。……今天，上海已經新生了，上海已經屬於人民的了。上海高度的工業生產力，將成爲新民主主義經濟建設的原動力。上海的高度文化科學技術，將成爲新中國建設的推進力，上海的堅強、英勇、光榮的無產階級，也將成爲領導新中國建設的骨幹」。整篇社論充滿對

上海的特殊感情和對未來的殷切期許。同時，其他版面還刊登了美英通訊社發自上海有關解放軍露宿街頭、秋毫無犯的大量報道。

新中國成立後，香港《文匯報》繼續報道內地解放進程。10月14日廣州解放後，香港《文匯報》於16日以特大標題《廣州解放》報道了這一新聞，次日又詳細介紹廣州解放經過。之後，香港《文匯報》關於海南解放的獨家報道，值得在該報歷史上大寫一筆。1950年1月9日，香港《文匯報》根據記者消息報道了「瓊崖人民解放軍一部在去年12月29日在瓊崖南部昌江地區痛擊殘匪」。4月18日，香港《文匯報》以大字標題《我大軍登陸海南島》，獨家報道了解放軍開始進攻海南的「本報特訊」：「據瓊西前線十七日急訊，解放全瓊的神聖戰爭已於今晨揭幕。我人民解放軍渡海大軍的強大部隊於今日晨四時三十分，從臨高縣之臨高角至紅牌港一帶登陸，另部我軍於今晨四時在澄邁縣屬之林詩港至聖目灣一帶登陸，以排山倒海之勢，全部摧毀匪軍防線，現正向縱深發展中。瓊崖人民所盼望的偉大的日子，現在是到來了，全瓊軍民一致奮起，配合支持渡海大軍，全部、乾淨、徹底消滅一切反動匪類，是時候了。」這則簡短的消息，使香港《文匯報》成為全港乃至全世界首家披露人民解放軍解放海南的新聞媒體，引發外國新聞媒體競相轉載。同時，該報還刊登了中共中央華南分局、解放軍廣東軍區和廣東省人民政府聯合發表的《告海南島同胞書》，呼籲海南島人民「全力支持前線擴大登陸勝利，徹底全部乾淨消滅蔣匪殘餘」。之後，香港《文匯報》又

對解放軍在海南島的勝利進軍作了連續報道，如4月23、24日報道海口解放過程，4月27日報道文昌解放，4月29日報道解放軍進軍瓊南的新聞，直至5月16日報道「四野、瓊縱在海口舉行祝捷會師幹部大會」，宣布海南島獲得完全解放。在解放海南島過程中，香港《文匯報》始終掌握著解放軍行動的第一手情況，連續的獨家報道使報社進一步贏得了香港的讀者，在海外也獲得更大的影響力。

此外還須一提的是香港《文匯報》關於新疆、西藏等少數民族地區和平解放的報道。新中國誕生後，香港同胞及各方面都十分關註解放軍如何進軍新疆、西藏等少數民族地區，香港《文匯報》緊跟相關進程，及時報道最新情況。1949年9月29日，《文匯報》刊登了陶峙岳將軍通電，宣布新疆和平解放，1950年1月19日，又刊發時任西北軍政委員會主席彭德懷的報告，表示「解放軍於11月12日進入新疆哈密，現已進駐新疆全境，中華人民共和國的國旗插至祖國最遠的邊疆帕米爾高原。」1951年5月28日，香港《文匯報》報道了西藏和平解放的消息，「談判勝利成功，中央與西藏已簽訂協議，由西藏地方協助解放軍入藏」。並詳細報道談判經過，「中央主動地提出一系列建議，並採納西藏地方建設性意見」，以及毛澤東、朱德等領導人「囑望各民族大團結」等新聞。香港《文匯報》關於人民解放軍為維護國家和民族的統一，排除重重困難，堅決進軍新疆西藏的報道，讓讀者深切感到中央政府維護祖國完整統一的決心，和處處為邊疆少數民族地區著想的誠意。

二、關注新中國的發展

1、內地政治建設的報道

新中國成立後，內地發生的每一個新變化都牽動著香港同胞和海外華人的神經，因而也必然是香港《文匯報》最爲關切的話題。

新中國成立後，各地方人民政府建立的新聞，香港《文匯報》均作了及時報道，向香港讀者展示內地各級人民政權建立、完善與發展的全新景象。例如，1950年1月9日，該報報道：「新疆、寧夏兩省人民政府已經正式成立了。甘、陝、青各省人民政府，正在籌備成立中，省以下各級人民政府都已建立。各級政府的組成，都包括了各民族各黨派各民主階層以及其他愛國民主人士的代表。」1953年9月22日，該報詳細報道了近鄰廣州經過中央人民政府批准任命的市長、副市長及政府委員名單。

香港《文匯報》還十分關注新中國建設新的法制體系、推進依法治國的進程，重點報道了1950年公布實施的《婚姻法》《工會法》和《土地法》三部重要法律。4月30日，《婚姻法》公布施行，該報在評論中稱「這是我國新民主主義時期的一項重要立法」，基本原則「是要徹底摧毀中國長期封建制度在婚姻關係上加以人民的枷鎖」，「推翻以男子爲中心的『夫權』支配，保護婦女和子女的正當利益」，「這是一項偉大的社會改革工作」，是勞動人民的「歷史性創造」。6月30日《土地法》公布實施後，該報評價道，「封建剝削的土地所有制要被廢除了，變爲農民的土地所有制……是一件翻天覆地的大事」。

　　新中國成立初期，為鞏固人民政權，內地先後掀起「鎮壓反革命」、「三反五反」等政治運動，特別是涉及經濟領域較深、香港工商界非常關切的「三反五反」運動，香港《文匯報》都及時予以報道與評論。1952年1月9日，香港《文匯報》全文刊發了當時代行全國人大職權的政協全國委員會決定，號召「全國各界進行思想改造，各協商機關迅速成立學委會」，「全國各界人士，特別是工商界的廣大人士進行反貪污、反浪費、反官僚主義為內容的思想改造學習」，「學習時間為兩個月，學習方法為學習文件、組織報告、展開批評與自我批評（包括檢舉和坦白）。」6月6日，香港《文匯報》發表評論《歷史性的巨大勝利》，說明三反運動「已基本獲得巨大的勝利，現在正在這個勝利的基礎上，朝著鞏固和發展的方向發展。從六月一日起運動已轉入『民主建設』階段」。同時，香港《文匯報》還刊發了一系列有關運動取得巨大成果、促進內地香港商貿的新聞報道。例如，4月13日香港《文匯報》「上海訊」：「三反五反成果偉大，上海萬種商品降價，價格平均降低百分之十一左右」，在運動中「依靠了工人階級揭發不法資本家的罪惡行為，清除不法資本家派進來和拉過去的內部貪污分子」。4月14日香港《文匯報》「南京訊」：「南京三反五反收穫重大，千餘商品降價，最多降低百分之三十六」，「過去虛構成本、偷工減料，非法暴利嚴重的工業品，價格下降的範圍較大」。6月15日，香港《文匯報》「天津訊」：政府宣告「天津三反五反已勝利結束，將進一步繁榮經濟」。7月14日，香港《文匯報》「廣州訊」：「由於

全國三反五反運動勝利結束」，「廣州工業市場恢復活躍，七月上旬最高成交額達四十三億，熱門貨暢銷，冷門貨也打開了銷路」，「總的情況是朝著繁榮發展」。這些直接採自內地的報道，對消除當時不少港人對「三反五反」的誤解，打破工商界人士的疑慮和猶豫，發揮了相當的作用。

人民政權基本鞏固之後，召開第一屆全國人民代表大會第一次會議並制定《中華人民共和國憲法》，是新中國政治領域的一件大事。1954年8月15日，香港《文匯報》報道「中央人民政府委員會決定，中華人民共和國第一屆全國人民代表大會第一次會議，定於1954年9月15日召開」。關於這次大會，香港《文匯報》除了引用新華社電訊，還刊發駐京記者的長篇特寫，詳細向讀者展現會議召開情景的相關報道。一是重點關注憲法的通過及公布。自9日通過憲法草案到21日正式公布，香港《文匯報》每天都安排一定版面，並指出該草案「全民討論共歷時近三個月」，「全國人民共提出了一百一十八萬零四百二十條修改和補充的意見和問題」。二是重點報道香港社會各界人士對大會的反應。9月16、17兩日，香港《文匯報》連續刊發採寫香港各界同胞的綜合報道，反映香港工商界、文教界及文化藝術界等人士的聲音，「說是大喜事，表衷心擁護，指出大會將保證祖國日趨富強人民日益幸福」。香港《文匯報》還報道了香港工會人士張振南當選全國人大代表，並特別指出這是「香港工人的光榮」。這些報道還列舉了香港各界人士的感言。例如，某位商人認為，「這部憲法事先經過了起草委員會鄭重的研究和修改，又經過全

國人民討論，提交的意見達一百多萬條之多，根據這些意見修正後才通過，單是這一點，從未聽見過，在資本主義國家更沒有，也不可能有。憲法裏規定了人民代表大會是最高權力機構，地方行政機關權力都不及人民代表大會大權，這點也說明了是真正民主。對工商界，規定了資本家財產所有權受到保護，第九十八條又規定保護華僑權益，這也是從未有過的。」另一位商人則認為，「憲法規定要轉變到社會主義社會，當然是一件不容易的事情，但必須要轉變，否則便和以前一樣，永遠好不了⋯⋯憲法保證要通過和平道路轉到社會主義社會，更容易為大多數人所接受的，也是全國人民的願望」。一位著名演員說，「看到全國人民代表的名單裏有電影演員、有劇作家、有導演，大家心裏都很興奮。最使人高興的是這當中有些還是自己的老朋友」。這些報道，既反映了當時香港同胞的喜悅之情，也表明香港同胞對祖國政治制度化建設的關注。

這一時期，內地其他重要政治會議與發生的重大政治事件，香港《文匯報》也都作了詳細報道。例如，關於中共「八大」和「八大二次會議」，香港《文匯報》除了及時報道會議召開外，還配發評論文章，向香港同胞介紹會議對內地社會主義建設的重要意義；關於每年一次的歷屆全國人大會議，該報都力爭根據會議重點，回應香港市民的關切，並利用報社自身的便利條件採寫一些其他媒體無法得到的新聞，形成自身特色。再如，關於反右派運動，尤其是一些涉及個人的政策標準問題，香港市民十分關心，因而香港《文匯報》在1957年7月6日以答讀者問的形式解

釋「劃分右派的六條標準」，9月11日再就「反右派鬥爭是什麼性質的矛盾，會不會變化？」等問題回答讀者疑問。

　　香港《文匯報》關於內地的政治新聞，還涵蓋內地政治建設和發展的方方面面，從中央到地方，從時政到理論，每天都會佔據不少版面，多方面滿足關心內地的讀者需要。作爲左派報刊，香港《文匯報》關於內地的政治新聞還具有很高的權威性，成爲外界了解內地情況的重要途徑，倍受關注。例如，1958年炮擊金門時，香港《文匯報》有關報道便受到台灣和美國方面特別注意，意圖在《文匯報》的字裏行間窺得建設和發展方面的動向。

　　2、內地經濟建設的報道

　　國民黨政權敗退台灣後，在內地留下的是一個經濟癱瘓、百廢待興的爛攤子。新中國成立後的首要任務，就是恢復被戰爭破壞殆盡的國民經濟，穩定物價，保障人民生活。內地的經濟狀況，對香港發展具有重要影響，因而香港《文匯報》十分注重有關內地經濟恢復和建設的情況，及時報道人民政府在這方面的成就。

　　1950年1月4日，香港《文匯報》第一版報道，「爲勝利歡笑爲建設興奮，各地湧起熱流，踴躍購債熱烈勞軍，積極準備生產建設工作」；10月18日，香港《文匯報》刊發一篇讀者來信，表明「人民幣已在全國流通，收用保存人民幣，是最可靠最保險的」。1951年2月10日，香港《文匯報》刊登了反映上海在春節期間「秩序良好，物價穩定，市場上購銷兩旺，市民們買好了豐盛的年貨」的新聞。此外，香港《文匯報》還及時反映成渝鐵路

等工程建設進展，展現新中國經濟的恢復和初步發展。

1953年後，新中國開始施行國民經濟建設的第一個五年計劃，建立社會主義工業化的基礎。香港《文匯報》不斷對「一五」計劃進行詳盡及時的報道，始終關注內地經濟建設的步伐，不時推出內容豐富的系列報道或專題報道。1953年3月11日，第一個五年計劃剛剛公布，香港《文匯報》便刊出《一幅壯麗的圖畫——從新預算看我國遠景》的詳細介紹文章。該文首先總結了三年恢復時期的成就，稱「1953年的國家預算說明，我們國家已經走完經濟恢復的道路了，三年經濟恢復時期是一顆種子，它已滋長了五年計劃的繁茂大樹」。「過去三年，我們國家已經在一連串的困難上面取得一連串的勝利，工農業生產一般恢復或超過了解放前的最高水平，財政收支從接近平衡（1951年）做到有巨額的盈餘（1952年），物價大幅降低，財政經濟狀況全部根本好轉。」該文接著又詳細介紹五年計劃的藍圖，並充滿激情地認為，「更加絢麗多彩的途徑還在後面，第一個五年計劃第一年之後是第二年、第三年，第一個五年計劃之後是第二個、第三個……。按照歷史發展的規律，我們的國家將在若干個五年計劃之後，一定會實現工業化——從『莊稼漢的馬』跨到『巨大機器工業的馬』上。」此後，「一五」計劃始終是香港《文匯報》的重點報道內容，如《全國開始大建設　各地基建以重工業為重點》（1953年1月1日）、《我國修建森林鐵路　庫圖段39公里通車　對開發興安嶺森林有重大作用》（1953年1月1日）、《工業交通農業水利均獲發展　我國大建設猛進　75個大廠礦正

陸續竣工》（（1953年9月18日）、《我國民航事業發展　客貨
運輸擴至13城市　三年半來空運安全從無事故》（1954年2月10
日）、《機械工業繼續發展　今年建設工程百項　國家投資比去
年增加一倍多》（1954年3月24日）、《火車不怕蜀道難　寶成
路鋼軌鋪進劍門山區》（1954年10月16日）等有關內地經濟建
設最新進展的新聞報道。

　　在「一五」計劃的最後一年，香港《文匯報》重點反映全國
各地在「一五」計劃中的建設成就。例如，1957年7月1日《文
匯報》報道「一五」計劃以來機器工業發展成就，「1953年到目
前為止，我國已經有29個規模巨大的新建和改建的機器製造廠建
成並投入生產。目前正在施工的巨大的機器製造廠還有40多個。
預計今年中國機器製造工業的總產值將比第一個五年計劃的前一
年——1952年增長3倍，比1949年增長28倍。」7月25日，香港
《文匯報》又報道了北京市「現在已經有很多部門提前完成了第
一個五年計劃」，「解放前1948年全市工業的總產值僅為1億
元，而現在（1956年實際數）為18.5億元，比1948年增加17倍
之多」。9月28日，香港《文匯報》報道了新中國成立以來、尤
其是「一五」計劃施行以來西南鐵路建設大發展的情況，「新建
了954公里鐵路，修復和改建了267公里，現在西南的鐵路長度
已比解放前增加了將近一倍半。」12月30日，香港《文匯報》報
道稱，「第一個五年計劃執行的結果，東北已經形成一個強大的
工業基地。由於這個基地的形成，二個五年計劃期間，我國在華
中、華北、西北、西南地區建設新工業基地所需的主要的鋼鐵產

品、機器設備和其他一些重工業產品，可以基本上從東北工業基地得到供應。」1958年1月1日，香港《文匯報》發表題爲《歡呼第一個五年計劃的偉大成就》的綜述，自豪地表示「中國第一個五年計劃已經勝利地完成和超額完成了」。

　　1958年後，內地開始實施第二個五年計劃。由於實施過程中的巨大波動，「二五」計劃實際上分成「大躍進」和調整時期兩個階段。最先，「二五」計劃承接「一五」計劃超額完成的基礎，呈現出良好發展的態勢。但是，隨著「大躍進」口號的提出和1958年夏在農村開始的「人民公社化」運動，內地經濟建設出現嚴重「虛熱」。對此，香港《文匯報》雖然和內地媒體相比尚能保持一定的理性，但其有關內地經濟建設的新聞也逐漸升溫，在文字上留下較深的時代烙印。例如，1958年8月8日，香港《文匯報》刊登消息稱：「今年以來，中國鋼鐵工業在每一個環節都出現了史無前例的高產量記錄和大面積豐收，幾項主要的經濟技術指標，已走在世界同業的前列」；1958年10月1日，香港《文匯報》在評論內地電力工業發展時稱：「今年在全國工農業大躍進的形勢下，我國的電力工業也出現了『一天等於二十年』的躍進情況，今年的發電量將由去年的193億度升到275億度，增長的速度爲42%以上」等等。

　　隨著1960年中共中央提出了國民經濟調整、充實、鞏固、提高的「八字方針」，內地經濟建設逐漸進入健康發展時期，香港《文匯報》也開始完全回歸理性，客觀地向香港及海外讀者介紹祖國內地的經濟發展，如1961年12月25日香港《文匯報》報道

了廣東梅縣戰勝自然災害，保持農業收成良好的新聞，「畜牧業也得到相應發展，特別是家禽，許多地區都超過了歷史上的最高水平」。1962年9月30日，香港《文匯報》報道國慶節前夕北京「城區及近郊的菜市場以及流動各個街頭的菜車上擺滿了各種應時的瓜菜⋯⋯，今年農業收成較好，肉類、家禽、蛋品、乾鹹菜、果酒和鮮瓜菜水果等農副產品的上市量較前增加」等消息。1964年8月5日，香港《文匯報》報道了中國自力更生發展磷肥工業，「全國大部分省市建立了磷肥廠，磷肥已成為廣大農村使用的主要化學肥料之一」的消息。

此外，香港《文匯報》還及時報道新中國成立初期內地在科教文衛事業方面取得的成績。「一五」計劃期間，內地教育事業得到長足發展，1954年3月10日，香港《文匯報》報道稱，「四年來，華東五十所高等學校，為國家輸送了三萬八千多名工業、師範、醫藥、農林、財經、政法、文化、藝術、體育等方面的建設人才，其中上海地區的高等學校畢業生有一萬八千多人」；同年9月2日，香港《文匯報》又發表報道，稱1954年新學年「全國高等學校學生顯著增加，今年暑假錄取的9萬4千多學生入學後，全國高等學校在校學生總數達25萬多人，比新中國建國前的1947年增加百分之六十」。在文藝方面，1953年4月21日，香港《文匯報》報道了在廣州舉行的第一屆全國音樂舞蹈匯演大會，介紹了民間文藝在人民政府扶持下的發展碩果；1954年11月19日，香港《文匯報》還介紹了新中國成立後上海電影製片廠的發展狀況等。在科技方面，1964年10月16日中國第一顆原子彈的

成功爆炸，香港《文匯報》尤為歡欣鼓舞，不僅在10月19日綜合報道中西各報與此有關的評論，還在10月24日刊登了特派記者在巴黎採寫的報道，報道了中國第一顆原子彈成功爆炸這一消息在國際社會中引起的震動。

3、新中國國際形象的報道

對於新生的中華人民共和國來說，與鞏固人民政權、恢復國內經濟民生同等重要的還有打開外交局面，應對來自國際社會的挑戰。由於新中國成立初期內地奉行「一邊倒」的外交政策，香港《文匯報》國際新聞的一個重要特點就是敵我界限分明，站在新中國的立場上報道國際新聞。香港《文匯報》的特殊背景，使其特別關注與新中國有關的國際新聞。例如，關於英國承認中央人民政府的消息，香港《文匯報》早在1949年11月30日就自倫敦報道了「英國外交部今日表示英國政府已決定承認中國新政府」，是香港媒體中率先報道的報紙之一，引起了廣泛注意。1949年12月毛澤東訪問蘇聯和「中蘇友好條約」的簽訂，該報不僅予以持續報道，還在社評中稱此次出訪令「整個歐洲輿論界極重視」。1950年1月6日英國宣布承認中華人民共和國政府後，香港《文匯報》又報道了周恩來總理兼外長收到英方願意與我國建交的照會，及雙方同意在北京開始建交談判的消息。此外，香港《文匯報》還詳細報道了當時所有社會主義國家和印度、緬甸、巴基斯坦等亞洲國家和瑞典、芬蘭、瑞士等歐洲國家與新中國建交或開始建交談判的消息，打破了美國的封鎖、不承認的陰謀。

抗美援朝戰爭，是新中國誕生之初在國際社會的一次重大考驗。1950年10月，中國人民志願軍赴朝作戰，拉開了抗美援朝戰爭的序幕。在當時，香港同胞乃至全世界民眾都在關心，新中國成立剛剛一年，國力薄弱，裝備落後，能夠打敗以世界上最強大國家美國為首的裝備精良的「聯合國軍」嗎？香港《文匯報》利用自身在香港的優勢，及時刊發新華社和其他方面的戰況報道，並利用《文匯畫報》連續刊登反映朝鮮戰場上志願軍英勇作戰的照片等，將中國人民志願軍維護和平、愈戰愈強的形象傳遞給香港同胞。1951年1月20日，香港《文匯報》援引西方媒體的電訊，報道志願軍在朝鮮中路突入敵後五十餘里，縱深湧進，美第八軍四面八方受夾擊。1953年1月23日，香港《文匯報》刊登了一則鼓舞人心的新聞：「1月12日夜間侵入我國東北上空的一架美國RB-29型飛機被我空軍擊落」，「美空軍人員十四人於該機被擊中時跳傘降落，其中十一人已被我軍生俘」。據粗略統計，從1950年10月至1953年7月，香港《文匯報》關於抗美援朝的報道多達3534篇，忠實記錄了新中國在同以美國等為對手的抗美援朝戰爭中令國際社會刮目相看的表現。

　　此後，新中國頻頻亮相國際外交舞台，如1954年日內瓦會議、1955年在印度尼西亞萬隆召開的亞非會議等。關於中國代表團在這些國際會議上的精彩主張以及與破壞和平行為的鬥爭，香港《文匯報》都予以特別關注與及時報道。1954年4月26日至7月21日，蘇、美、英、法、中5國外交會議在瑞士日內瓦國聯大廈舉行，討論如何和平解決朝鮮問題和關於恢復印度支那和平問

題。自4月20日中國代表團從北京啓程起，香港《文匯報》一直關注會議進程。其間香港《文匯報》刊登的相關文字、圖片報道達到40餘篇，如《我國參加日內瓦會議　舉世輿論特別重視　認爲國際間特別是與亞洲有關問題　如無中華人民共和國參加就不可能解決》（1954年4月22日）、《我國代表團抵日內瓦　周外長發表聲明　中國人民熱烈期望會議成功》（1954年4月26日）、《周外長再次作重要發言　繼續支持南日外相和平主張》（1954年5月5日）、《周總理訪瑞士首都　瑞聯邦主席設宴歡迎》（1954年6月14日）、《從記者招待會看日內瓦會議》（1954年7月14日）、《日內瓦會議的決定性階段》（1954年7月15日）等，全面報道了周恩來總理及中國代表團有關活動與發言，展現了步入國際舞台的新中國的和平外交形象與重要地位。1955年4月18–24日，29個亞非國家和地區的政府代表團在印度尼西亞萬隆召開亞非會議。這是亞非國家和地區第一次在沒有殖民國家參加的情況下討論亞非人民切身利益的大型國際會議，也因此遭到美國等國家的抵制破壞。會議前夕，「克什米爾公主號事件」的發生，令國際社會爲之震驚。4月11日，克什米爾公主號執行包機任務，從印度經香港飛往印度尼西亞雅加達，原定乘載中國代表團前往萬隆參加萬隆會議。在香港啓德機場停留期間，被國民黨特工買通的一名機場清潔工將炸藥安上飛機。飛機在接近印度尼西亞海岸時爆炸，機上除3名機員生還外，11名乘客及5名機組人員罹難，周恩來總理因臨時改變路線而幸免於難。「克什米爾公主號事件」在國際社會引起軒然大波。4月14

日，香港《文匯報》全文刊登中國外交部聲明，指出「事件爲美蔣特務製造的謀殺，事前我獲悉陰謀要求英代辦促香港當局防範，現美蔣陰謀得逞，英當局應予徹查，逮捕特務法辦。」4月15日，香港《文匯報》又轉發新華社文章，嚴正駁斥美國國務院發言人和官方人士抵賴美蔣特務謀殺中國出席亞非會議代表團人員和記者的事實。4月17日，香港《文匯報》刊發了「各國輿論譴責美蔣罪行，美圖破壞亞非會議，阻撓各國團結，引起世界人民對美國極大的仇恨」的報道，援引印度報紙的評論，「要求徹底調查飛機被破壞事」。4月18日，亞非會議正式開幕。當天香港《文匯報》在一篇「新聞走筆」中分析了此次會議的召開對廣大亞非人民的獨立和自主的偉大意義，並轉引蘇聯《眞理報》、埃及《解放報》和美國《芝加哥太陽時報》等外媒的消息揭露美國對亞非會議的仇視和破壞，並列舉了美國破壞此次會議的三個方面的陰謀。

在業務上，香港《文匯報》對萬隆亞非會議的報道主要有如下特點：一是通過前方記者電訊並結合新華社報道和文章，報道中國代表團及團長周恩來提出的「和平共處五項原則」、「求同存異」等主張及受當地群衆團體熱烈歡迎的盛況。例如，4月19日香港《文匯報》報道《萬隆群衆夾道歡呼　周總理受熱烈歡迎》，稱周恩來總理步行前往和平女神大廈時，「記者們爭先恐後的搶在他的前面拍照。群衆分列街道兩旁，歡呼鼓掌」。4月21日，香港《文匯報》全文刊登了周恩來總理19日下午在亞非會議全體會議上的補充發言，表明「中國代表團是來求團結而不是

來吵架的」，「是來求同而不是來立異的」，以及中國希望與廣大亞非國家共同為世界和平作出貢獻的心願。香港《文匯報》還轉引法新社報道以形容周恩來總理的發言所受歡迎程度：「他一站上去，整個會場就變得奇怪的沉寂。他的十二分鐘的演說一結束，全場立刻爆出暴風雨般的掌聲。他是代表第一個進行了偉大革命的國家發言。當大部分代表起立向他歡呼時，他嚴肅的臉孔上露出了可親的微笑。輪到他發言時，在走廊外等候的幾百名記者和秘書一齊衝進會堂內，有些甚至站在椅上，爭著要看個清楚。」① 二是特別注重通過國際輿論的態度反映亞非會議的成功召開。例如，4月22日，香港《文匯報》介紹了印度《阿薩姆論壇報》《甘露市場報》，印度尼西亞雅加達《人民日報》《印度尼西亞觀察家報》，波蘭《自由戰士報》，羅馬尼亞《火花報》，阿爾巴尼亞《人民之聲報》，西德《政治經濟學者》雜誌、《法蘭克福新報》等13家外國媒體關於亞非會議的新聞報道或評論文章，表明了世界各國對亞非會議的關注程度，以及會議「反對殖民主義和要求和平」的呼聲。

　　1962年10月中印邊界自衛反擊戰爆發時，美蘇聯合起來偏袒印度，導演一場反華「合唱」，導致不少香港市民也不明真相。其實，早在1959年西藏叛亂期間，香港《文匯報》就於當年9月17日報道，「西藏自治區代理主任委員班禪額爾德尼提醒印政府，你們太不夠朋友，硬要中國承認麥克馬洪線，這是有眼不見喜馬拉雅山。」中印邊界自衛反擊戰爆發後，香港《文匯報》在10月21日的報道中，一是點明「印軍發動全面進攻」，「我邊防

① 《周總理在亞非會議　各國代表起立歡呼　數百記者爭瞻丰采》，香港《文匯報》，1955年4月21日第一版。

部隊遭受了嚴重傷亡」；二是指出「我軍被迫堅決還擊」，「由此產生的一切後果，都必須由印度政府承擔全部責任」；三是轉發外電消息，稱印度總理已經下令，要把中國人「清除掉」，新德里的觀察家認為，「印度可能已經開始了等候多時的進擊。」11月4日，香港《文匯報》刊發評論，稱「污衊傷害不了中國」，「這次中國在忍無可忍，退無可退的情況下，對印軍的進攻堅決進行自衛還擊之後，也立即向印度提出和平談判的三項具體建議。中國光明磊落的態度，已獲得世界上廣大人民的讚揚，而整個事件的誰是誰非，也已大白於天下。」11月23日，香港《文匯報》又刊發了香港各大報紙對中國主動停火並主動撤兵的讚揚，即使是平時對中國持反對態度的報紙也表示支持。總之，香港《文匯報》在此期間連續刊發報道，擺明事實，還原真相，駁斥對中國的謠言和污衊，有效地維護了國家利益。

此外，香港《文匯報》在報道其他國際新聞時，無不站在新中國的立場上，積極向香港讀者宣傳和介紹新中國在相關事件中的態度，努力從中國的角度報道亞非拉新興國家的發展進步，以及反對殖民主義和帝國主義的鬥爭。例如，1955年12月31日，香港《文匯報》特地向香港讀者介紹參加當時召開的亞非會議的國家，逐一介紹了一些港人並不熟悉的非洲國家。1957年12月28日，香港《文匯報》還報道了「在1955年的亞非會議以後，亞非反殖民主義運動有了巨大發展」，並詳細列舉了亞非各國獨立運動的最新進展。1957年4月5日，香港《文匯報》刊文，為1956年英法兩國因蘇伊士運河對埃及發起的戰爭算帳，稱「不僅

威信一落千丈，各種實際損失也很大」；直到 1963 年 12 月 17
日，香港《文匯報》還刊登記者遊記，描述埃及收回蘇伊士運河
之後的情況，稱「運河回到主人手裏以後，阿聯人民逐步培養了
自己的管理和引水人員，七年來一直保持著運河暢通無阻，粉碎
了帝國主義的夢想」。

第三節

見證香港社會變遷與經濟轉型

這一時期，香港社會經歷了巨大的歷史變遷。隨著新中國的成立，愛國進步力量日益長大，國民黨殘餘力量在內的各種反動力量、落後力量日益沒落，各種力量之間的鬥爭不斷，社會矛盾與危機也不時出現。與此同時，香港經濟開始轉型發展，利用歷史提供的機遇創造經濟奇跡。在龍頭產業紡織業的帶動下，香港的塑膠、電子、機器製造等產業在50-60年代取得了快速發展。到1959年，香港製造業工廠達到4689家，僱傭工人20.5726萬人，本地產品出口值達到22.8億港元，佔貿易總額的69.6%，第一次超過轉口貿易總值，標誌著製造業已在各個產業中佔據絕對優勢，香港從轉口貿易港蛻變為工業城市。①

特殊的歷史和時代因素，造就了香港《文匯報》不同於一般香港報紙的報道方針和立場。香港《文匯報》要扎根香江，獲得香港讀者的認可，自當重視本港新聞報道並形成自己的特色。因此，這一時期的香港《文匯報》，秉承自身使命，堅持進步立場，不僅如實反映了香港社會變遷與矛盾，報道香港經濟的轉型與發展，還勇於同各種反動、落後力量進行輿論鬥爭。

一、反映社會變遷　聲援愛國進步力量

1、新中國香港政策與香港民眾訴求的報道

1949年，解放戰爭節節推進，全面勝利指日可待。毛澤東主席、周恩來總理等中共領導層作出決策，全國解放之後暫不解決香港問題，保留其現狀。

---

① 許錫揮、陳麗君、朱德新著：《香港簡史（一八四〇——一九九七）》，廣州：廣東人民出版社，2015年，第221-222頁。

2月9日，香港《文匯報》根據獨家掌握信息，發表題爲《新中國與香港》的社評，指出：「中國正在進行的轟轟烈烈的新民主主義革命，這一革命到目前爲止，從沒有一言一動牽涉到香港，或在理論上將香港如四大家族一樣，列爲清算對象。可見假想中的安全威脅決不來自中國人民的勝利，中國人民對國內反動政權，不得已而用戰爭解決。至於對外關係，除積極支持國民黨且始終不放手者而外，決不至於無端與其引起嚴重糾紛。即使有應予修改調整之處，也會先就外交途徑求其解決。」這一報道，首先向全世界透露了中國共產黨「暫時不動香港」的決策，引起全球、特別是歐美各國的高度關注。

　　20世紀50年代初，香港經常發生勞資糾紛。香港《文匯報》將報道本港勞資糾紛，支持工人正當訴求，維護工人權益作爲重點任務。如1949年12月22日，香港《文匯報》報道香港電話公司工會與資方關於發放特別津貼的談判破裂，「全體工友憤怒異常，一個工友猛力以手擊碎了玻璃杯」，與會工友決定把討論談判改爲討論罷工。1950年3月23日，《文匯報》報道「勞資糾紛突趨複雜，香港紗廠一場騷動，鬥警工友發生衝突打作一團，破壞分子威脅恫嚇擴大事件」。其中「羅素街事件」是戰後香港工運鬥爭中影響較大的一次罷工風潮。1949年12月24日，一批電車工人要求改善待遇，採取怠工行動。4天後，資方宣布停止行車，並開除工人，資方的行爲激起電車工人的憤怒情緒，工潮擴大。1950年1月30日晚，兩千名廣東青年在香港羅素街電車工會天台上慰問罷工工人，遭到港英政府派出上千名武裝警察的圍

捕，工會被解散，電車工會主席劉法及十多名工人被遞解出境。香港《文匯報》嚴厲批評「資方堅持其頑固不變的態度，拒絕調處，拒絕洽商，政府當局，則視若無睹，不加理會」，最終釀成慘案，並且聲援道「電車工潮一天不解決，支持電車工友的運動，也一天不會鬆弛」。

1966年4月的香港民眾抗議天星小輪加價事件深刻反映了香港經濟飛速增長中，政府收入大幅增加、富者愈富，但勞苦大眾仍多處於貧困境地的深層社會矛盾。1965年10月，來往香港島中環及九龍尖沙咀的天星小輪向政府申請加價，將頭等收費由2角增加至25仙，3等收費則維持1角不變。1966年3月，交通諮詢委員會開會，除市政局民選議員葉錫恩外，其他委員一致贊成批准天星小輪加價。4月1日，香港《文匯報》報道了港府立法局上月公布的加稅項目，並稱「港府的財政年度由每年四月一日開始，由於港府年年加稅加價，因此這個月可稱之為『加價月』。在港府預算案已透露增加的停車場收費和移民證件加價，估計不久即將宣布。另外，天星小輪加價亦在考慮中。」社會各界人士對港府加稅加價措施批評甚激，紛紛提出反對。4月4日，一位名叫蘇守忠的青年，身穿寫上「支持葉錫恩」、「絕食」、「反對加價」的外衣，到中環天星碼頭以絕食抗議渡海小輪加價5仙。4月5日下午，警察以阻礙罪名，拘捕蘇守忠，當日晚上約1000人聚集在尖沙咀，沿彌敦道遊行，支持蘇守忠及反對加價，此後零星示威演變成搶掠和騷亂。警察在鎮壓過程中造成一人死亡，二十多人受傷，一千四百餘人被捕。九龍商戶在騷亂中的直

接損失最少爲二千萬港元。在這一事件中，香港《文匯報》連日刊登各方反對加價的報道，如《呼口號反對小輪加價　九龍數百人通宵示威　由尖沙咀到深水埗　防暴隊出動》（1966.4.6），《反對天星加價　港大學生決議　決函港督要求拒納天星申請並聯合各社團一致反對加價》（1966.4.21）。天星小輪最終在4月26日獲政府批准加價後，香港《文匯報》4月27日在評論中稱其是「又一次惡劣的加價」，「船費從二角加到二角五分，這是生活費用在上升，是通貨在膨脹，是公用事業加價的先聲。俗語說，『牽一髮而動全身』，天星小輪加價，難道就對千家萬戶的生活，對社會購買力全無影響？」次日又刊發題爲「爲何一意孤行批准天星加價，各界紛責問當局，指出港府漠視輿論此舉無異暴力行爲，認爲必將引起連鎖反應加深居民困苦」的綜合報道，一一列舉各方面的反對聲音。香港《文匯報》對下層居民一針一線之利益的體恤與維護可見一斑。

2、聲援愛國人士的報道

1952年3月1日，廣東各界人士派出「粵穗慰問團」，去九龍城慰問遭遇東頭村火災的民衆，港英政府拒絕慰問團入境，並出動軍警布防於羅湖、上水至尖沙咀鐵路沿線。當香港同胞歡迎粵穗慰問團籌備委員會代表乘坐的列車行至粉嶺時，被軍警截停，而聚集在九龍準備迎接慰問團的群衆在佐敦道與警察爆發衝突，警察開槍將紡織工人陳達儀打死，多人受傷、一百多市民被拘捕，其中18人被判處有罪，12人被遞解出境。香港《文匯報》在報道中立場鮮明地指出，事件本身原本是一起不大的交通事

故，港英當局卻借此大做文章，調動大批軍警彈壓，釀成衝突，被當局污爲「暴動」，軍警拘捕上百名愛國民衆。報道衝破了當局的封鎖和當時一邊倒的新聞輿論，揭露了事實眞相，還愛國社團和民衆以淸白。3月6日，香港《文匯報》又全文刊發工聯會聲明，擺事實講道理，「辨明『三一』流血事件責任，要求港府停止一切迫害措施」，3月10日在「編者的話」中斥責一家已經賣給美國人的晚報，「一口咬定這是『三一暴動』，爲什麼要這樣一口咬定呢？認爲這是美帝國主義立場和觀點，因爲眞正唯恐香港天下不亂的是美帝國主義」。整個事件期間，香港《文匯報》完整地報道了一步一步發展和解決的進程，及時向社會各方報道愛國力量的立場和要求，還大篇幅報道來自內地官方及社會各界的抗議和嚴重關切，在這場輿論鬥爭中起到中流砥柱的作用。

「三一事件」中，《人民日報》於3月4日發表短評向港英政府抗議，香港《大公報》於5日轉載這篇短評後，被港英政府以「刊載煽動文字」的罪名逮捕了《大公報》社長費彝民等三人，5月6日法院判處其中二人罪名成立並處以罰金，並根據《管制出版統一條例》判《大公報》停刊半年，同時香港《文匯報》和《新晚報》被通知候審。《大公報》立即提起上訴。因爲涉及到香港是否眞正具有「新聞自由」的原則問題，這一事件對當時香港社會震動極大，也引起世界關注。在聲援香港《大公報》同港英當局的鬥爭中，香港《文匯報》不惜版面，對一個多月來每次庭審的文字記錄都全文刊登，並聯合其他報紙，每日刊

發來自各方的譴責與抗議，形成強大的聲勢；同時發揮自身優
勢，不斷報道來自內地尤其是中國政府高層的嚴重關切和警告，
給當局以巨大壓力。隨著5月18日香港《文匯報》刊發「停刊令
終止執行，大公報今復刊，高院合議庭昨晨宣布裁定」的新聞，
宣告了香港《大公報》在這一案件中獲得勝利。

　　此外，香港《文匯報》還積極宣傳愛國力量在香港的活動，
並不時配合內地重要節慶，營造輿論聲勢。如1949年12月12
日，香港《文匯報》報道香港的五個社團組織四百多青年赴深圳
慰勞人民解放軍，「沿途行列長達一里，前面三枝鮮紅的五星國
旗領隊，浩浩蕩蕩，鑼鼓喧天，歌聲洋溢，群眾情緒高漲萬
分」，在香港造成很大影響。又如1953年9月26日香港《文匯
報》報道，「新聞出版界歡欣迎國慶，報名參加者已近千人，除
聚餐聯歡外還燃放爆竹十五萬發」，1954年10月1日又報道「國
旗迎風飄，盛會處處開，同胞熱烈祝國慶，各界紛紛集會為祖國
富強繁榮祝賀，舉行盛大聚餐開運動會及開舞會等」，並詳細列
舉了舉辦活動的港澳社團名單等，經年不斷。

　　3、反映愛國力量與國民黨鬥爭的報道

　　新中國成立前後，香港的大多數媒體依然奉國民黨政府為正
統，不僅報紙繼續使用「民國」年號，而且在新聞報道方面也對
新中國採取不承認甚至敵對態度。尤其是國民黨在港媒體，更是
視人民政府為眼中釘，對於一切有利於新中國的新聞均採取沉
默、歪曲甚至封鎖的應對之策，不讓社會與聞，致使當時許多有
關新中國的正面新聞橫遭封鎖。當時，在香港的幾家原國民黨政

府「官營」大企業如中國銀行香港分行、香港招商局、中國航空公司和中央航空公司等，相繼宣布起義，投身人民的行列。但是，香港幾乎所有媒體都不刊登這些企業的通電和新中國政府的表態。而香港《文匯報》則衝破新聞封鎖，幾乎獨家報道了原國民黨政權企業起義的新聞，在當時的香港媒體中獨樹一幟，也藉機向外界傳遞了新中國不斷得到人民擁護的眞相。

其中，較典型的是「兩航」事件的報道。1949年11月10日，香港《文匯報》報道了「四千員工通電歸向人民，中航央航正式起義，十二架飛機昨安全飛返祖國，留港員工堅守崗位靜候接管」的新聞，並稱「中國航空公司總經理劉敬宜，中央航空公司總經理陳卓林以及部分工作人員，在昨天上午六點半飛離啓德機場，並於昨天下午二點安抵新中國首都——北京」。11月11日，又刊發了劉、陳兩位經理要求全體公司員工「恪守崗位，安心繼續工作」的通告，11月13日，中央人民政府政務院宣布接受兩航員工的起義。11月17日，香港《文匯報》全文刊發周恩來總理的電報，慰勉兩航員工。

之後，台灣當局串通陳納德，以陳作爲美國民用運輸航空公司負責人的身份，向香港高等法院申請接收兩航留港的飛機和資產。編造理由說，該批飛機和資產是國民黨當局賣給民用運輸航空公司的。1950年2月24日，香港高等法院宣判，駁回美國民用航空運輸公司對「兩航」資產的申請，指出英國政府不承認國民政府爲中國在法律上和事實上的政府。此後原告多次上訴，又多次被駁回。香港《文匯報》持續關注這一事件進展，及時報道新

中國政府的立場。接著，美國民用航空運輸公司於1952年6月19日就「兩航」飛機業權向英國樞密院上訴，7月28日英國樞密院推翻香港高等法院的判決，改判美國民用航空運輸公司取得中央航空公司飛機業權。隨即，港英政府出動武裝警察，劫奪了中國航空公司和中央航空公司全部留港資產，包括40架飛機在內，並導致多名工人受傷，二百多人被捕。

　　7月30日，香港《文匯報》刊發《美國陰謀奪取我兩航財產經過》的報道，認定「港英政府武力接管的，是一筆屬於中國人民所有的巨大資財，它包括七十一架飛機，飛機修理工廠和大量的零件，全部資財的價值，在三千萬美元以上」，並重申了1950年12月13日周恩來總理關於兩航留港的資產問題的嚴正聲明：「『中國航空公司』和『中央航空公司』，爲我中華人民共和國中央人民政府所有，受中央人民政府民航局直接管轄。兩航空公司留在香港的資財，只有我中央人民政府，和我中央人民政府所委託的人員，才有權處置，決不容許任何人以任何手段侵犯，移動或損壞，我中央人民政府的此項神聖的產權，應受到香港政府的尊重，如兩航公司留港資財有被非法侵犯、移動或損壞情事則香港政府必須負完全責任，並將引起相應的後果。」此後數月，香港《文匯報》爲兩航留港飛機問題持續不斷地刊載向英國政府抗議的報道。

　　此外還有香港《文匯報》關於香港招商局下屬海輪宣布起義、投向人民政府的報道。1950年1月15日，招商局在湯傳簴、陳天駿兩位經理率領下宣告起義之後，香港《文匯報》立即充分

報道，並全文刊登了周恩來總理給招商局全體員工的慰勉電報。11月，香港《文匯報》全面反映了招商局員工經過艱苦鬥爭，將十三艘總計三萬餘噸的海輪開回祖國的過程。

　　這一時期，反映在港愛國力量與國民黨勢力鬥爭的典型事件，還有1956年的「雙十暴動」（又稱「九龍暴動」）。20世紀50年代初，許多從內地逃亡到香港的國民黨人員及其家屬聚居在港英政府設立的「徙置區」，將這些區域作為進行反共活動的基地。1956年10月10日上午9時，兩名徙置事務處職員撕去張貼在李鄭屋徙置區G座6樓的青天白日滿地紅旗，並於10時30分拆除懸掛在大廈外牆的大型「雙十」徽牌，結果引發大批親國民黨的居民圍攻徙置區辦事處。事態雖一度平息，但傍晚6時30分左右，示威者再度集結，以粗言穢語辱罵警察。示威者於傍晚7時展示大型「中華民國國旗」，並強行衝擊警察的防線，不時向警員擲石。正當李鄭屋徙置區的騷亂逐步平息之際，一群由黑社會十四K及和安樂的黑幫成員攜帶國民黨旗，晚上10時率眾由石硤尾徙置區出發，在大埔道及青山道交匯處集結，使騷亂再度擴大。11日凌晨，九龍警察總部、旺角警署和九龍交通部均被包圍襲擊。支持新中國的工會、報社、學校、工廠及店舖被暴徒破壞和洗劫，造成三百多人傷亡，財產損失無數。瑞士駐香港副領事埃士德夫婦的汽車也被攻擊，埃士德受重傷，夫人及司機喪生。

　　國民黨挑起這一事件，一是向不斷壓縮國民黨在港活動空間的港英當局示威，另一方面妄圖打擊香港愛國力量，藉此振奮親台勢力。暴動發生後，香港《文匯報》即派出記者，冒著危險，

克服困難，身臨現場採寫第一線的新聞，連續多日報道了暴徒燒殺搶掠的罪行，以及造成社會上物價上漲、交通斷絕等後果。10月12日香港《文匯報》社評《必須立即平息暴亂行動》揭示此次暴亂「不僅有指揮而且有後勤；聚而復散，散而復聚；視軍警若無物，踐法理如糞土。到處強迫商店、住戶、來往車輛懸掛或張貼國民黨旗，否則見人即毆，見物即毀。由是以觀，這次暴亂，是有準備、有計劃、有組織、有背景的」，並督促港英當局「應對它作最惡劣之估計」，「盡一切可能，採取一切有效辦法，務求迅速平息暴亂行動，以確保居民生命的財產安全和維護社會秩序與安寧。」

　　10月13日和16日，中國政府總理兼外長周恩來兩次約見英國駐華代辦歐念儒，提出嚴重抗議。10月16日，香港總督葛量洪招待記者，就九龍騷動事件發表聲明，不僅縮小死傷數字，還公然認為周恩來總理所提出的嚴正抗議是所謂「干涉英國內政」。為此香港《文匯報》19日轉載新華社評論，「嚴責縮小事實企圖卸責」，並批評「整個暴亂期間英方未採堅決措施」。同時香港《文匯報》刊文徵求有關暴亂一切目擊記、受害記及文字、圖片等國民黨特務罪證，獲得讀者響應。如10月22日，香港《文匯報》刊發寶星紗廠工人的《荃灣慘劇起點目擊記》，詳細敘述當日暴徒施暴的經過，包括暴徒大唱「『反攻的時候到了』的歌，呼『中華民國萬歲』等口號」的情節。

二、關注經濟轉型發展　報道社會民生建設

1、香港經濟形勢與經濟轉型的報道

20世紀50-60年代，香港的經濟產業在挑戰面前逐步轉型、升級，從一個轉口貿易港轉向工業化城市，香港《文匯報》擔當起這一奇跡的見證者，並以飽滿的熱情、客觀的態度投入相關的新聞報道中，客觀地觀察香港迎來並抓住轉型升級的歷史機遇，實現工業化，在當時是被迫為之，而且深刻烙下世界上兩大陣營對峙的「冷戰」格局的烙印。

　　20世紀50年代初，香港經濟的支柱貿易和工業，都曾經面臨很大的困局。1950年6月20日，香港《文匯報》報道稱，「在美帝日貨的壓迫下，香港工業已經瀕臨崩潰的邊緣」。報道以本港的優勢產業紡織業為例指出，由於日本經濟在戰後得到美國的扶持，過去香港紡織業的傳統市場如菲律賓、印度尼西亞及非洲等地，都逐漸被日本產品佔領。另一優勢搪瓷產業也是如此，已經有多家工廠停產。1950年朝鮮戰爭爆發後，美國於12月9日操縱聯合國通過對新中國實行禁運的決議，下令聯合國會員國不得與新中國通商。英國雖然極力希望與中國發展積極的外交關係以維護香港利益，但基於維持與美國及其他西方國家的同盟利益關係，港英政府下令禁止96種軍需物品輸入中國內地。在此形勢打擊下，香港作為中國內地出口貿易轉口港的地位深受打擊。

　　12月30日，香港《文匯報》在報道中指出，因為朝鮮戰爭，美帝禁止工業原料輸入香港，極大打擊香港的工業。「港府召集搪瓷業廠商，在勞工處開緊急會議，本港英國報紙一面抨擊美帝措施，一面惋惜美帝對香港不『了解』」，可見當時香港經濟所面臨的窘境。1952年香港貿易總額比1951年下降約三分之一，直

至1955香港《文匯報》仍不斷揭露美國「禁運」的影響，如4月30日一篇《「禁運」打擊下損失極重大　本港工業原料商會要求放寬營業範圍　函總商會轉請港府解決》的報道指出，美國對華「禁運」波及香港當時製造業主體，小型工廠原料供應困難，損失甚大等。從香港《文匯報》當時的報道中也可以看出香港賴以繁榮的貿易業的衰退，1950年5月23日香港《文匯報》報道稱，「上月本港對外貿易出入口均一落千丈，入口較三月份減少三千餘萬」。1951年11月7日又稱，「日貨大批沖場，港貨運緬縮減」，清晰顯示日本出口增長對香港的巨大壓力。

巨大困境迫使香港尋找新出路，推動香港經濟從轉口貿易轉向發展工業。香港《文匯報》積極報道港英政府為促進香港製造業發展而採取的對策，以及反映香港工業不斷發展的新聞。香港《文匯報》及時報道了當時中華廠商聯合會舉辦的歷屆「華資工業品出口展覽會」。1955年10月4日，香港《文匯報》報道了第13屆華資工業出口展覽會，指其「仍在中區新填地，佔地16萬呎，面積比上屆工展會大」，並就觀塘新填地工業區廠商申請建築廠房事宜稱，「港府已委託中華工商聯合會代為辦理申請填報手續」。1956年11月30日，香港《文匯報》在報道第14屆華資工業出口展覽會開幕典禮時，引用參加剪綵儀式的港督葛量洪的話稱，「港府已繼續進行找尋工業發展的地區，尤其是適應有出煙和大量用水的工廠，以應付觀塘地區不能供應者。」當1958年港府當局為促進工業發展籌組工業聯總會時，香港《文匯報》於1月14日及時報道了「代理香港總督戴維德已經指定了一批人

員，成立一個研究設立『香港工業總聯會』的委員會」的消息，並詳細介紹該委員會的職能包括研究「『工業總聯會』是否從新組織或就現有機構予以改組，參加『工業總聯會』的範圍、形勢如何？『工業總聯會』的職權、組織如何？」等問題。1962年9月7日，香港《文匯報》報道「香港將設有一個永久性之香港貨品陳列所……係使本港之製品，能獲得一個適當而富有吸引力之陳列地方」。

對於美英等國聯合打壓香港紡織產品出口的行為，香港《文匯報》則站在維護本港經濟利益的立場上進行嚴厲譴責，揭露其對香港經濟的危害。1958年底，在英國政府授意下，港英政府下令限制香港紡織品輸英，並於1959年2月生效。1959年2月16日，香港《文匯報》刊發《香港工業應予維護》的評論，譴責英國、美國聯手打壓逐漸壯大的香港紡織業，指出「美國政府不但想要香港廠商破產，連帶地，還要替數萬名中國工人帶來失業飢餓，……最要緊的是例子一開再開，難免不有其他國家對其他行業提出限制，這一來，香港數十萬名工人的生活就更加艱苦萬分了。」緊接著3月19日，香港《文匯報》警告港英當局，香港紡織業產品限制輸英，美國要效仿，「香港工業可慮，立法局議員盼港府重視。」11月22日，香港《文匯報》針對美國資本投資香港工業的情況，引用一香港廠商在座談會的發言稱，「香港工業只缺市場，美國投資不應損害香港廠商利益。」1960年7月28日，香港《文匯報》報道了美國想要插手香港塑膠業，「投資2千萬想在新界設廠，利用廉價勞動力以便削價傾銷」的消息，充

分顯示維護本港經濟利益的態度。1962年美國再次限制香港棉織品輸美，香港《文匯報》刊發文章稱，「美國限制本港棉織品進口後，香港棉紡織業同業公會會員廠商實際停止轉動的紗錠，共有10萬4千6百80錠之多，至於織布機，受影響的也達2718台。」並分析其給香港經濟帶來的危害，「10萬紗錠的停開，也就意味著經常有5000工人完全失業。2700多台織布機停止運轉，所帶來的損害又如何呢？」

進入20世紀60年代後，除紡織業仍佔據重要地位，製造業中塑膠、玩具、成衣、電子、鐘表等迅速發展，並逐漸佔領國際市場，成為香港經濟的支柱產業。1960年間，香港《文匯報》刊發了數篇綜述，報道反映了本港製造業的發展成績。例如，4月2日，香港《文匯報》以回答工人讀者來信的方式介紹本港棉紡織業的情況，「至去年六月底，紡錠總數達40萬1500台，產量11月更增至1470萬磅。棉紡織業僱用的工人，總數達19300人。」8月24日，香港《文匯報》刊發題為《香港盛開塑膠花》的特寫，稱「據該業人事估計，專業或副業的工人大約有4萬人的數目，大小工廠有400餘間，每月全港膠花的總產值達到700多萬元，到去年開始，香港塑膠花產量已躍居世界輸出的首位，駕凌意大利之上。」9月24日，香港《文匯報》又刊發一篇《香港最大的工廠》，用實例表明數不清的精巧日用品實是產自成千上萬香港家庭「這間最大規模工廠」。

工業的發展以及人口增加，使香港的金融業、房地產業等也隨之興旺發達。到1961年，香港銀行達到85家，其中華資62

家，外資23家，開設的分支行達101家。香港的股市也日益發展成熟，股票買賣大爲增加。1954年12月3日股票交易額創1951年以來的最高紀錄，達316萬港元，12月10日更達335萬港元。1955年股市繼續旺勢，成交紀錄不斷刷新，全年成交總額達3.33億港元，創戰後最高紀錄。房地產業則經歷了1955年空前高漲、1958年房地產危機以及1960年代後蓬勃發展的軌跡。這一時期，香港《文匯報》雖沒有開設經濟新聞專版，但舉凡工商動態、房地產、樓價租金、經濟消費、零售市道、對外貿易、旅遊業等有關香港的經濟新聞，港聞版（即第四版）都會及時、準確地予以報道。例如，1955年12月30日，香港《文匯報》報道了「港幣在澳門空前上漲」的新聞；1959年1月11日，香港《文匯報》報道「匯豐銀行又賺大錢」，「1958年利潤，除稅銀以外，共獲2346萬6千元。」同年，香港最大的銀行之一——恒生銀號有限公司正式改名爲恒生銀行，香港《文匯報》在12月30日發文稱，這是名至實歸，順應了香港銀行金融業急速發展的形勢，並報道「由1960年起開始興建23層大廈，命名爲『恒生銀行大廈』，預料1962年建成。決定在九龍彌敦道增設九龍分行。」

　　對房地產的報道，香港《文匯報》因分析透徹而尤爲工商人士所關注。例如，1963年8月9日，香港《文匯報》發表《大廈新樓處處起　有人歡喜有人愁》的報道，指出，「本港游資相當龐大，游資出路不多，或投於股票，或投於地產等。年來股票市場不景，有游資者對於股票不感興趣。近來股市交易甚爲冷靜。據說此種情形派股息之限制很有影響。由於按規定派股息不超過

六厘，雖然各大企業公司賺錢不少，但派息少，因而游資多投入地產方面，因此地產生意便興旺得多了。」1964年後，香港《文匯報》第四版還在每周一或周二設置一個名為《香港經濟一周》的專欄，講述過去一周香港的金融外匯、息口、房地產、出入口、物價、外國市場動向等消息。

此外，香港《文匯報》還非常關注涉及香港與內地經貿交流的博展會、展銷會等信息，以促進兩地經貿發展。每逢一年一度的廣州春交會和秋交會，《文匯報》都會派出記者採訪，為港澳和海外商賈提供大量信息。例如，1958年4月28日，參加廣州出口商品交易會的部分港商在接受香港《文匯報》採訪時表示，「祖國對於我們港澳和海外的工商業者，實在是太愛護、太照顧了。這次交易會不只貨源充沛，而且大部分現貨售價都是符合市場實際情況的。遠期貨，交易會又規定只定貨量，暫不定價格，到將來交貨時，再按實際情況訂定價格，就有了很大保障。」1960年3月15日，香港《文匯報》報道了在香港舉辦中國罐頭酒會，稱參加者有6、7千人，「對於中國罐頭餅乾和各種名酒，外國商人興趣濃厚」。1965年11月20日，《文匯報》在報道在香港舉行的中國玩具展時，稱「五天的展覽，觀眾逾6萬人，參觀者來自的地區廣泛，也許是香港歷次展覽會少見的，這裏有來自東西半球五大洲的人們」，並引用著名演員鮑方的話說：「在整個國家的發展中，玩具是小東西，但是從小看大，玩具之微正反映了我們國家在大方面的成就。」

2、關注社會民生的報道

香港《文匯報》始終站在維護香港同胞利益、促進香港經濟社會發展的立場上報道香港新聞，對香港同胞福祉的關切不僅反映在經濟領域，也滲透在香港社會發展的方方面面。這是香港《文匯報》「做一張獨立的爲民衆說話的報紙」的宗旨的體現。

一是關乎民衆利益的市政建設與政府行爲的報道。

關於港英政府所作所爲的報道，香港《文匯報》除了報道總督行蹤、政府人事外，還特別關注與民衆利益切身相關的市政建設計劃和法規法令。例如，1952年2月28日，香港《文匯報》以登載讀者來信方式，披露港府推行的「遷置」計劃嚴重威脅新界榮農利益。1953年9月23日，香港《文匯報》關注港府立法局通過「勞工賠償法案」的進展。1957年4月19日，香港《文匯報》報道了香港陸軍部以縮減經費爲由裁減大量工人的新聞；12月21日，香港《文匯報》報道香港海軍船塢將在兩年內關閉；直至1959年4月30日，香港《文匯報》還在關心海軍船塢工人失業問題，「數字直線上升，勞工處口口聲聲說安置職業，工人要工作時又說未有著落。」民衆的稅務負擔，是香港《文匯報》關注的另一重點。例如，1951年1月16日，香港《文匯報》報道「立法局明日例會，首讀修訂差餉條例，過期繳納者加收百分之五」，並詳細介紹了這個民衆非常關心的條例修改情況。1960年3月8日，香港《文匯報》刊文批評港府加稅加費「影響民生，居民更苦矣」，並在3月27日站在工會立場呼籲，「港府庫存甚豐不必加重負擔，應該接受各界意見從速收回成命。」

市政建設對民衆生活質量影響極大，香港《文匯報》也十分

關切，相關新聞經常見諸報端，如《港府將在掃桿埔建築一個運動場》（1952年8月26日）、《中區填海新建石堤　填海工程完成後　天星渡海碼頭將可載運小型車輛過海》（1953年2月27日）、《上水建新馬場》（1953年10月26日）、《上環電話大廈建成　地下闢為新郵局》（1957年4月4日）、《南丫島榕樹灣新建之碼頭已落成　專供街渡停泊上落貨客之用》（1959年8月3日）、《西貢公路加闊改直　竣工後即取消單程行車》（1959年11月7日）、《花園道停車場啓用　可容700多輛汽車》（1963年3月22日）等。其中，普通民眾最關心、也是市政建設中最為急迫的便是當時的住房問題。香港人稠地狹，貧苦人家的居住環境惡劣，1953年居住於木屋區的人數高達30萬，佔香港總人口的30%強。20世紀50-60年代經歷人口激增，大批居民的住房問題更加嚴重。1953年，港英政府開始推行徙置政策，次年又成立了徙置事務處以加強建設和管理。這一時期，香港《文匯報》極為關心徙置計劃的進展，並站在普通民眾立場上發表意見。例如，1955年9月6日，香港《文匯報》報道青山道拆遷屋宇住戶，「昨派出代表四人分別攜呈文」，「要求港府先置後遷」，「以免居民有流離失所之苦」。1957年4月30日，香港《文匯報》又刊登文章反映港府低薪職員的住屋問題，稱「港府低薪職員惡劣的、擠迫而不衛生的居住情況，在經過調查的2505戶中，有697戶是一家人住一張床位的，而有些住不起舊木樓又搭不起木屋的，則住在爛炮樓、山洞、橋底、樓梯底，過其『野居生活』」。對於港英政府當局解決市民住房問題的建設舉措，

香港《文匯報》也予以及時報道。例如，1959年4月2日，香港《文匯報》報道稱，「港府昨天宣布，本年度已經擬定一項龐大的建設方案，並準備動用更多的款項來發展新界」。1964年10月4日，香港《文匯報》報道，「港府對由於戰前興建之危樓遷出之貧苦住戶，擬加以援助」，「詳細計劃將在六星期內擬出。」

二是物價與其他生活服務信息的報道。

對於關係到民生利益的市場消息，香港《文匯報》始終予以高度重視。1951年1月9日，香港《文匯報》報道了「物價狂漲不能再坐視了，港府已經開始草擬穩定本港市場計劃」的新聞；3月3日，香港《文匯報》又在顯著版面刊登「盤尼西林等十六種西藥港府宣布撤銷限價」的消息。又如，1953年1月24日春節前夕，香港《文匯報》報道「米柴存量相當充足，前途尚有數批陸續運來，農曆年前價格不致高漲」。

香港《文匯報》還經常提供便民信息，服務百姓日常生活。例如，1955年3月13日，香港《文匯報》報道了「仍是乍暖還寒季節，夏天用品搶先登場，女裝衣料泳衣白鞋紛紛上市，花綢印花麻紗比去年便宜」，文中詳細介紹了各類夏令商品的品牌、質量、售價及售賣地點，男裝、女裝、泳衣、陽傘等無所不有，讓讀者可以各取所需，倍感方便。7月18日，香港《文匯報》又告訴市民，「香港方面天星碼頭，東邊泊位今起拆修」，「如果不是有急事必須過海的話，最好在每日上午8時至10時，下午5時至6時的一段時間內，避免搭船過海，以免阻誤時間。」香港《文匯報》還積極反映民眾日常生活的困擾與問題，如1957年4

月19日報道醫院就診「黃牛黨」的問題：「黃牛黨在醫院門前霸位輪診已成司空見慣之事。近因流行性感冒盛行，各醫院門前均大擺長龍，實爲黃牛黨活躍之最好機會。頃查各醫院霸位輪診，向病人出售診病證，每張由三元炒至四、五元不等。」

此外，香港《文匯報》還注意報道電影及體育等方面的新聞。20世紀50-60年代是香港國語片、粵語片起飛的時期，香港《文匯報》努力將演藝新聞做得有聲有色，並及時向民衆傳遞體育賽事信息，鼓勵民衆參加體育鍛煉，在一段時期內體育版面幾乎固定地佔據一個整版。

三是自然災害及賑災新聞的報道。

由於香港的地理位置，加上很多人居住在木樓甚至木屋區，飽受火災、水災和颱風之苦。對此，香港《文匯報》也積極予以報道。1956年11月12日，香港《文匯報》報道「筲箕灣木屋大火，災民百餘亟待救濟」；11月30日，香港《文匯報》又報道「天后廟山大火，災民淒涼，至昨晚止登記災民逾1700，約200木屋付諸一炬，一死五傷」；同一天，「長洲昨晨大火，勝隆船廠被毀」；12月12日，報道稱「昨天15小時之間，港九及新界三地先後發生5宗火警」；12月13日，又報道「昨日中環砵甸乍街36號3樓，突告失火，全層樓焚毀」。兩個月間如此密集的報道，足見當時火災爲害之巨。至於颱風及水災的報道，如1954年8月30日報道「颱風昨午掠過香港，狂風暴雨帶來災害，渡海小輪和電車等一度斷絕，港九木屋百餘摧毀多人死傷」；1963年9月7日報道「颱風『菲爾』昨晚已掠過港南，但也在本港造成頗

大災害，有 3 人慘死，53 人受傷，大約有 2000 居民因受到海潮威脅，被迫離開住所撤往高地。」

香港《文匯報》不僅對災害性突發新聞作及時、準確的報道，而且還對每次災後的救濟賑災十分關注。例如，1953 年 12 月 30 日，香港《文匯報》發表賑災報道，稱「急賑會收到捐款已逾五萬六千元」。1954 年 1 月 14 日，香港《文匯報》報道「甄審災民昨日結束，合格者五萬三千餘，四千七百多戶未獲白卡」，1 月 17 日，香港《文匯報》又稱「各界捐款救災突破九十萬元」。

四是東江水輸港等內地惠港工程的報道。

香港三面環海、土地狹小，儘管這一時期港英當局秉承美英對新中國實施封鎖政策，對兩地之間的交流實行諸多限制，卻無法切斷兩地之間在經濟、民生人文之間的聯繫。在食水與農副產品等關係市民日常生活的產品供應上，香港必須依賴內地。出於同胞情誼，內地持續為香港民眾在民生上提供各種便利。香港的淡水資源嚴重缺乏，因而反映中央關注香港民生的典型舉措，當屬對東江水輸港工程的報道。

1960 年 11 月 17 日，香港《文匯報》報道了深圳水庫向香港供水協議達成，「港澳人士興奮談話，深深感謝祖國無微不至的關懷。」1963 年，香港遭遇百年一遇的大旱，4 天才能供水一次，每次供水僅 4 個小時，300 多萬人生活陷於困境。香港居民食水問題的根本緩解，得益於 1965 年 3 月 1 日通水的東江水輸港工程。對於這一內地扶持香港民生的重要舉措，香港《文匯報》作了大量報道，並派記者參與紀錄片《東江之水越山來》的製作工

作。1964年4月22日，港英當局與廣東省代表在廣州正式簽署東
江水供港協議；次日，該報即發表《我們就去簽字吧》的長篇報
道，詳細記述簽字儀式的前前後後，其中一段廣東省副省長曾生
與港方代表毛瑾的對話十分生動：「曾副省長說：『我們是很關
心香港同胞的食用水問題的，香港當局做了很多工作，香港同胞
們也做了工作，所以這次能順利很快達成協議。』他歇了一下，
徵詢說：『倘若沒有別的意見，我們就去簽字吧！』毛瑾應聲
說：『好，好，我們簽字去。』毛瑾興奮地連聲說了幾句：
『去，去』」，欣喜之情溢於言表。當天，該報還發表題為《為
有源頭活水來》的評論文章，稱港九同胞深受制水之苦，「但基
本上維持了正常的生活秩序，這是因為我們幸而同祖國內地離得
很近，靠得很緊。祖國政府和人民對我們所遭遇的困難知道得很
快，很清楚，當然十分的關懷。因此，一開始就積極採取措施，
盡力協助來解決困難」，「語云，如大旱之望雲霓。祖國的雲霓
已經到了。源頭活水源源而來的日子還會遠嗎？」4月24日，該
報又刊登了反映供水協議簽訂後香港各界熱烈歡迎的長篇報道
《欣聞東江引水供應香港 港九各界紛談喜訊 王寬誠高卓雄黃
靄初林仲魯等昨發表談話 感謝祖國關懷照顧今後可以減免水荒
威脅》，其中中華總商會副會長高卓雄愉快地展望：「東江水供
應香港，對香港繁榮有直接幫助，因為有充足的水源，工商各業
以至衛生保健都有很大好處，居民得到很大便利，旅遊事業的發
展也減少一重障礙。」

　　東江水輸港工程進入建設期後，香港《文匯報》持續關注進

展。據統計，自1964年4月至1965年2月末工程建設期間，該報
共有113篇報道與此有關。其中1964年6月4–10日，該報連續七
天刊載長篇報道《東江供水工程先睹記》，以細膩生動的文筆熱
情描繪了供水工程之艱巨，建設速度之快，香港同胞之熱盼，祖
國人民之關懷。為了撰寫這篇專題報道，記者先後三次到供水工
程的八個工地採訪，最長一次十天，遍走水庫河道。1965年2月
27日東江水供港工程舉行落成大會的次日，香港《文匯報》詳細
報道了落成大會的熱烈場面，「熱騰的人群爆發出春雷般的掌聲
和歡呼聲。這時，春陽也衝破雲層燦爛地照耀著塘頭廈。青山綠
水顯得更加多嬌，抽水站旁的高山上，巨幅的標語：『要高山低
頭，令河水倒流！』也顯得更加耀眼」。該報還刊載了記者王堅
長達五千餘字的文章《北水南調目睹記——東江深圳供水工程巡
禮》，詳細記敘了工程落成前夕記者在工程沿線參觀考察，目睹
「北水南調」的壯麗圖景，「一泓綠水繞著青山，一股激動心弦
的暖流湧向心窩」。3月1日工程正式通水後，香港《文匯報》
又連日發表《一滴水　萬顆心——記慶祝東江——深圳供水工程
落成大會》（1965年3月1日），《偉大的工程　動人的場面
看「東江之水越山來」》（1965年3月2日），後又連載系列文
章《「東江之水越山來」攝製散記》等。至同年12月底，該報發
表了75篇有關這一內地惠港工程的報道。

第三章

歷經發展曲折　迎接經濟起飛

（1966-1978）

第一節

辦報方針的變化　從盲目到理性

　　1966-1978年是內地和香港在政治、經濟等方面從動盪不安走向平穩及至飛速發展的一個時期。這一時期，既可以看到內地政治運動對香港及兩地關係的影響，也可以看到香港因爲其特殊位置在發展過程中所呈現的獨特性。20世紀60年代後期，隨著文化大革命的爆發與發展，全國陷入混亂無序，黨政領導體系被砸爛以至癱瘓。內地的政治動盪不安，也波及香港社會。70年代中後期，特別是在鄧小平主持中央黨政日常工作期間，「文革」錯誤逐步糾正，政治、經濟、社會等活動轉向有序運行。四人幫粉碎後，內地整體局勢走向正常穩定，並迎來了1978年的歷史轉折，內地對香港的影響也逐漸恢復正常態勢。這一時期，內地政府在反英抗暴鬥爭後重新調整與香港的關係，而港英政府也在反英抗暴運動後採取一系列措施調整殖民統治。與此同時，香港經濟進入了大發展的新階段。此時，香港《文匯報》的辦報方針以及宣傳報道也經歷了一個從盲目回歸理性的過程。

一、「內地化」的辦報趨勢

　　1966年內地「文革」爆發前，香港的愛國報紙，既有《大公報》《文匯報》兩份綜合性大報，也有《新晚報》等時尚報紙，還有《晶報》《正午報》等相對以市井通俗內容和軟性新聞爲主的小報，因歷史傳統不同而各有特點、各有相對固定的讀者群。這些愛國報紙的發行量，佔香港報紙總發行量的三分之一，影響力遠超台灣在香港出版的報紙。

「文革」爆發後，香港文匯報社主要領導人孟秋江、金堯如等奉調回內地，並遭受迫害。與香港《大公報》合作的駐廣州聯合辦事處被撤銷，工作人員遭下放。至1968年，報社員工共208人（含女士37名）。在辦報方針上，香港《文匯報》受「文革」影響，拋棄了原來執行多年、卓有成效的既定方針，開始照搬內地「文革」思路，在新聞採訪、稿件數量、篇幅長短等新聞報道的方式、風格以及版面編輯與報紙印刷等方面以內地黨報為榜樣，亦步亦趨，全面複製內地新聞的報道模式，把一張立足香港的報紙辦成了「內地報紙」。更有甚者，報社採編等工作人員還直接參與香港當地的政治鬥爭，給報社造成了重大損失。

當時，內地報刊在「文革」大背景下陷入了愈「左」愈光榮、愈「左」愈保險的「怪圈」，新聞報道內容驚人，充滿「假、大、空」的語言詞彙，流行兩三千字的長新聞；版面編輯經常採用通欄大標題，套紅印刷。在這樣壓力下，香港《文匯報》也被迫背離原有辦報方針和傳統特色，不顧香港資本主義社會的特點，機械模仿內地報紙。

香港《文匯報》上的內地新聞，一律採用新華社、人民日報等內地中央媒體的新聞稿，大量刊發「各地慶祝最高指示發表的綜合報道」「全國人民衷心擁護中央某重大決定的新聞報道」等空泛、乃至失實的報道。報紙上內地新聞所佔的比例也逐步增加，在1967、1968、1969三年達到高峰，內地新聞數量達一半以上，涵蓋政治、經濟、社會民生、文化教育各方面，但特別重視重大政治新聞。

即使是香港本地新聞，也出現了「內地化」取向。政治新聞都是有關反英愛國鬥爭的新聞，而關於港英當局施政的新聞則寥寥無幾；經濟新聞不多，且篇幅極短；社會民生新聞依然保持一定數量，但以負面新聞居多，比如火災、車禍。唯一不變的是報紙上仍有相當數量的體育新聞，並靠此而留住逐漸流失的讀者。特別是這些本地新聞，也不再具有原先的粵港文化特質，而是充滿「內地化」色彩，像內地新聞那樣充滿假話、大話、空話，甚至連新聞發生的時間、地點、人物、原因等新聞的基本要素都交代不清。1967、1968年間，香港《文匯報》刊登的報道絕大多數都是這類「內地化」文稿。甚至在語言詞彙和行文方式也盲目學習內地。

1973年12月24日，香港《文匯報》刊登聲明「本報自今日起，部分改用簡化漢字，以後將逐步增加。敬希讀者提供寶貴意見！」。自是日起，報頭的字「文匯報有限公司」、「編輯部電話」、「港字第九二一三號」等均改用簡化字。最初，報紙簡體字只限部分稿件內文，標題仍用繁體字，但所佔的比重不大。後來，標題也開始出現簡體字，而且數量逐漸增多，從標題至內文，繁簡混雜。這一文字簡化舉措，給香港讀者造成閱讀障礙，導致讀者不斷流失，但居然一直持續到1978年7月7日，歷時約4年半。自1978年7月8日起，香港《文匯報》才開始在未刊登任何聲明的情況下，將其報頭及內文的字體悄然改回原先的繁體。

「文革」前，香港《文匯報》副刊的質量上乘，吸引大量讀者，成為該報的重要品牌。1966年至1970年這一階段，受內地「文

革」影響，副刊內容強調政治化。首先是文學版面發生危機。
1966年2月，香港《文匯報》的文學副刊版面，刊登連載的武俠
小說「易劍記」、章回小說「北洋軍閥演義」，以及本港作者的
四篇小說。此外，版面上方有兩部連載的內地作家作品，一篇是
梁斌的革命長篇小說《播火記》，另一篇爲司馬文森的革命回憶
性長篇小說《風雨桐江》。到9月，香港作者的作品包括武俠小
說都還保留，但梁斌、司馬文森的作品已不見蹤影，因爲兩位作
家被劃入內地「文藝黑線人物」，香港《文匯報》不能繼續刊
發。再往後，無論古今中外，幾乎所有的文學作品都被劃入「封
建主義、資本主義、帝國主義」的範疇，香港《文匯報》文學副
刊的內容來源發生根本性危機。

　　其次是哲學等理論性副刊也發生危機，只能緊跟政治形勢，
發表一些應景文章。例如，1969年春，中蘇兩國因發生「珍寶島
事件」而幾乎爆發戰爭，前蘇聯被判定爲「社會帝國主義」，香
港《文匯報》也於3月6日發表文章批判前蘇聯的「社會帝國主
義」行徑。再次是雜文危機。這一時期的雜文，數量並未減少，
但也不可避免打上時代烙印。1968年10月20日刊登的《釘簿》
一文，內容是關於當年香港半工半讀生辛苦學習工作的體會心
得，文中最後一句是「這是怎樣的社會呢？」，頗具時代特點。
此外，這一期間的副刊還發表相當數量批判分析中外古典文學作
品的文章，以貫徹「古爲今用」的方針。例如，1966年2月20日
刊登的題爲《「醉翁亭記」的思想內容》的文章，以「階級鬥爭
分析」的方法，對中國宋代大文學家歐陽修的這篇千古大作進行

批判。

評論作為香港《文匯報》另一品牌，也開始盲目強調政治立場。例如，1970年3月18日，該報刊發了一篇當時愛國媒體流行的學習心得式文章，題目是《我們怎樣看待自己的前途》，副題是《某區青少年講用會摘記》。文章稱，「某區青少年為了適應革命形勢的發展和階級鬥爭的需要，舉行一次講用會，中心內容是，生長在毛澤東時代的革命青少年的前途是什麼？」1976年7月4日，該報又發表了一篇幾乎是同樣內容的座談會紀要，題目是《畢業了，走什麼路？》，副題是《聽愛國學校畢業生座談之一》。至於時事評論，無論國際評論還是國內政治評論，無不充滿戰鬥性與批判性。1975年3月7日，香港《文匯報》刊發評述，介紹一本當時緊跟內地政治形勢的書籍《林彪與孔老二》，稱「這本書雖然是薄薄的本子，但細讀之下，發覺內容十分豐富而精煉，它揭露了孔老二陰謀復辟奴隸制度的反動面目」。1977年4月3日，香港《文匯報》刊發一篇批判台灣《中央日報》文章的評論，內稱「蔣幫《中央日報》航空版3月10日拋出一篇題為『有錢人站起來』的反動文章，……與3月6日蔣幫特務在太平洋彼岸高喊『打倒無產階級』的反動口號遙相呼應，氣焰極為囂張，徹底暴露了蔣政權的反動本質，又一次證明蔣幫是廣大人民的死敵。」

此外，在版面編排方面，報頭、標題一律套紅，新聞內容冗長而空洞，洋洋數千言而不知所云，標題也以冗長為上。配套圖片多，特別是遇到重大新聞時往往不惜版面，配發多張圖片。

二、回歸新聞本位　加快事業建設

進入20世紀70年代後，特別是周恩來、鄧小平先後主持中央黨政日常工作後，「文革」全局式的混亂情況開始好轉，黨政領導體系逐步恢復對各項工作的領導，雖然左的思潮仍甚囂塵上，但糾錯與調整已悄然起步。緊隨這一政治形勢的變化，香港《文匯報》的辦報方針也根據內地、香港的大局而重新定位，開始回歸理性，回歸新聞本位，在新聞報道上強調全面、客觀反映政治、經濟、文化、社會民生的發展狀況，具體表現在香港《文匯報》客觀報道了1971年麥理浩任總督後著力發展經濟、改進社會民生，使香港迅速發展為「亞洲四小龍」之一的歷史進程等諸多方面。

70年代後期「四人幫」被粉碎後，中國逐步擴大對外開放，國際交流與經貿往來逐年增加，為香港的發展創造新的機遇。這一時期香港《文匯報》國際新聞內容更加豐富，尤其是一些政治色彩不濃的「軟性新聞」，十分吸引讀者。

在事業建設方面，香港《文匯報》在1970年前後從本地愛國學校中吸收青年員工，充實已經開始老化的、以上海來港人員為主的採編和員工隊伍。這批新加入報社的青年員工，經過磨練後成長得非常快，其中有不少人成了報社領導管理人員。

報社基本建設也取得了很大成績，出現了創刊以來的第二次重大突破。1973年，香港文匯報社從波斯富街搬到灣仔道197–199號，自置社址，報社大樓高12層，實用面積比波斯富街時增加一倍多。報社的機器設備也相應更新，新購瑞士高速捲筒

印報機兩部，報紙的印數、印速、質量及品種都達到了新的高
度，基本滿足當時報紙發行急增的需要。這一系列舉措的施行，
使香港《文匯報》的生產能力在70年代初期的香港媒體行業中居
於先進水平。

第二節

記載「文革」始末　反映內地變化

　　這一時期，香港《文匯報》有關內地的報道，一是記載了「文革」的整個過程和「文革」期間內地發生的重大政治事件。這些有關「文革」的報道，雖然大多是以「文革」為唯一主題，凡是內地發生的一切、取得的所有成就，都被歸因於「文革」的產物或「文革」的勝利，但也有一些比較客觀的報道，如1976年3位偉大領袖去世的報道等。二是反映內地經濟、民生等方面的發展與變化，香港《文匯報》無不作了詳細的報道與評論。三是報道在當時複雜形勢下中國外交的新進展，如中國恢復在聯合國常任理事國的地位、中美建交等。

一、櫛風沐雨　留下時代烙印

　　縱觀「文革」初期到七十年代初的新聞報道，香港《文匯報》大量轉載內地中央報紙的社論評論和重要報道，尤其是轉載《人民日報》和新華社的新聞報道，不吝版面資源，以自加標題的方式全文轉發或詳細轉載。

　　自1966年至1970年，香港《文匯報》年年全文或詳細轉發《人民日報》的新年社論。例如，1966年1月1日，該報全文轉發《人民日報》的新年獻辭，並加上《宏圖今大展　喜氣滿神州　新五年計劃任務確定　舉國決力爭旗開得勝　力爭農業逐年增長　充分發揮現有工業潛力　大力建設一批新企業　加強國防建設　加強基礎工業　逐步改善人民生活》的套紅特長標題刊出。同時，該報也刊發了自己的新年社評，文中說「為什麼新中

國在這短短的時間有如此偉大的成就呢？歸根到底，是社會主義革命和社會主義建設的勝利，是總路線的勝利，是毛澤東思想的勝利」，「『敵人一天天爛下去，我們一天天好起來』這兩句話，正好概括地反映了客觀事實。當前國內國外出現一片大好形勢，還是東風壓倒西風。」除轉載社論、評論外，香港《文匯報》大量刊發內地的重要政治新聞，特別是領導人的活動、講話，數量繁多，內容龐雜，無論是否適合香港讀者，都不惜版面刊發。如1966年1月25日，香港《文匯報》就根據新華社新聞稿，詳細摘發時任解放軍總政治部主任在解放軍政治工作會議上的講話，該講話摘要就長達一萬餘字，佔了一個多版。

　　「文革」期間，對毛澤東的個人崇拜達到登峰造極的程度。同時，極左思潮的氾濫下，輿論宣傳與社會現實存在巨大反差，「革命化」與「政治化」成為日常生活的基調。這一時期的香港《文匯報》，曾刊發大量關於本港歡呼擁戴毛主席及毛澤東思想的新聞報道。1966年國慶節，正當內地文化大革命風起雲湧之際，香港愛國陣營隆重慶祝國慶，香港《文匯報》的新聞報道突出歌頌毛主席及毛澤東思想的內容。僅1966年10月2日香港《文匯報》第五版，就集中了如下標題：《華潤等酒會集會祝國慶　賓主同為毛主席的健康乾杯》《歡呼毛澤東思想的勝利　工人盛祝國慶》《毛主席　祝您萬壽無疆　電影界盛大歡宴》《出版界七百餘人　高呼毛主席萬歲》等。1966年後，特別在「文革」高峰時期，內地人民群眾生活高度政治化，政治內容深入到人民生活的每一角落，標籤之一就是學習應用毛澤東思想。香港《文匯報》的

新聞報道中，也有類似情況。1969年3月3日，香港《文匯報》在題爲《紅太陽照亮了腫瘤病房》的新聞，報道吉林醫大三院在「工宣隊」領導下，用毛澤東思想指導治療腫瘤患者的故事。

1976年1月8日，周恩來逝世，人民群衆對「文革」和「四人幫」的厭惡，以「天安門事件」等抗議運動的形式表現出來。1976年下半年，中國進入一個十分特殊的時期。7月6日，朱德逝世；7月28日，唐山大地震爆發；9月9日，毛澤東逝世。一年之內，新中國的三位締造者離世，尤其是毛主席的逝世，在中國造成巨大震盪，引起世界高度關注。香港《文匯報》有關新聞時效及時，信息量大，覆蓋面廣。1月10日，香港《文匯報》刊發綜述，「周恩來總理去世，噩耗傳來，香港同胞、海外華僑極爲悲痛，外國朋友聞耗紛表示深切哀悼。」「香港絕大部分中西報章，昨日均以頭條顯著位置，刊登中共中央、人大常委會、國務院的訃告和周總理的遺像。好幾家報紙還刊登了周總理的圖片專頁，報道了各國首腦和知名人士對周總理的哀悼和推崇，許多報紙雖然增加印數，但出版後很快被購買一空。」「三家電視台昨日多次播放了周總理逝世的新聞，有的電視台還播映周總理生平特輯」。

1976年9月9日下午，毛澤東主席去世的消息一公布，9月10日的香港《文匯報》除全文轉發中國黨和政府的有關公告和新華社的新聞報道，還刊發本報訊，「港督麥理浩爵士以個人身份對毛主席之逝世發表如下：毛主席逝世之噩訊傳來，本人對中國人民重大損失之哀痛，深表同情。」轉發路透社消息，「港府當局

昨宣布全港港府機構降下半旗，哀悼毛澤東主席。」同時，該報還刊發綜述，介紹香港電視廣播報道毛主席逝世消息的情況，「本港三家電視台昨日下午分別播映了我們偉大領袖毛主席逝世的新聞，之後又分別播映了特輯，悼念毛主席的逝世。」「麗的電視台在播放新聞之前，先播映了毛主席的照片，默哀三分鐘之後，再播新聞。」「無線電視台在昨晚七時三十分的新聞報告中，播映了毛主席逝世的新聞之後，跟著播映了有關特輯，這個特輯長達三個半小時。」「本港兩家電台昨日下午也播放了毛主席逝世的新聞。」同一天，還刊發了「愛國工商界表哀痛，一些商店降下半旗」的初步反應。

　　9月10日香港《文匯報》關於毛主席逝世的各方反應的報道還有：「港報章評論指出毛主席名垂青史」，「外交官推崇毛主席」，「各國領導人發表談話，深切哀悼毛主席逝世」，「各業工人極為沉痛，連夜聚集噙淚默哀，楊光表達工人繼承遺志決心」，「青年學生沉痛表示，決心化悲痛為力量，努力學習工作接好革命班」，「新界農友沉痛表示，定要繼承主席遺志」等。悼念期間，香港《文匯報》有關新聞報道密集不斷。

　　1976年10月24日，粉碎「四人幫」的消息公布，新華社發布首都及全國各地人民熱烈慶祝的新聞後，香港《文匯報》時政版面全是相關報道：「電視傳來首都慶祝遊行動人情景，舉國軍民團結如一人，香港同胞愛國情更堅」，「全國人民的大喜事」，「大快人心事，人心大快已極」，「毛主席生前英明決策，我們黨後繼有人興旺發達」，「自清晨至深夜鑼鼓喧天歡聲

震地，廣州市工農兵慶祝遊行，全城充滿團結勝利氣氛」，「首都軍民慶祝遊行消息，北京各報昨日顯著報道，報頭均套紅頭版通欄大字標題也套紅」，「首都群眾昨續冒雨遊行，8341部隊參加行列聲討四人幫，天安門廣場將有盛大集會」，「在京外國學童參加歡慶遊行」，「大喜訊，大鼓舞」。同日，香港《文匯報》連發本報訊，第一則是「香港各界10月25日上午10時，舉行慶祝大會，慶祝華國鋒任中共中央主席、中央軍委主席，熱烈歡呼一舉粉碎四人幫的偉大勝利」。第二則是「港九工會聯合會定於25日晚上8時舉行慶祝大會」。第三則是「香港教育工作者聯會定於24日上午10時舉行慶祝大會」。第四則是「新界各區農民定於25日下午2時舉行慶祝大會」。第五則是「香港青年學生協會定於于24日上午舉行慶祝大會」，全面反映了香港同胞和全國人民一起，迎接和歡慶這一重大的歷史時刻。

二、反映內地經濟民生與文化的發展

「文革」爆發後，各項工作都以階級鬥爭為綱，生產被置於次要地位，中國的經濟陷入全面混亂和嚴重倒退。整個「文革」期間，中國經濟伴隨政治折騰載沉載浮，始終走不出低迷。

1966年到1970年這一時期，香港《文匯報》關於內地的經濟發展狀況的報道，最引人注目的是，每逢年初、年末或重大時間節點必然轉發北京中央媒體權威、全面介紹的文稿。對一些局部乃至單項的新聞，香港《文匯報》經常自己進行「加工」。1966年1月28日，香港《文匯報》關於解放軍農副業豐收的新聞，標題是「為革命種田，為戰備生產」，文中稱「堅持突出政治，用

革命精神戰勝各種自然災害」。1968年以後，經濟新聞的標題和
內容開始回歸經濟本身。比如1968年1月20日，香港《文匯報》
一篇經濟新聞題目是「祖國新事，上海領港新紀錄」，不僅題目
簡單醒目，而且短小精幹，三百餘字，幾乎沒有套話。

　　「文革」後期，香港《文匯報》關於內地的經濟新聞雖然仍
帶有濃厚的時代色彩，但已經沒有「文革」初期的狂熱。1973年
6月5日，香港《文匯報》刊發長篇報道《北京國際機場目前正
在擴建》，文章在詳細描述首都國際機場擴建規模的有關數據後
稱：「北京國際機場的變遷，可以說記載著中國航空事業的發
展，也記載著我國人民同世界各國人民友好交往的發展。」文章
沒有多少空話，內容豐富，一改「文革」初期新聞報道的浮躁虛
空。1974年9月29日，香港《文匯報》連續刊登《文革以來經濟
建設大事記》，列舉1974年經濟建設的主要成就，例如漢江丹江
口水利樞紐建成，成昆鐵路通車，已建成較完整的鋼鐵工業體系
和石油工業體系等等，雖然當時是在「批林批孔」的大形勢下，
但文章並沒有對此進行強調。

　　70年代香港經濟高速發展，與內地的經濟聯繫加強。雖然
「文革」尚未結束，但是內地依然本著「維持現狀，長期利用」
的總方針，在力所能及的範圍內，加強兩地貿易，對香港給予有
力支持，使兩地經濟聯繫進入平穩發展時期。兩地經濟交流新聞
中，關於內地各類物資特別是食品、農副產品輸港以滿足香港同
胞需要的新聞數量很多。香港《文匯報》盡力在報道中突出祖國
內地的支援和關心，強調貨源充足、源源不斷。1968年春節前

後，香港《文匯報》連續發出相關消息，1月24日的報道稱：
「滿足港九同胞過春節需要，祖國副食品供應充足」，「生豬、
水果、蔬菜、塘魚、鮮蛋、臘味、糖果等品種齊全，規格優良，
數量適當，滿足港九同胞的需求，價格保持穩定」。1972年3月
11日，該報記者報道，「東江水輸港今年再增加30億加侖。——
根據1964年的協定，內地每年供水150億加侖給香港，平均每日
供水5000萬加侖。」1976年9月12日，該報報道，「為配合東江
水於10月份起增加輸港，文錦渡木湖抽水站泵水和輸水系統的擴
建工程，正加緊進行中，並已接近完成階段，將於10月1日起正
式作增加輸水之用。」

　　粉碎「四人幫」後，香港《文匯報》緊跟時代步伐，從具體
事件切入展現形勢，從細微之處著筆體味變化。1977年2月26
日，「四人幫」粉碎後的第一個春節，香港《文匯報》自南京報
道，「新春佳節，南京市張燈結綵，喜氣盈盈。寬闊的街道兩
旁，掛滿了紅紅綠綠的綵燈，家家戶戶掛燈，少年兒童玩燈。花
燈為南京的春節增添了異彩。」9月24日，香港《文匯報》報
道，「生活四件事，衣、食、住、行。……今年北京已完工和正
在施工的住宅建築面積達200萬平方米，可容4萬多戶，20多萬
職工和家屬，這是建國以來歷年北京興建住宅最高的紀錄。」

　　在文體科技發展方面也同樣如此。文化大革命的風暴首先起
於文化領域，對文化教育事業的破壞十分嚴重；「文革」期間，
新中國的國防科技工作發展雖然歷經曲折，但也取得了一些突出
成績，以兩彈一星為代表的尖端科技成果，引起世界矚目。

對內地文化體育新聞，尤其是當時的革命樣板戲新聞，香港《文匯報》完全按照當年的調門報道。1968年，「革命樣板戲」電影到港公演，香港《文匯報》給予充分報道。體育新聞方面，在「文革」期間，內地體育隊伍全部停止訓練，體育賽事完全中止，國際交流更無從談起。直到1971年，我國乒乓球隊赴日參加第31屆世界乒乓球賽，香港《文匯報》自始至終進行積極報道。作為媒體必備的體育新聞，70年代的香港《文匯報》始終如一地予以維護。比如1974年7月至8月，香港《文匯報》的體育消息有：「港星馬印尼四角大學賽19日在港揭幕」，「足總昨開執委會決議，木盾賽押後舉行」，「香港隊昨飛吉隆坡，將與六強爭默盃」，「福建盃乒乓球賽即日起報名額增加」，「中國隱匿羽球賽扣人心弦」等20餘條體壇資訊。

「文革」結束後，我國於1976年11月19日又一次氫彈試驗成功，香港《文匯報》專訪香港學者專家，請他們介紹此次氫彈試驗情況和意義，表示「中國這次新的氫彈試驗，相當於400萬噸黃色炸藥的爆炸力，等於美國在第二次世界大戰在日本投下的原子彈的200倍，是美國測得中國舉行的一次最強力的核試驗。」1977年9月23日，香港《文匯報》報道中共中央決定召開科學大會的消息，稱「我們必須建設世界第一流科技隊伍，擁有最先進科學實驗手段，在理論上有重大創造，技術上有重大發明，在科技領域接近、趕上和超過世界先進水平，促使國民經濟進入世界前列。」

在教育方面，1977年夏，鄧小平果斷決策，恢復荒廢十年的

高考制度，這不僅是一項為國家培養千百萬人才的重大措施，也關係著億萬中國家庭的切身利益。因此，港澳媒體積極報道中國內地恢復高考制度的消息。香港《文匯報》1977年10月22日報道，「自北京傳來祖國高等學校即將招考新生，且有一定數量的學位留給台灣省籍青年、港澳青年和歸國華僑青年的消息，在這裏引起強烈反響，教育界和學生界莫不歡欣鼓舞。」

在文藝方面，1977年11月11日，香港《文匯報》採訪香港同胞熟悉但近10年未知音訊的幾位越劇名演員，「袁雪芬徐玉蘭王文娟金采鳳等向香港觀眾問候」，「走進上海越劇團，處處可以感到一片欣欣向榮的景象。深受群眾喜愛，並得到周總理親切關懷、培育的越劇，經受了『四人幫』瘋狂摧殘後，如今在黨的雨露滋潤下，重新表現出旺盛的生機」。報道描述了上述幾位名演員在「四人幫」被粉碎後的境況，並轉達了她們對香港的思念和對香港觀眾的問候。

三、報道中國外交新進展與新勝利

「文革」初期，新中國的外交受到左傾錯誤的嚴重干擾，外事工作一度被要求革命化，與多個國家產生糾紛。1966年12月20日，正值內地「文革」高潮，當日香港《文匯報》第二版（國際版）的主要標題是《強烈抗議美機轟炸河內　阿羅政府聲明援越抗美》《約翰遜政府新罪行犯眾怒　美英比盧公眾紛紛示威》《河內軍民誓死保衛首都》《美蘇唯心主義的破產》等。1968年8月15日，香港《文匯報》國際版的主要標題是《鬥爭烈火越燒越旺　美三州黑人續抗暴》《在緬共領導下取得重大勝利　緬游

擊隊粉碎「圍剿」》《美阮侵柬領土　柬提強烈抗議》《蘇修與左藤勾結頻繁　蘇又有代表團赴日活動》《西方貿易戰激化　美對法貨物加徵入口稅》等。

20世紀70年代，內地文化大革命雖然尚未結束，但1967、1968年的「狂熱」時代已經過去，外交政策開始恢復理性，實行務實的方針，對外交流獲得長足進展。1971年10月，中國在聯合國的合法席位得到恢復。1972年2月，中美兩國在上海發表《聯合公報》，宣布走向關係正常化。9月，中日正式建立外交關係。這些外交成就，為中國開展對外經濟技術交流，發展對外貿易創造了有利條件。中英關係的平穩及中國對外關係的開拓發展，使內地和香港的關係得到改善和推進，為雙方政治經貿關係的穩定發展奠定基礎。

70年代前期，香港媒體國際新聞的重點，首先是中英、中日關係，其次是國際經濟局勢。1972年3月14日的香港《文匯報》報道：「中英昨達成互換大使協議，英國決定從昨日起撤銷其在台灣的官方代表機構。」同年11月4日，香港《文匯報》本報訊，英國外交大臣霍姆訪華，「昨日下午二時許，霍姆大臣——在談到這次訪華時說：『這次訪問中國的結果，改善了兩國的關係。』」他表示「經過了和中國領導人的接觸，廣泛交換了兩國之間對國際問題的觀點，對促進相互間的了解非常有用。」1973年6月18日，該報報道，中英達成航空協定，表明兩國關係進展。除中英關係得到改善外，中日關係也得到全面拓展。1971年4月2日，香港《文匯報》刊發評論，「祝賀中國男隊與日本女

隊分獲第 31 屆世界乒乓球錦標賽的男子團體冠軍和女子團體冠軍。雙方運動員在比賽中打得頑強，比賽的過程是友好而激烈的。」1973 年 8 月 8 日，香港《文匯報》報道日本贈我國一座銅鐘。「這座銅鐘是模仿日本京都市妙心寺的國寶銅鐘『黃鐘調』鑄造的，重一百公斤，爲原鐘的八分之一。」

對於中國外交關係發展所取得的成就，香港《文匯報》及時予以總結。1972 年 10 月 5 日，該報刊發一篇心得式文章，稱「以我國在外交方面的勝利爲例，……其中特別巨大的成就有四：一、我國在聯合國的合法權利得到恢復。二、又有 20 個國家同我國建交和復交。三、美國總統尼克松訪華。四、中日建交。……這是全面貫徹執行毛主席的革命外交路線和政策的結果。」1973 年 3 月 11 日，該報刊發一篇小結，報道「中國已同世界上 90 個國家和地區建立了邦交。」

香港外向型經濟決定了香港必須高度關注世界經濟動態。70 年代，世界曾經連續發生因「石油危機」引發的經濟危機，《文匯報》的有關新聞香港極爲關心。1974 年 1 月 5 日，香港《文匯報》轉發日本《每日新聞》消息，稱「眼下正在發展著的石油蕭條會從根本上改變這種景氣性循環的步調嗎？……這是世界性蕭條的到來」。1 月 17 日，香港《文匯報》援引法新社消息，稱「在本年上半年中，世界通貨膨脹比任何石油缺乏更可能造成經濟衰退。」「美、日金融界作出悲觀預測，西方經濟將衰退，世界性通貨膨脹是主因，石油危機也起作用，美、英、法、意、西德經濟增長將放緩，甚至停步不前。」

第三節
展示香港政制變化　見證香港經濟起飛

　　香港《文匯報》在「文革」前期雖受內地政治運動影響甚深，但對香港新聞還是投入了相當的關注和資源。此類新聞涵蓋面廣，報道及時，文字及題目頗具吸引力，版面設計與印刷亦不輸於其他港報。1970年代後，內地「文革」對香港的影響逐步減弱，香港《文匯報》進一步回歸理性與新聞本位。同時，鑒於「反英抗暴」事件教訓，港英當局也在逐步改進其管治策略。

一、展示香港政制的變化

1、反英抗暴事件的報道

　　「文革」前期，內地政治運動波及香港。1967年，香港爆發了影響深遠的「反英抗暴」事件。5月16日，港九各界同胞反對港英迫害鬥爭委員會成立，仿效內地的「文革」方式，展開群衆運動。事件由最初的罷工、示威，發展至後期的「以暴抗暴」。在這場歷史事件中，香港《文匯報》作爲新聞媒體，和其他愛國報刊一起，爲愛國隊伍的鬥爭吹響號角。該報記者、編輯乃至員工，自始至終採訪新聞、編輯版面、發行報紙，每日刊發大量報道。有的記者甚至直接參加抗爭，其中劉柱平因此而在7月15日被港英警察逮捕。

　　「反英抗暴」事件後，港英當局吸取教訓，管治上採取柔性措施，緩和矛盾。1968年5月，香港《文匯報》報道，港府決定從5月至當年年底，「先將港九兩地分爲十區，選賢與能，出面任民政主任，以使政府更接近居民，市民更了解政府」。1969

年，港府開放「港督府」供港人參觀。對這一親民措施，該報報
道，「昔日警衛森嚴，今天邀人賞花，『督府』也成懷柔工具，
英官窮奢極侈生活暴露於居民前，觀眾遭受諸多擠倒跌倒甩
鞋」。「反英抗暴」事件後，港英當局連續立法改善勞工處境。
1968年9月25日，香港《文匯報》報道，僱傭條例在立法局三讀
通過，並受到勞工界歡迎。文中稱，全港一百五十萬勞工均將因
此獲益。可見，對此類港府惠及工人群眾利益的立法修例，香港
《文匯報》均持正面態度。

　　1968年下半年，港府同意被其停刊的三家愛國報紙復刊，同
意被其關閉的劇院重新開業等，香港《文匯報》對此也都予以充
分報道。1968年10月10日、18日，12月22日，該報以大版面報
道在「反英抗暴」鬥爭中被港英當局拘捕入獄的愛國群眾出獄的
消息，題目分別是《黑牢磨練心更紅——六位集中營戰友光榮歸
來記》《十六位戰友出獄　政軍醫千人歡迎面　責令港英立即釋
放工會理事長等》　《港九工人永記血海深仇　決堅持鬥爭迫港
英償還　工人戰友代表屈鋈提出嚴正要求　港英必須停迫害即放
人及廢除「緊急法例」》，鮮明地表達了香港《文匯報》當時的
立場。

　　2、港府廉政建設的報道

　　自20世紀60年代末起，香港試圖穩定政制。1969年3月，市
政局發表《地方政府改制報告書》，建議改革分三個階段進行。
6月，市政局議員葉錫恩、胡鴻烈、黃夢花等18人，致函英國各
報刊呼籲改變英國統治下的香港政制。儘管如此，許多港英官員

一再強調，急遽的改革將破壞香港的穩定與繁榮，不符合公衆願望。1971年11月19日，麥理浩到港就任第二十五任香港總督。在政制未做大的調整和變動下，他採取了一系列調整港英政府治理措施，如10年建屋計劃、開發新市鎮、創立廉政公署、9年免費教育、興建地鐵等，使70年代的香港在各方面都取得了巨大進步，經濟高速發展，居民生活質量明顯改善，貪污腐敗得到整治。

　　因此，香港《文匯報》對麥理浩及其領導的港府，均採取中性甚至正面的態度，刊發了不少正面報道。1971年11月20日，該報報道麥理浩抵港任職的消息，稱「新任港督和夫人，已於昨日下午由倫敦乘飛機抵港。麥理浩來港之前，曾任英國駐丹麥大使。」1972年10月19日，該報報道麥理浩任港督的第一個施政報告，提出「關於住屋問題，麥理浩透露大約有30萬人『還是居住在木屋區或臨時屋宇內』，另外有31萬居民『再行安置』。」該報雖對麥理浩不涉及住房、治安、教育等問題的根本原因而持批評態度，但整體上屬於正面報道。1973年3月20日，該報轉發麥理浩的文章，文中指出，「本港的經濟問題呈現一種『毫無約束和不健康的局面』」，「港府去年曾宣布了一項『長遠的計劃』，要多建房屋，增加中學教育的學位和多訓練醫護人員」，10月8日，該報再次報道其施政報告內容時，稱「麥理浩重申他與去年所提出的十年建屋計劃，他認爲，由於屋宇不足及缺乏，產生了很嚴重的情況。新成立的房屋司及房屋司署要於1976至1977年度，才會建成可以每年安置20萬人的新屋。」

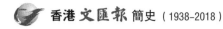

　　70年代香港的「廉政風暴」，是麥理浩港督任期內的一大政績。麥理浩上任不久，即雷厲風行地整頓香港管治系統嚴重的貪污腐化之風。他創立直屬行政長官的「廉政公署」，把香港警察作為突破口，審理「葛柏案」等「驚天大案」。經過整治，香港政風為之一變，成為國際公認的最廉潔、最清明的地區之一，為70年代乃至後來的香港經濟騰飛提供了保障，贏得了香港同胞和國際的讚譽。香港《文匯報》和其他香港媒體共同支持港府懲治腐敗的舉措，集中資源，積極報道當時的「廉政風暴」進展。1973年9月17日，該報報道，麥理浩稱，「本港的貪污顯然很多，比較我知道的還要多，……目前需要有一些新辦法提出來，以求解決問題」。之後，麥理浩在其施政報告中宣布成立專門針對貪污腐敗的機構。1974年1月19日，香港《文匯報》刊發「本報訊」，稱「『撲滅貪污專員公署』現已改名為『總督特派廉政專員公署』。……該署將於下月14日開始辦公。一項擬修訂防止賄賂條例將於下星期二出版的憲報公布。專員公署將分為行動、防止貪污及公共關係三個部門。……專員公署在今年內約需工作人員500名。」

　　1973年6月12日，香港大貪污犯、前港英總警司葛柏潛逃。葛柏，是香港警隊的英籍總警司，1952年加入香港警隊，從見習警察升至總警司，其間多次受到嘉獎。但實際上，葛柏多年利用職權大肆貪污受賄。東窗事發後，葛柏於1973年逃回英國，而當局卻以「兩地法律體制不同，英國法律無此規定」而遲遲不予處理，使得葛柏逍遙法外。此事在香港引起巨大反響，香港市民萬

衆一心，要求當局引渡葛柏回港受審。8月，香港大專學生開始醞釀「捉葛柏」運動。9月16日在維多利亞公園集會舉行示威。10月17日，港督麥理浩在立法局會議上宣布，將偵查貪污事件的責任由警務處移交獨立機構。1974年2月15日，總督廉政公署成立，並將葛柏案作爲肅貪突破口。廉政公署經過縝密調查，掌握葛柏受賄的證據，要求英方於1974年4月拘捕葛柏，並於1975年1月引渡到香港。12月，香港法院判決葛柏罪名成立，判監四年。葛柏案是香港廉政風暴的導火線，也是「廉政公署」成立的直接原因。在此期間，香港《文匯報》對其全程進行報道。葛柏逃回英國逍遙法外時，該報於1973年6月14日刊發專題報道以揭露葛柏身世：「葛柏何許人也？在祖家做散仔，來港後，升至總警司。曾製造花園道流血事件，也兩度獲得『汽水蓋』」。1974年，英國地方警方逮捕葛柏，該報於10月8日綜合外電報道「前總警司葛柏貪污案，昨日在倫敦弓街裁判署再度聆訊。主要內容是有關引渡葛柏返港。」12月12日，該報報道稱「葛柏解港之遞解令，須由英國內政大臣簽署後，廉政公署官員才能接收，但因15日後，剛好是耶誕。遞解令最早也要在本月27日簽署，最快是本月底前解回香港，但因假期關係，恐怕可能性不大。」1975年1月8日，葛柏押解回港。9日，香港《文匯報》披露，「葛柏雖然適當疑犯扣押在監獄，但是仍然享有特權，據有關人士說，因爲他不是正式囚犯，只不過是嫌疑犯，……不用剃去大鬍子，他食的是西餐，不過據說供應的西餐每餐不超過五元。」1977年，葛柏提前釋放，釋放前，香港《文匯報》於5月25日報道，「律

政司已於本星期一向高院提出訴訟，要求即將於八月底出獄的前警司葛柏解釋他那筆高達410多萬的財產」。

二、描繪香港經濟軌跡

香港工業產品的出口貿易在1960年代的十年中保持顯著增長。1970年的工業產品出口總值是十年前的4.3倍，按照複增率計算，每年平均增長率爲16%。[1] 當時的主要工業門類主要包括紡織業、製衣業、陶瓷業、塑膠業、電子工業、金屬製品工業等。移民、有利的國際環境、香港政府的積極不干預政策、香港華人的奮鬥精神、內地低廉的副食產品供應和香港政府的公屋政策等，是香港工業迅速發展的重要原因。雖然在這一期間，由於政治因素的影響，香港《文匯報》經濟新聞的數量、版面有所減少，但依然佔據重要位置，其中包括不少批評性報道。如1967年8月31日，香港股市劇烈下跌，最終跌至58.61點，創歷史新低，香港《文匯報》就給以批評性報道。

進入20世紀70年代之後，香港製造業開始面臨種種衝擊，比如貿易保護主義抬頭，亞洲其他新興工業國家和地區向香港發起挑戰。在這一系列因素的影響之下，香港傳統出口工業的優勢在20世紀70年代以後受到挑戰和威脅，20世紀70年代中期以後，香港除在成衣、玩具和首飾以及儀器、鐘表等少數產品的出口量尚能保持領先外，在機械和電器方面，已經被台灣超過，韓國也緊隨其後。香港商家認識到原有的產業結構以及生產經營模式需要調整，在對現存工業進行積極改造、提高技術密集程度的同時，引入新工業，開拓新市場，從而走上工業多元化和經濟多

① 劉蜀永主編《簡明香港史》，三聯書店（香港）有限公司，2009年3月香港第一版，第325頁。

元化的發展之路。70年代香港抓住國際經濟局勢的有利時機，大力吸引外國資金，加大產業升級，克服種種不利因素，實現香港經濟的進一步高速發展，當時與新加坡、韓國及台灣並稱爲「亞洲四小龍」。

香港經濟結構在20世紀70年代以後發生了巨大變化，第三產業增長迅速，多元化發展的經濟結構逐漸形成，金融業、旅遊業、房地產業以及貿易、航運、製造業共同構成了香港經濟的支柱產業。多元化過程中，香港經濟在1973–1975年遭遇了世界性的能源危機。1973年，中東石油生產國聯合行動提高石油價格，引起全球能源危機的衝擊，發生較大波動，出口市場萎縮，1974年實質出口下降7%，工廠開工不足，小廠紛紛倒閉，股票市場大跌，跌去市值70%以上。翻閱香港《文匯報》有關香港經濟的報道，可以看到香港經濟這一時期的發展道路並非一帆風順，特別在1975年之前，香港的經濟面臨重重困難，內憂外患不斷，當時的港督麥理浩及政府官員的談話表態可以作爲佐證。1971年12月10日，香港《文匯報》本報訊，剛上任不久的麥理浩指出，「香港工業內憂外患之際，美限制徵稅累及香港」。1974年11月29日，香港《文匯報》本報訊，港府財政司夏鼎基表示，「本港目前經濟局面普遍的情況是『晦暗的』，『前景也難肯定』，而且這種情況很有可能要繼續維持一段時期。」到1975年8月9日，香港《文匯報》報道，夏鼎基依然表示，「本港的經濟情況，『今年是低沉衰退的一年』，但他預料，1976年是十分迅速增長的一年，不過，『明年復甦的情況不會太快』」。

1976年後，香港經濟克服困難，重新進入「快車道」。1976
年10月7日，香港《文匯報》報道，港督在施政報告中稱，「香
港經濟復甦」，「預料今年出口量會比1975年增加25%，實際總
生產也會增加16%。」1976年12月24日，香港《文匯報》報
道，港督麥理浩又表示，「本港1977年的經濟增長，將可望超過
6%」。「據港府預測，本港今後四年內在經濟方面都可望每年有
平均6%的增長，至於1977年，經濟增長更可望在平均的6%以
上。」1978年10月12日，港督麥理浩在其施政報告中指出，
「香港前途光明遠大」，「港經濟年增一成，今年盈餘逾10
億。」

　　除港督談話外，香港《文匯報》也十分注重港府發布的官方
經濟公報。如1976年9月7日，香港《文匯報》刊發港府經濟公
報：「本港主要貿易對手經濟已有好轉，……促使本港經濟以
『出人意料之速度』復甦，『貿易方面的顯著增長及就業機會不
斷增加的趨勢應可持續』」。1979年1月4日，香港《文匯報》
依據港府統計，刊發本港1978年主要經濟數字：1978年1月至11
月，本港生產總值約280億港元，較1977年同期增長10%左右。1
至11月，出口363億港元，增長16%，轉口119億港元，增長
34%，進口560億港元，增長30%。1979年3月10日，香港《文匯
報》消息稱，「1978年來港旅客突破200萬，消費總額逾50
億。」「比1977年數字劇升25.9%。最大的增益是酒店和商店，
購物消費增長33.6%，達29億7996萬元，支付酒店之租金增長
43.3%，達8億9172萬元。」上述香港《文匯報》有關當時香港

經濟的新聞報道，實事求是，從香港同胞的福祉出發，文字平實理性，沒有對立和攻擊，與「文革」前期的報道完全不同。不過，因時代局限，「階級鬥爭」和「敵我觀念」仍不時在報道中出現。例如，1970年3月21日，香港《文匯報》報道，「美國插手香港股市」，稱其「活動範圍很廣，包括銀行、保險、經紀、實業『互惠基金』、『收集情報』、旅遊、製造工業等方面，……可謂無孔不入。」

香港《文匯報》有關新聞報道，還展示了香港作為國際金融中心從混沌走向成熟的過程。1972年6月25日，香港《文匯報》報道，「昨日，本港銀行緊縮外幣結匯，對於外幣兌換，銀行即找換店大多完全停止，黃金價格狂漲，股票市場也不開市，金融市場混亂。這是當局宣布港幣兌換外幣匯率浮動後第一天的情況。這種情況勢將維持兩三天。」進入1975年7月30日，香港《文匯報》報道，「東南亞游資再流港，銀行存款創新紀錄。」顯示香港已成為地區性資金集散中心。1977年5月19日，香港《文匯報》刊文介紹組成香港金融中心的四個方面，「一、貨幣市場，分為兩個方面，第一是銀行同業間的市場。第二是財務公司之間的存款市場。二、股票及債券市場，1974年，港府立例禁止再增設證券交易所，目前的四家證券交易所正在商量合併成為一家。三、黃金市場，1976年香港黃金進口數量，已達336萬盎司，已名列世界第四位。四、期貨市場，香港第一家期貨交易所，已於本月9日開業。」

香港的股票市場是金融中心的重要組成部分。70年代香港股

票市場急劇發展，規模很快雄踞東亞前列。當時股票市場風險大，尤其在監管不成熟、外部金融環境影響巨大的情況下，極易劇烈震盪，1973年香港「股災」即是最好例證。1970年4月11日，香港《文匯報》報道，「鑒於目前本港股票市場應出現狂熱而可能帶來危機，本港外匯銀行公會昨日正式通過兩項決議，帶頭管制其會員只准和目前兩間證券交易所交易。」但到1973年初，香港股市陷入瘋狂狀態，每天均有新股票上市，經紀行如雨後春筍般出現，更有甚者辭職做專業炒股者。2月10日，香港《文匯報》報道，「股票價格瘋狂上漲的局面，給香港社會醞釀著一場可怕的危機。」「本港股票的交投總額以人口平均數計算，超過英國10倍，估計有30萬人投資股票」，報道警告，「在一個旺市的末尾，小戶總是束手無策，大戶卻可以生存和獲利。」隨後，股市很快崩塌，3月22日，香港《文匯報》報道稱，「股票價昨繼續大跌，恒生指數跌127點，成交額僅2億7000萬」，「昨天金魚缸邊一片愁雲慘霧，大叫有命之聲不絕，股價暴起暴跌，小戶風險頗大。」

1977年前後，香港經濟轉好。香港《文匯報》有關股市新聞也出現了另一番景象。1977年4月6日，香港《文匯報》報道，「香港證券方面，76年恒生指數升幅28%，成為世界表現最好的股市。香港各證券交易所之成交總額也增加28%。」1978年6月20日，香港《文匯報》報道，「香港股市昨日大幅度上揚，恒生指數上升18點，達562.31，成為1973年11月23日以來之最高峰。」股市表現實際上與當時快速發展的香港經濟息息相關。

　　70年代後期，由於香港地價上漲、工資上升等自身原因，加之內地實行改革開放，特區對外資、尤其是對港實行優惠政策，逐步吸引香港製造業北移，對香港本地製造業發展形成衝擊。面臨這一衝擊，香港製造業逐漸通過轉型升級謀求發展，傳統製衣、制鞋、塑膠等行業逐漸退出，新型的電子、鐘表等行業得以發展。香港《文匯報》對這一進程的報道以宏觀方面居多。

　　1973年1月1日，香港《文匯報》報道稱，「由於去年世界金融動盪，塑膠原料大幅度連續漲價，加上外地諸多限制，塑膠業度過了進度緩慢之一年。」8月10日，香港《文匯報》報道稱，「今年6月工業就業人數為625087名，較三月份增加8478名，增1.4%。」1974年9月16日，香港《文匯報》援引港府統計公報，「今年三月份工人失業數字比去年同期增加，在列出的23個行業中，有13個行業失業人數是增加的，尤其是紡織及塑膠行業。……超過500間紡織廠倒閉，由3121間減至2618間。」1975年，製造業情況不見好轉，12月25日，香港《文匯報》報道稱，「1975年是60年代以來工人失業最嚴重、勞資糾紛最多的一年。工廠倒閉，財團大批除人，工人輪工，失業，追逃欠薪無著，物價上漲，公共事業加費，公營房租加租，構成了一幅工人更加貧困化的圖景。」70年代後期，製造業好轉，1977年9月24日，香港《文匯報》報道稱：「塑膠業的四大主要行業玩具、塑膠用品、人造花、塑膠鞋，輸出總值比去年上半年增43%，顯示塑膠業有滿意進展。」

　　70年代香港從進出口貨物中轉中心向更高端的進出口貿易服

務中心轉變的過程,香港《文匯報》也作了詳細報道。70年代前期,有關香港進出口基礎建設的消息經常見諸報端。1973年1月28日,香港《文匯報》報道,「葵涌第一號貨櫃碼頭昨日正式開幕,開幕禮由港督麥理浩主持。」並透露,葵涌將建三座貨櫃碼頭,每年可卸貨400萬噸。1974年5月29日,香港《文匯報》報道,「啓德機場跑道延長部分將於本星期六起啓用。」1977年6月17日,香港《文匯報》報道,「目前香港的貨箱運輸,已躍居世界第三位,爲配合貨箱運輸發展的需要,當局準備在港島柴灣興建貨櫃運輸站及貨物裝卸區。」到1979年1月7日,香港《文匯報》刊文指出:「工業成本不斷上漲,及工人奇缺之際,中國容許本港商人在內地投資設廠,本港應考慮自己的角色,也要來一個轉移,把自己建成一個貿易服務中心。」1978年12月5日,香港《文匯報》報道,「若以使用本港之船隻噸位、處理貨物及運載之旅客人數而言,相信香港已是世界第七大港。」

除關注以上領域的經濟發展外,香港《文匯報》也經常刊發各界人士、機構對當時經濟形勢的評論、預測和建言。1976年2月13日,香港《文匯報》刊登香港總商會鍾士良在學校的演講,指出「香港經濟的致命弱點在於大部分產品要依賴出口。但由於祖國內地不斷以合理價格向本港供應食物等必需品,對本港經濟具有穩定作用。」「現時香港已贏得世界主要金融、商業、交通及製造中心之聲望。本港之出口貿易名列世界第17位,玩具及成衣居世界第一。」6月29日,香港《文匯報》刊登香港總商會的調查報告,稱:「本港經濟目前情況良好,今年下半年前景也樂

觀，但主要短期問題是勞工短缺，配額不足以及通貨膨脹趨高。」

三、關注香港社會民生

對香港市民的民生報道，香港《文匯報》隨形勢的發展而逐步變化。1966年前後，新聞報道多從對立角度，對社會現實進行批判，報道內容也多是「勞資糾紛對立鬥爭」「市民生活窮困窘迫」「港府不顧市民死活」等內容。1968年3月3日，香港《文匯報》大篇幅報道稱，「五金工人昨晚舉行維護職業生活大會，揭露港英當局實施民族迫害，造成社會不安，百業蕭條，使大量工人處於失業、半失業的境地」。之後，香港《文匯報》的民生新聞風格大有變化，客觀立場逐漸回歸，比如1969年5月28日，香港《文匯報》關於「六一兒童節」的報道稱，商務三聯書店的各分店「定於本月二十八日舉辦兒童圖書，兒童玩具，九折優惠讀者七天」。11月27日，香港《文匯報》報道「大家樂」餐廳開業。此類新聞，給讀者帶來關切之感。

20世紀70年代後，香港經濟結構發生巨大轉變，走上了從工業化經濟轉向多元化經濟的發展道路，就業人口的行業分布和職業結構均發生相應的變動，社會中間階層成長壯大，社會流動和分化加劇。港府也開始注重採取措施改善社會民生，比如十年建屋計劃、建立社會保障制度等，使香港的城市建設現代化，居民的住房條件得以改善，生活質量得以提高。對上述有利於同胞利益的變化發展，香港《文匯報》秉承與香港同胞同呼吸、同命運的立場，均予以積極的報道。

當時，香港《文匯報》每天都刊載有關市政建設的新聞報道，直接涉及市民生活環境和交通出行，如1966年5月26日關於中環新皇后像廣場啓用的新聞、1967年3月30日關於東南亞海底電線建成通話的新聞、1968年10月29日荔枝角大橋建成的新聞、1969年2月12日銅鑼灣大廈建成的新聞等。該類報道的共同特點爲：基本以客觀報道爲主，文章短小，是當時難見的短新聞；版面編排上，會對新聞內容加上邊框，吸引讀者注意。

　　「文革」中後期，隨著「文革」對香港影響減弱，香港《文匯報》對市政建設的報道日益客觀理性化，實質性信息豐富，宣傳色彩淡化。1972年8月2日，香港《文匯報》刊發「本報訊」：「貫通港九的海底隧道，定於今日下午六時半舉行啓用儀式，並在明天凌晨開放通車。」1973年5月24日，香港《文匯報》報道，「港府機構將大改革」，政府權力將更爲集中、高效。民眾最爲關切的布政司，設立經濟、環境、民政、房屋、保安和社會福利等六個「政策科」。1974年2月2日，香港《文匯報》報道，「由於貨運日增，今夏將起用灣仔貨運碼頭；又因爲赴澳旅客日多，當局也於短期內擴建港澳碼頭。」3月1日，香港《文匯報》報道，「橫貫靑衣島與葵涌的靑衣大橋於昨日舉行通車儀式，該座橋全長2000呎，是本港第一大橋。」1978年4月2日，香港《文匯報》報道，「香港電燈公司昨天在鴨脷洲發電廠舉行第七組發電機啓用儀式。……根據未來發展計劃，將有其他三組發電機分別在1979、1980及1981年啓用，屆時其總發電量將增至11億2千萬瓦。」

　　1972年，麥理浩公布10年建屋計劃，以改善市民居住條件。1976年，港府制定居者有其屋計劃，為市民提供低於市價的房屋，幫助市民自置房屋。自此，香港在當局主導下，開始了大規模的屋宇建設，在70年代取得顯著成績，香港市民的居住條件獲得很大的提升。香港《文匯報》對此始終採取正面報道的態度，但對港府頑固地堅持高地價政策並從賣地收入中獲取巨大收益的做法予以揭露和剖析。1974年10月17日，香港《文匯報》報道，港督麥理浩透露，「本港目前正在與海外一個大財團進行談判，計劃在沙田一個面積約有50畝的地點，興建一個可容三萬人的大住宅區。」11月18日，香港《文匯報》報道，「港府長期以來未能解決本港的住屋問題，昨日，又開出一張新支票，計劃於未來十年內在沙田興建可供30萬人居住的10個公營房屋邨，……這10個公營房屋邨的其中一個——瀝源邨，現時由工務局負責興建中，全部工程預期在1976年完成後可供23000人居住。」對中下收入群體的生活困難問題，香港《文匯報》始終與香港市民同行，為民眾發聲，勇於批評當局。1974年11月29日，香港《文匯報》刊發評述，對港府公營房屋加租政策予以批評，指「公營樓宇下月起宣布加租，公營樓宇居民達180萬人，佔本港人口的40%以上，這次加租，影響巨大」，評述稱「當局加租的一個理由是『赤字』『虧損』，這個理由完全站不住腳。」

　　作為一個海港城市，香港颱風、泥石流等自然災害頻發。此外，因城市密集度高，火災等人為災害也為數不少。1966年6月

12日，香港《文匯報》報道香港因暴雨成災，導致64市民死亡。當時香港的人為災害中火災最多。六十年代後半期，木屋區的火災已大為減少，但工廠廠房或商業大廈的火災卻持續增加。1966年11月22日，香港《文匯報》報道一起火災，標題為《山草燃燒 烈焰乘風 邵氏影城一片火海》，僅看標題就令讀者觸目驚心。對其他災害，香港《文匯報》也從不漏報，如1969年10月31日報道的一架英軍軍機在粉嶺失事的消息。

此外，其他社會突發新聞也在香港《文匯報》的每日版面中佔據重要分量。例如，1972年11月20日，香港《文匯報》報道稱，1971至1972年度，「死亡人數共99人，受傷者共有523人。」1976年5月22日，香港《文匯報》報道，「新界荃灣地區報販最近遭受警方大肆拘捕，荃灣法庭一天之內對有牌及無牌報販罰款逾萬元，……造成荃灣逾千報販彷徨不安，生活陷於困境。」

第四章

譜寫內地改革開放之歌
記錄香港回歸祖國之路

（1978-1997）

第一節

確立港報港辦的方針 走多元化國際化發展之路

　　1978年後，李子誦、余鴻翔任香港《文匯報》正、副社長，金堯如任總編輯，曾敏之、王家禎任副總編輯，報社工作中的「左」的錯誤得到徹底糾正，報紙業務恢復正常。是年，香港《文匯報》30周年報慶。該報首次舉行大型社會活動，旨在恢復密切聯繫群眾、聯繫社會的優良傳統。在報慶活動上，香港《文匯報》刊文重申自身立場：「本報新聞報道，務求翔實，時事評論，務求公正。而鼓吹時代思潮，反映人民意向，⋯⋯。雖同仁以限於識力，紀事立言，容有未盡切當之處。但愛國家，愛真理，則此心始終如一；無論環境如何困難，橫逆如何相加，也絕對不可動搖。以此之故，我們對於宣揚祖國正義事業，維護同胞權益，促進愛國團結，尤努力不敢稍懈。」「本報命名《文匯》，原欲以文會友，以友匯文。創刊之初，幸獲海內外文化先進，多所扶掖，紛投珠玉，本報因而薄負時譽。而本報之得以成長發展，就更有賴於祖國人民、港澳同胞的關懷和支持。今逢三十周年報慶，海內外舊雨新知，又紛紛賜以鴻文嘉言，贈以法書詩畫，獎勉有加，令人十分感奮！我們自當更加策勵，為支援祖國實現四個現代化，為擴大愛國統一戰線和反霸統一戰線，而作出應有的貢獻。」

　　1978年12月中國共產黨十一屆三中全會後，香港《文匯報》開始銳意革新，確立了港報港辦、愛國愛港的辦報方針，形成了多元發展、邁向國際的辦報理念，並在人才隊伍的優化、硬件設

施的改善等方面也取得了可喜的成績。

一、港報港辦　愛國愛港

在國家撥亂反正、改革開放的新的歷史條件下，如何確立辦報方針、怎樣進行自身定位，成為香港《文匯報》面臨的基本問題。

1986年，香港《文匯報》明確提出「港報港辦」，主張報紙本地化，體現香港特色。在編輯方針方面，香港《文匯報》進一步加強內地經濟新聞報道，尤其是沿海開放城市和特區的報道，為此專門開闢《神州大地》、《兩廣》、《上海經濟區》等專版。在編輯技巧上，香港《文匯報》提出新聞報道「副刊化」「軟性化」的新概念，加強副刊改革。此外，香港《文匯報》還通過立足當地、改進版面、豐富內容、吸收新人等舉措，改變了自我封閉的狀態，以清新的形象、務實的姿態，重新融入香港主流社會，服務香港廣大民眾。

1988年，香港《文匯報》創刊40周年，香港總督衛奕信（David Clive Wilson）給報社發來賀信，稱：「《文匯報》自在香港出版以來，對本地新聞和國際事務都有廣泛報道，為社會提供了有益的服務。此外，文匯報在促進香港與中國人民相互了解方面扮演了重要角色。我祝願文匯報今後繼續取得新成就。」這是香港《文匯報》首次收到港督的賀信，標誌著香港《文匯報》的權威地位已經得到了港英當局的公開承認。

進入20世紀90年代，香港《文匯報》依據新形勢，徵求多方意見，於1991年提出了新的辦報方向，即：香港《文匯報》是

一張熱愛社會主義祖國的港報，以民族和國家利益為最大利益，新聞報道、評論建言，均以有利於祖國改革開放、加速四化建設、促進祖國和平統一、維持香港繁榮穩定為依歸。

1993年，香港《文匯報》總結其辦報經驗，進一步提出了愛國愛港的辦報方針，並在報社45周年報慶酒會上通過報社領導人的祝酒詞公之於眾，並強調這一辦報方針將在整個過渡時期始終被堅持與貫徹。這一辦報方針，贏得了國家領導人的認可，時任中共中央總書記、國家主席的江澤民在為報社題詞中肯定了這一辦報方針：「發揚愛國愛港精神，為香港穩定繁榮做出新貢獻。」1994年3月，國家主席江澤民在接見香港《文匯報》等香港媒體負責人時，鼓勵香港《文匯報》等要堅持愛國愛港的辦報方針，維護香港市民的根本利益，按照「一國兩制」的方針，為香港的長期穩定繁榮和平穩過渡做出貢獻。在這一辦報方針的指導下，香港《文匯報》的新聞立場清晰，堅定地維護中國及香港市民的利益。在與英國政府及其代理人企圖違反中英聯合聲明的既定原則、破壞香港的穩定繁榮、阻礙香港順利回歸的鬥爭中，香港《文匯報》高舉愛國愛港的旗幟，宣傳中方主張，揭露和批駁英方的陰謀，團結本港市民，被譽為香港「愛國愛港媒體的旗艦」。1997年9月29日，當時的新華社香港分社領導人表示，香港《文匯報》為香港的繁榮穩定，香港政權的順利交接以及宣傳祖國的改革開放事業作出了重要的貢獻。

二、多元發展　邁向國際

這一時期，香港《文匯報》還確定了多元發展、邁向國際的

事業發展理念，並堅定地付諸實踐。

一是廣泛建立外派機構和記者網。香港《文匯報》恢復或創立了廣州、北京、深圳辦事處、記者站，並在上海、大連、武漢、福州、南寧、重慶和海南設有特約記者。同時，該報社在倫敦、巴黎、美國和東京等地設立辦事處、記者站，或派駐記者，建立起廣泛的特約記者網。設於英國倫敦的辦事處，駐有記者和行政人員多人，專司採訪、發行、廣告等報紙業務。派駐記者的海外地區有美國的紐約、華盛頓、洛杉磯，加拿大的溫哥華和多倫多，中美的墨西哥，歐洲的巴黎和阿姆斯特丹，亞洲的東京和馬尼拉等地。在國內外發生重大新聞事件時，香港《文匯報》即能利用環球記者網這一優勢，第一時間將新聞和彩色照片通過衛星傳真送回報社。例如，1984年洛杉磯奧運會開幕式時，香港《文匯報》刊登的彩色照片，得益於美聯社的協助，開創了香港越洋彩色照片衛星傳真的先河。

二是豐富報紙版面類型。當時，香港《文匯報》每日出紙最少七大張，星期天隨報附送《百花》周刊。在倫敦和舊金山，該報還分別印刷歐洲版和美洲版，每日以衛星傳真自港傳至倫敦和舊金山，祖國內地消息和港澳新聞當天可達，快捷翔實，僑胞稱便。此外，該報還發行海外航空版，在香港編印，遠銷大洋洲、日本和東南亞。當時，香港《文匯報》在香港發行十一萬五千份，據市場調查，該報是本港讀者最多的十大報紙之一，讀者以政界、經貿界、學術界以及關心中國問題的人士為主。香港《文匯報》還是獲准在祖國內地發行的香港報紙之一，在內地發行量

達三萬五千份。1997年2月，香港《文匯報》推出電子版，依託先進的網絡技術，成爲當時爲數不多推出電子版的報紙媒體，發行覆蓋面更廣。全球包括中國內地的讀者，可通過互聯網第一時間免費閱讀當天香港《文匯報》的新聞和廣告。

三是以辦報爲中心的多元化經營。香港《文匯報》創辦「文匯貿易服務公司」，與原先建立的「雅典美術印製公司」和「新豐廣告公司」（與《大公報》合辦），初步形成一個報紙、廣告、印刷、貿易的綜合性集團。具體而言，香港《文匯報》除設有印務部、紙業部、物業發展部、公關策劃部等兼營專項業務的部門外，還擁有雅典美術印刷公司、文匯貿易服務有限公司、文匯出版有限公司、駿發置業有限公司、華匯廣告公司、興圖有限公司等全資附屬公司，逐步向集團化企業方向發展，摸索辦報兼顧營利的發展模式。

香港《文匯報》憑藉不懈努力，1980年8月1日，香港政府憲報第2392號宣布，香港《文匯報》爲刊登有關法律性質廣告之有效刊物。當時全港只有六家刊物獲得此項權利。此外，香港《文匯報》還持有中國國家工商行政管理局核發的《廣告經營許可證》，是極少數獲准直接在中國內地承攬廣告業務的香港報紙之一。比如1979年4月廣州廣交會期間，廣東電視台創辦20餘年來，第一次播發外商廣告，包括雷達表、萬寶路香煙等，而廣東電視台的外商廣告業務，即是由香港《文匯報》獨家代理，並由香港《文匯報》記者製作，開創了當時香港媒體廣告經營進入內地的先河。由此，香港《文匯報》既是香港金融、旅遊等產業向

內地市場推廣產品與服務的媒介，又是內地企業向香港及世界各地招商引資、拓展貿易的橋樑。香港《文匯報》的廣告多種多樣，包括大型樓盤、通訊器材、消費服務、招商洽談、商品展銷、公司業績、上市招股、文化娛樂等。

從1986年開始，香港《文匯報》借助內地改革開放和香港經濟發展之勢，1993、1994年間經營收入大幅增長，創造了歷史新紀錄。這一時期的廣告經營，以汽車、招聘和內地房地產三類廣告為主打產品，形成香港《文匯報》的獨有特色，其日刊量位居香港中文媒體之首。此外，香港《文匯報》千方百計提高發行量，將報紙發行至香港數百間學校、酒店，還固定送上航空公司的航班。

三、優化人才隊伍　改善硬件設施

辦好報紙必須提高管理水平，積聚專業人才。這一時期，香港《文匯報》開始突破過去用人制度的「條條框框」，提拔青年人才，充實報社管理層。1980年，報社開始公開招聘採編人員，通過考試和面談吸納人才。1986年，報社提拔了一批在香港《文匯報》工作多年具備專業能力的青年員工，其中有三人進入報社領導層。吸收新員工的同時，香港《文匯報》還努力優化原有報社員工的知識結構。至香港回歸時，該報員工隊伍在本地化的基礎上進一步年輕化、知識化。這一時期，香港《文匯報》香港總部職工由二百多人增至四百人。

除優化人才結構外，報社還投入大量的財力物力，改善硬件設施。香港《文匯報》位於灣仔道197至199號的舊廈，樓高12

層，總建築面積約三萬平方呎，於1973年落成，同年12月23日正式投入使用。隨著香港《文匯報》業務不斷發展，灣仔道的舊樓已不敷應用。1993年，在國家大力支持下，香港《文匯報》斥巨資，在香港島南區購買了香港仔田灣海旁道7號「興偉中心」2至4樓3層、合共約1.5萬平方米的新樓，相當於舊樓的5倍。1994年7月，香港文匯報社由灣仔遷至香港仔田灣。這是報社第三次搬遷。

在印刷技術設備改革方面，香港《文匯報》購買了當時最先進的輪轉印刷機生產線四條，成為香港最先採用柯式高速輪轉機印刷的報紙之一。領先的彩印能力使得香港《文匯報》產能位居香港媒體前列，為報紙印刷質量的提高創造了條件，也為「出早報」打下了基礎。

此外，業務工作初步實現電腦化。1980年8月中旬，報社元老徐鑄成受邀重訪香港《文匯報》，回憶最初在荷李活道只有四層的文匯報社，比對當時的設備，感嘆香港《文匯報》的巨變，不禁感慨：「過去三十年，國家之命運也如我個人命運一樣，光陰白白流失！不僅流失而已，且關門夜郎自大，自己神化自己，天天搞階級鬥爭，以至國民生產，破壞至『崩潰邊緣』，而恰在這一時期，世界已進入電腦、人造衛星時代，正如歷史上歷次技術浪潮一樣，大大推進了生產力之發展。」①

---

① 徐鑄成：《徐鑄成回憶錄》，三聯書店，1998年，第334頁。

第二節

譜寫內地改革開放之歌

　　粉碎「四人幫」後，中國共產黨內出現了兩種傾向：一種傾向是推行「兩個凡是」的方針，另一種傾向是要求徹底糾正指導思想上的「左」傾錯誤,否定「文化大革命」。「兩個凡是」的錯誤傾向一出現，鄧小平、陳雲、王震等就與其進行旗幟鮮明的鬥爭。1978 年 5 月 11 日，《實踐是檢驗眞理的唯一標準》以特約評論員的名義在《光明日報》公開發表，掀起了一場關於眞理標準問題的大討論。經過大討論，「兩個凡是」的觀點被肅清，改革開放的方針呼之欲出。1978 年 12 月 18 日至 22 日，中國共產黨第十一屆中央委員會第三次全體會議在北京舉行。會議決定將全黨工作的著重點轉移到社會主義現代化建設上來，內地開始走上了改革開放之新路。對於內地的改革開放及其取得的偉大成果，香港《文匯報》傾注了極大的關注，作了積極的報道。

一、積極參與眞理標準大討論　精準把握十一屆三中全會意義

　　1978 年 5 月 11 日，《實踐是檢驗眞理的唯一標準》以特約評論員的名義在《光明日報》公開發表，新華社於當天全文轉發全國，引起強烈反響。隨著討論的深入，人們開始用實踐的結果去檢查過去的理論觀點和實際工作，去辨別「文化大革命」期間發生的一系列事件的是與非，進而要求用正確的思想路線去撥亂反正，處理大量的歷史遺留問題。而關於眞理標準問題的大討論，爲黨和國家的工作從「左」的錯誤中轉移到正確的軌道上來，實現歷史性的偉大轉折，提供了思想條件。

　　1978年11月11日，香港《文匯報》刊發《聶鳳智廖漢生李志民分別談眞理標準問題》一文，開始涉及眞理標準問題討論的議題。此後，香港《文匯報》有關眞理標準問題討論的文章不斷見諸報端。1979年3月23日，該報報道《實踐是檢驗眞理的唯一標準》這篇重要文章的誕生內幕，指出這篇文章敲響了內地改革開放的開場鑼鼓。6月6日，該報又刊發了時任安徽省委第一書記萬里的講話，指出「關於眞理問題的討論，超過了建國以來的任何一次理論討論。……實踐已充分證明黨的三中全會的路線、方針、政策都是完全正確的。」「三中全會以來，隨著工作重點的轉移，形勢發展很快，很好，同時新情況、新問題不斷出現。在這種情況下，我們必須正確地估計形勢。」9月30日，該報刊發葉劍英委員長在建國三十周年大會上的重要講話，指出「中國共產黨的辯證唯物主義的思想路線，就是一切從實際出發，實事求是，理論聯繫實際。它是毛澤東思想的精髓，是我們黨制定政治路線和各項方針政策的基礎。」十一屆三中全會「明確肯定實踐是檢驗眞理的唯一標準這個馬克思主義認識論的不可動搖的基本原則，提出了解放思想，開動機器，實事求是，團結一致向前看的方針，重新恢復了辯證唯物主義的思想路線。」

　　1980年10月27日，該報轉發《解放軍報》評論員文章，指出「繼續解放思想，在政治上和黨中央保持一致，仍然是我軍政治思想工作的重要任務。」　香港《文匯報》上刊發的這些報道與文章，不僅顯示該報始終高度關注這場具有重大意義的大討論，而且還積極、及時、準確地將這一信息傳達給香港同胞。

1978年12月22日中國共產黨第十一屆中央委員會第三次全體會議結束後，香港《文匯報》立刻敏銳地認識到報道與宣傳此次會議的重要意義。12月24日，該報全文刊發中共十一屆三中全會公報，並指出「毛主席立下功勳不可磨滅，對『文革』應實事求是看待，彭德懷陶鑄等四人平反，廢專案審幹方式」。同日，該報轉發西方各主要通訊社有關報道，並摘引其中的內容。例如，路透社報道，「中國共產黨今晚宣布擴充其高層領導，堅決實現工業現代化和發展工業的計劃。」次日，即12月25日，該報又為此刊發本報評論《中國的第三次大轉變》，稱「中共十一屆三中全會勝利閉幕，會議公報已經發表，其中最令人注目的是：正式宣告揭批林彪、四人幫的群眾運動基本結束，自明年開始，全國工作重點將轉移到四個現代化上來。這是一個重要的決策，它在中國歷史上具有重大意義。」

二、及時傳達中共十二大精神　全程跟進憲法修改工作

　　在經濟體制改革和對外開放起步的同時，發展社會主義民主政治，從制度上保證黨和國家政治生活的民主化、經濟管理的民主化、整個社會生活的民主化，也提上了黨和國家的議事日程。1982年9月召開的中共第十二次全國代表大會，是自粉碎「四人幫」、中共第十一屆三中全會之後的一次極其重要的會議。這次大會為中國在新的歷史時期確立了路線方針，提出中國到20世紀末經濟上翻兩番，組織上實現新老交替。早在1980年，香港《文匯報》就報道了中共十二大開始籌備，如當年1月18日，香港《文匯報》報道的鄧小平的一次重要講話中就透露，「鄧氏的報

告可能標誌著中共十二屆全國代表大會準備工作的開端。」1982
年9月前後，香港《文匯報》開始密集報道有關中共十二大的各
類消息。8月30日，香港《文匯報》報道，「北京到處呈現喜氣
洋洋景象，中共『十二大』開幕在即，中央電視台每晚專題報
道，開幕閉幕盛況將有現場播映」，表明中共一改過去重要會議
都是事後才發出事項新聞的封閉做法，在當時的技術條件下做出
了向外界展示自己的最大努力。

　　9月1日，中共十二大隆重開幕，香港《文匯報》除轉發新
華社的新聞消息之外，還重點報道鄧小平開幕辭的內容，「鄧小
平談80年代三大任務，全力進行經濟建設是核心」。會議期間，
香港《文匯報》駐京記者除正常報道會議的進程之外，還針對香
港同胞的關注，刊發不少有特色的消息、花絮。如9月3日，香
港《文匯報》刊登幾則大會花絮，一是大會主席台的照片中，出
現了港台同胞，尤其是台灣同胞熟悉的繆雲台先生。二是當時正
紅遍全國的中國女排，就有教練袁偉民、隊員郎平等四位代表。
9月9日，香港《文匯報》報道了長期遭受迫害，剛剛復出的文
藝理論家胡風的感言，他說「黨的十二大將使中國更加興旺發
達。幾十年來，無論在什麼情況下，都沒有動搖我對黨的信念，
三中全會之後，更堅定了這一信心。」

　　十二大圓滿結束之際，9月14日，香港《文匯報》刊發本報
訊，綜合報道香港各界人士對中共十二大的反映，普遍認為，
「十二大無疑是全國人民心情愉快地建設四化，振興中華的開
端。」「標誌著中國共產黨已從錯誤中走上正確，從苦悶中走上

開朗，從混亂中走上秩序，從黑暗中走上光明」，「十二大對中共的領導體制進行了重大改革，選出了老中青結合的領導班子為和平交班作出了重要貢獻」，「今次會議對中國的影響是很重要的，應該能使未來一長時期內保持政局穩定的局面」。此外，還有不少香港人士關注到香港人熟悉的廖承志進入政治局。1983年11月19日，香港《文匯報》專發了著名中共黨史專家廖蓋隆的文章，題目是「在偉大歷史性轉變中的鄧小平」。文章詳細論述了鄧小平自粉碎「四人幫」以來作為中共老一輩革命家的傑出代表，「在全黨和全國人民的支持和擁護之下，實現了偉大歷史性轉變」。這篇文章，讓香港同胞對正在主導中英關於香港前途談判的鄧小平有了更清晰的認知。

隨著改革開放的逐步深入，中國開始注重法制建設，其標誌就是人民代表大會制度的逐漸強化。這一期間的熱點之一就是修改憲法。對此，香港《文匯報》連續兩年跟蹤報道，從1980年9月，五屆全國人大三次會議決定成立憲法修改委員會，到1982年5月人大常委會決定將新憲法草案公布，交全國人民討論，香港《文匯報》都作了詳細的報道。1982年4月和11月，在五屆人大五次會議上，彭真副委員長對修改後的憲法草案分別作說明，對此香港《文匯報》報道，「葉劍英主持會議，彭真作修憲草案說明，八項主要問題有修改」。指出「四項原則為指導思想」，「中華人民共和國的第一部憲法，即1954年憲法，是一部很好的憲法。這個憲法修改草案繼承和發展了1954年憲法的基本原則，充分注意總結我國社會主義發展的豐富經驗，也注意吸取國際的

經驗；既考慮到當前的現實，又考慮到發展的前景。因此，這次代表大會一定能夠制定出一部有中國特色的、適應新的歷史時期社會主義現代化建設需要的、長期穩定的新憲法。」修改後的憲法通過，香港《文匯報》駐京記者對港澳人士的採訪中，特別採寫了港澳人士對憲法序言中愛國者的提法，一種是擁護社會主義的愛國者，一種是擁護祖國統一的愛國者，兩種愛國者都構成愛國統一戰線的組成部分。這些人士表示，「這個提法很有意義，對台灣同胞、港澳來說，具有很大的號召力，這就可以更廣泛地團結更多的人，包括散布各地的海外華僑等」。

三、詳實記錄改革開放的推進

十一屆三中全會後，隨著農村改革的興起和城市經濟體制改革的啓動，中國著手調整國民經濟。與此同時，設置深圳、珠海、汕頭和廈門經濟特區，實行改革開放政策，中國經濟迎來起飛。從1984年到1988年中國經濟經歷了一個加速發展的飛躍時期，展現了農業和工業、農村和城市、改革和發展相互促進的生動局面，整個國民經濟上了一個新台階。當然也伴隨著出現了一些問題，比如通貨膨脹加劇，物價大幅上漲。在複雜的經濟形勢下，1988年9月，中共十三屆三中全會在北京召開，提出了治理經濟環境、整頓經濟秩序、全面深化改革的方針。到1989年底，經濟治理整頓取得較爲明顯的階段性成效。

香港《文匯報》義不容辭地爲改革開放在香港鳴鑼開道。1979年12月21日，香港《文匯報》就刊發署名文章指出，在改革開放大形勢下，「廣東可以富得快些」，「廣東一省的經濟實

力，應遠勝許多國家，廣東應富得快些。中央已給廣東更多自主權力，不再束手束腳，廣東應可迅跑了。」1983年3月24日，香港《文匯報》刊發本報記者採寫的新聞，時任電子工業部長江澤民接見文匯報總經理王家禎時表示，「到本世紀末即2000年，中國電子工業產值將可翻兩番即為現時的四倍，技術水平要求達到70年代末期至80年代初期的世界平均水平，並盡力超前。電視機到時的產量將年產800萬部。」1984年7月6日，香港《文匯報》報道，「全國20座大中城市新近開始綜合改革，內地經濟改革從農村轉入城市」。

中國改革開放事業的一個重要標誌，是在上世紀80年代初由鄧小平親自決策，在中國沿海深圳、珠海、廈門等地建立經濟特區，作為「試驗田」，作為開放的窗口，為中國發展經濟，先行先試，積累經驗。特區深圳、珠海比鄰港澳，和香港有千絲萬縷的聯繫。因此，特區從籌劃、建立到發展，都受到香港同胞的格外關注。香港《文匯報》當仁不讓地擔起準確傳達中央決策，介紹特區進展和現狀，轉達港澳同胞意願等責任。

這一時期，香港《文匯報》充分利用在深圳的優勢，在香港媒體中率先建立記者站，屢屢獨家或領先採訪特區負責人甚至有關的國家領導人，刊發有關特區進展的最新消息。1979年8月12日，香港《文匯報》獨家專訪深圳市委負責人。專訪刊發後，引起各界高度關注，因為當時特區尚在籌劃，沒有正式對外公布，外界乃至國外都有種種傳說猜想，該專訪作了明確澄清。例如，當時對特區的名稱就有一些傳說，比如「無稅區」等，深圳負責

人明確，「我們設的是『特區』，不是『無稅區』」。並說明「是在蛇口劃出一個特殊的區域，專供港商或外國廠商使用，這個特區內將設有海關、邊檢站、公安局等。在特區的界域可能設置一些土牆、或絲網之類，以便識別。」並透露，特區面積會比外界傳言的「大的多，甚至擴大到整個深圳」。「中央已經批准，具體內容也已擬就」。

　　1979年12月，廣東省人大五屆二次會議通過決議，在深圳、珠海和汕頭設立經濟特區。對於這一重大歷史事件，香港《文匯報》進行了集中報道。12月12日，香港《文匯報》報道，時任廣東省革委會主任習仲勳率廣東代表團訪港，習仲勳表示，「廣東省對於不論是在香港有關當局或工商界，不論是華人資本家或外國資本進行經濟合作的良好願望和要求，都盡量給與支持和滿足。」自12月16日開始，香港《文匯報》特派記者連續自廣州報道廣東省人大討論設立特區的試行條例。12月31日，香港《文匯報》發表特派記者的綜述，詳細闡述了廣東設立經濟特區的來龍去脈，特區的概念、內涵和意義。1981年7月11日，在中央召開廣東、福建兩省的經濟特區會議，中國關於建設經濟特區的決策正式公布之後，香港《文匯報》再次專訪深圳負責人，回答了許多外界尤其是香港關心的問題，非常具體。如關於特區界限，「從東起大鵬灣的背仔角沿後面的山脈走向，西至南頭蛇口將設立『第二線』（即特區與非特區的邊界）」，「地價最低20元，最低工資標準每月近600元港幣」，並宣布「深圳特區面積仍是327.5平方公里，其中可供用地約98平方公里。」

由於深港兩地在改革開放之前長期處於互相封鎖狀態，兩地雖然近在咫尺，不少香港同胞卻並未去過深圳。深圳特區建立之初，很多香港同胞迫切想了解深圳當時的狀況，但去一次深圳並不容易。爲此，香港《文匯報》刊發了不少記者在深圳的旅行報道。例如1979年8月13日，香港《文匯報》發表題爲「沙頭角『特區』見聞」的記者特寫，詳細介紹沙頭角小鎮的情況和通關手續辦理方法。11月8日，刊發記者採訪珠海第一家以補償貿易形式建立的工廠，香洲毛紡廠。「工廠於去年8月30日簽訂協議，11月中旬開始土建工程，今年一月下旬廠房竣工，目前已正式生產。」

　　1980年9月，香港《文匯報》連續刊發記者採寫的「深圳特區紀行」，其中紀行「之二」寫了一個被人敲詐收取停車費的事例。最後記者概括總結道，「現在問題的癥結，是內地現行體制和官僚主義加某些人的愚昧無知，目光短淺。目前深圳有一種封建割據的病毒，妨礙特區建設的步伐」。1982年3月16日，香港《文匯報》刊登讀者來信，反映「旅遊深圳墟，公廁最難找」「有兩層高的可容百多人的食肆，只有一格男女共用的廁所」。

　　香港的工商界希望利用特區的特殊優惠政策，在特區興辦發展實業，獲得實利。順應香港民意，香港《文匯報》對香港各界積極投身特區建設發展給與充分報道，努力搭建兩地經貿交流的橋樑。1980年2月5日，香港《文匯報》報道深圳蛇口第一個「中港合資」企業簽訂協議，並預言，「這是中國第一個對外開放的特區，可以說起著帶領或示範的作用。——這個工業區的出

現，為香港的工業多元化開闢了新的途徑，將促進本港經濟的進一步發展。」1981年8月25日，香港《文匯報》報道香港的南洋商業銀行，獲批准在深圳設立分行。1982年9月21日，香港《文匯報》報道香港上海匯豐銀行獲批在深圳設立辦事處。諸如此類港資進入內地的消息，香港《文匯報》幾乎每日都有，甚至一天好幾則。

　　香港《文匯報》始終將宣傳祖國改革開放的新形勢、新舉措、新成就，作為自己的重要任務。1993年，由於當時的國際背景和國內原因，內地經濟遇到一些困難，人民幣匯率問題引發海內外猜測質疑。自1993年5月開始，香港《文匯報》有計劃、有重點地逐步報道中國政府克服暫時困難，堅持改革開放的政策措施。當時中央著名的16條關於宏觀調控的措施，就是在7月3日由香港《文匯報》在海外首先發表的。7月11日，香港《文匯報》報道，「中央決定派出10個調查組分赴各地，保證政策到位」。之後，香港《文匯報》又連續刊發四條有組織、有呼應的頭條報道，在海內外引起廣泛關注。這些來自內地的第一手新聞，有力的穩定了港人對內地經濟、對人民幣的信心，配合支持了中央政府的措施。

　　1994年，內地改革開放進入快車道，政府出台了大量政策措施，牽動面廣，難度很大，涉及到廣泛的利益關係調整，衝擊著人們的傳統思想。香港《文匯報》從全國的角度出發，調動駐內地的全部採訪力量，投入大量資源，由報社主要領導出面，組織採寫了《三十省市自治區首腦談改革》的系列報道，介紹改革開

放的巨大成就，新的措施和規劃，對外資的引進計劃和優惠政策
等，還在每次採訪報道後附有該位首腦簡歷。由於被採訪者的層
次高，報道的消息權威、全面、準確，每一次採訪報道均配發相
應的特稿、圖片，以彩色整版方式推出，氣勢宏大。

新聞報道切實針對香港和海外讀者的關注點，報道方式適應
港人習慣，香港《文匯報》因而獲得香港和海外許多商業機構的
固定訂閱。1993年的一次調查顯示，香港中環商業大廈的商行，
25%因爲香港《文匯報》的內地經濟消息詳盡準確而長期訂閱。

四、獨家刊登鄧小平「南巡」報道

正當黨和政府開始對國內經濟秩序進行整頓之時，1989年北
京等地發生政治風波，改革進程受阻。同時西方國家開始對中國
實施制裁，企圖孤立中國。1991年，蘇聯解體，社會主義事業在
世界範圍內遭受重創。面對嚴峻的國內外政治經濟形勢，1992年
1月18日至2月21日，鄧小平先後視察武漢、深圳、珠海、上海
等地，發表了重要談話，史稱「南巡講話」。鄧小平南方談話貫
穿一個中心思想，就是堅持黨的基本路線不動搖，抓住有利時
機，加快改革開放步伐，集中精力把經濟建設搞上去，把有中國
特色的社會主義事業推向前進。進入20世紀90年代，經濟開放
由東部沿海省市向內陸腹地延伸。經過十多年的對外開放實踐，
中國的對外開放由南向北、由東向西層層推進，在全國範圍內基
本形成了「經濟特區——沿海開放城市——沿海開放經濟帶——
沿江和內陸開放城市——沿邊開放城市」的全方位對外開放格
局。

　　1992年春節前夕，鄧小平南下深圳、珠海視察，發表著名的「南巡講話」，自此中國進入改革開放的新階段。香港《文匯報》在香港媒體中率先透露鄧小平南巡並就改革發表重要講話的消息。「南巡」前，「鄧辦」明確定下「不見記者，不攝影，不報道」的原則。但關注中國改革進程的海外媒體早已「聞風而動」，派出得力記者跟蹤追訪。

　　鄧小平南巡「首席接待官」、時任廣東省委副秘書長的陳開枝回憶道，「《大公報》、香港《文匯報》都派人來了，上面要求徹查，我就應付說『查了，查了』，其實心裏面我多麼希望南方講話能『出口轉內銷』，向國內外宣傳出去，怎麼會認真去查呢？」鄧小平此次南巡期間發表的系列重要講話，對特區的發展有重大意義，時任珠海市委書記梁廣大特別希望能盡快讓外界知道，在鄧小平離開珠海半個月後，他冒著風險主動約請了香港《文匯報》等三家港澳媒體，希望他們刊登相關消息，以支持特區發展和中國的改革開放事業。第二天香港《文匯報》用頭版或整版發表了小平南巡的照片，這是關於鄧小平南巡最早的大篇幅圖片報道，在國際上引起轟動，成為新聞史上的一段佳話。

　　在紀念鄧小平1992年南巡講話20周年暨兩次視察珠海經濟特區圖片展中，梁廣大特意將這件事列入其中。據梁廣大回憶，鄧小平視察珠海後半個月，他邀請了香港《文匯報》、《大公報》以及《澳門日報》的社長到珠海，簡要通報了鄧小平視察珠海的系列重要講話。他說：「鄧小平的重要講話解決了困擾和束縛了幾十年想不通的問題，對中國改革開放一定是個重大推動，

對我們國家改革開放，對友好的國家和企業家、友好人士是一個
很大的鼓舞；相反，對種種非議和不友好行為、不懷好意的人是
個很大的抨擊和震撼，特別能對國際上甚囂塵上的反華勢力給予
沉重打擊，請你們登載報道，支持國家改革開放大業，支持珠海
經濟特區。」　由於當時對小平南巡的報道並沒有定調，梁廣大
考慮再三，認為小平南巡本身已經表達了中國將繼續改革開放的
信號。他找來當時的市委宣傳部副部長彭冠和《珠海特區報》攝
影記者何華景，精選了 20 多幅小平在珠海視察的照片，並配上扼
要的文字。「只要圖片一出，大家都心照不宣。」

　　1992 年 2 月 14 日，小平南巡的照片通過香港《文匯報》等報
紙在港澳地區刊登以後，外國媒體紛紛轉載報道評論，內地媒體
也陸續刊載報道。2 月 18 日，香港《文匯報》刊文傳達「鄧小平
南巡講話」的內容，鄧小平講話強調，「當前要強調堅持一個中
心，即經濟建設中心」，「鄧小平認為，經濟增長速度可以再快
一點。前些年的經濟增長速度為國民經濟發展創造了好的條件，
今後這十年，經濟發展速度可以在符合經濟規律，在具備條件下
高於百分之六的速度發展。鄧小平說，經濟增長速度快一點，符
合人民的要求，符合增強綜合國力，提高人民生活水平的願
望」，其中多次肯定了經濟特區所取得的巨大成就，提出要「解
放思想，勇於試驗要有一個『闖』字」。2 月 21 日，發表題為
《「鄧旋風」深圳引起的效應》，稱「鄧小平說，深圳的經驗，
總的來說，就是敢闖。第一、膽子要大一點，不要怕犯錯誤；第
二、有了錯誤，就趕快改正」。另外文章還透露了深圳市委和市

政府正計劃採取五個方面的重大措施：一是充分依靠中央給予特區的政策，盡快改善一、二線管理；二、是盡快調整好產業結構；三、是加快發展高新技術產業；四、是加強客觀管理；五、是加強立法和法制建設。對深圳特區的建設希望「速度更快，步子更大」。

鄧小平南巡之後，香港《文匯報》連續推出宣傳鄧小平南巡講話的「重頭戲」，刊出鄧小平視察深圳、視察珠海和視察首鋼的三大版彩色圖片報道，皆是全港獨有的新聞圖片，生動地展現鄧小平視察各地的情景，引發各界轟動和海外的巨大關注。同時，香港《文匯報》發揮自身駐內地記者的網絡優勢，組織全國連線報道，為堅定香港同胞對祖國改革開放的信心，鼓舞香港工商界回內地投資，密切內地和香港的聯繫，發揮了獨特的重要作用。

第三節

記錄香港回歸祖國之路

19世紀末英帝國強迫中國清政府簽訂《南京條約》、《北京條約》和《拓寬香港界址專條》，用堅船利炮強迫中國清政府割讓香港島、九龍半島尖端，並且強行租借了九龍界限街至深圳河的大片土地及200多個島嶼，租借期99年，至1997年。隨著20世紀90年代即將來臨，香港問題如何解決，逐漸擺在了中國和英國政府面前。1979年，港督麥理浩到訪北京，鄧小平出乎英方意料提出香港前途問題。1981年後中國政府將香港前途問題擺上議事日程。1982年鄧小平在北京接見港澳人士時再明確表示，中國要在1997年前後恢復行使香港主權。中英兩國在1982年至1984年展開談判，雙方角力引起部分香港人信心危機。最終1984年《中英聯合聲明》簽訂，恢復港人對香港前途的信心。1985年至1990年，基本法起草委員會和諮委會進行了艱巨細緻的起草工作，並讓香港社會各界對1997年香港回歸後的憲制文件《基本法》充分表達意見。1990年4月4日，香港特別行政區基本法經第七屆全國人民代表大會第三次會議審議通過，在1997年7月1日生效，成為香港回歸後實施「一國兩制」的法律基礎，規範其後香港政治、經濟、社會和文化等方面的發展。基本法制定後，香港回歸進入了後過渡時期。如何確保香港實現平穩過渡成為最主要的任務。

隨著蘇聯解體、東歐劇變，英國政府開始改變對華政策，在香港問題上從與中方合作轉變為與中方對抗，為香港的平穩過渡

設置障礙。1992年起出任末代港督的彭定康，在沒有和中國政府磋商1995年立法局選舉安排的情況下，單方面宣布大幅增加直選成分的「政改方案」，引起中英雙方嚴重的爭拗。中國政府為實現香港平穩過渡，於1993年4月至11月，與英國政府就香港1994/1995年選舉安排問題進行17輪會談。但會談並未取得共識。中方政府於1993年7月成立香港特別行政區籌委會預備工作委員會，到1996年1月26日，香港特別行政區籌委會在北京正式成立，自主進行各項特區籌備工作。1997年7月1日，中國政府對香港恢復行使主權，英國在香港一個半世紀的殖民統治宣告結束。

香港《文匯報》對中英談判和香港過渡時期政治、經濟、社會的狀況以及所面臨的種種問題和挑戰，均作出了詳實的記錄和報道。

一、記錄中英談判始末

1979年3月29日，鄧小平在北京接見時任港督麥理浩（Crawford Murray MacLehose）。當時麥理浩負有為英國政府探詢中國領導人對即將面臨的「1997年」持何種態度的任務。3月30日，香港《文匯報》除全文轉發新華社不足百字的新聞，還罕見地援引法新社新聞，指出「英國人士在此間說，香港總督麥理浩爵士說，他同包括鄧小平在內的中國領導人的會談具有『重大價值』。麥理浩說，由於這些會談，他現在更懂得中國的現代化如何同香港有關了。麥理浩今天上午同鄧小平會談了一小時，但他拒絕透露任何會談的詳情，麥理浩爵士在此間的會談內容一直

保持秘密。」麥理浩只是說，鄧小平「讓香港投資者放心」。
1980年5月12日，鄧小平在北京接見英國前首相卡拉漢，香港
《文匯報》既轉發新華社新聞，還援引路透社、法新社的新聞，
指出「靈通人士說，英國工黨領袖卡拉漢今天同中國副總理鄧小
平舉行了一次長時間的會談，討論中國經濟和國際事務，會談時
間長達兩小時半」，會談的時長和內容，引起外界聯想。1981年
4月3日，鄧小平在北京接見英國外交大臣卡林頓，香港《文匯
報》報道，卡林頓在接見後的記者招待會上說，鄧小平表示中國
政府在1997年收回香港，收回之後不會影響投資者的利益。鄧小
平的講話在字眼上同兩年前給與麥理浩爵士的講話相類似，但此
次卻更清晰和具有權威性。

　　鄧小平作為中英香港前途問題談判的主導人，香港《文匯
報》對其談話高度關注，並形成別具一格的報道特色，開創此後
數年相關系列新聞的模式。這一模式的特點是，在鄧小平接見現
場採寫編發新聞。詳盡、全面、近身地展現了鄧小平關於香港前
途的每一次談話，在香港眾多媒體中獨樹一幟。鄧小平對香港問
題發表講話的新聞，多是在北京接見有關中外人士時發生。過渡
前期，由於客觀條件的限制，香港《文匯報》還沒有駐京記者，
無法直接在北京發回有關新聞報道，只能轉發新華社新聞。1982
年後，香港《文匯報》獲批准在北京派駐常駐記者後，有關新聞
通常是現場發回的第一手報道，不僅有現場感也更具權威性。在
可視媒體尚不普及的上世紀七八十年代，香港讀者閱讀這些新
聞，彷彿身處現場，親耳聆聽鄧小平講話。這些報道對消除港人

對香港前途的種種猜疑和顧慮，發揮了重大作用。1982年，香港
《文匯報》報道多批香港人士受鄧小平接見，先後有霍英東、黃
麗松、何賢、包玉剛等，涵蓋工商、文化、教育等各個界別。
1982年6月15日鄧小平接見的香港知名人士中，就包括當時香港
文匯報社長李子誦、大公報社長費彝民等新聞界人士。

　　1982年9月英國首相撒切爾夫人訪問中國，中英達成協議，
開始談判香港問題，直到1984年12月雙方達成最後協議簽訂
《中英聯合聲明》為止，前後歷經兩年多時間。其間交鋒激烈、
波折不斷，談判幾次中斷，甚至近乎破裂，最後終於達成雙方共
識和成果。香港《文匯報》在此期間全程跟蹤報道，發出的新聞
報道在香港同行中引人注目。

　　第一階段談判。自撒切爾夫人返回之後，中英談判正式開
始。關於香港的前途問題，各方極其關注，十分敏感，因此中英
政府高度保密。1982年10月7日，香港《文匯報》發出本報訊，
稱港督尤德在其上任後的第一份施政報告中透露，「中英談判香
港前途已在京展開，中英正努力尋求圓滿解決辦法。」「會談內
容必須予以保密，以期盡快完成談判。」尤德表示，「中英雙方
發表聯合聲明和英政府保證承擔對本港的責任，令他深具信心，
可繼續努力貫徹現行政策，推行各項計劃，直至完成。」實際
上，由於英國政府在談判中頑固堅持「三個不平等條約有效
論」，第一階段談判沒有取得成果。1982年12月17日，香港
《文匯報》報道，「據倫敦及北京內部消息靈通人士說，中英之
間有關香港前途的談判已經暫時休會，但預料會在年底以前恢復

談判。」「在北京的中英談判是嚴格保密的，中英雙方的官員都獲得指示，對外除了表示會談『正在進行』外，不得透露任何消息。」

　　第二階段談判。英國政府放棄了「三個不平等條約有效論」，經中英雙方協商，開始第二輪談判。自1983年7月始，共進行了22輪談判。由於外界高度關注，談判已經難以保密，中英雙方也有意識地對談判實行有限的開放。新聞媒體對第二階段談判的採訪報道無疑成為當時香港新聞界的一場比拼，香港《文匯報》在這場競賽中表現尤其出色。對於22輪談判，香港《文匯報》逐一作出現場報道，對各輪談判中的重大問題、談判焦點詳盡報道，圖文並茂；分析評論，準確犀利；此外，還發表階段性小結和下一步預測。1983年7月第二階段談判開始之前，香港《文匯報》利用香港記者團訪京的機會，由駐京記者發回報道，稱北京書面答覆香港記者提問，內容為「我們的一貫立場是：香港是中國的領土，主權必須收回。在中國對香港恢復行使主權後，香港作為中國的一個特別行政區，由香港當地人自己管理，實行一系列的特殊政策，包括社會制度不變，生活方式不變等，以保持其繁榮和穩定，中國對香港的上述政策將長期不變。」

　　第二階段22輪談判中，雙方交鋒異常激烈，英國不斷設置障礙，意圖阻擾中方順利恢復行使香港主權。在中國堅持主權問題不容談判的情況下，談判一開始，英方就拋出「治權換主權」的謬論，並在香港內外大肆製造輿論，聲稱只有在回歸後繼續維持英方對香港的「管治」，才能保證香港的穩定和繁榮。一時間，

這種企圖維持英國對香港殖民統治的思路，在一些港人、特別是少數工商界人士中贏得一些共鳴。爲正視聽，香港《文匯報》連續發出評論或轉發權威評論，駁斥謬論。1983年9月20日，香港《文匯報》轉發北京《半月談》雜誌的文章，指出「主權治權絕不可分，所謂續約、託管、共管、輪流坐莊以及『中國主權，英國管理』等，實質上都不過是爲了延長英國在港統治，都有損我國主權，是我們絕對不能接受的。」1983年下半年，受世界經濟形勢影響，香港的經濟發生劇烈動盪，金融行情尤其嚴峻，港元暴跌，香港人心惶惶不安。當時正值中英第二階段會談進入第四、五輪談判期間，在此關鍵時刻，撒切爾夫人推波助瀾，發表講話，妄言「香港前景不明」，說英國從沒有自香港「拿過一分錢」。9月25日，香港《文匯報》發表題爲「撒切爾夫人意欲何爲」的評論，痛斥撒切爾夫人的謬論。文中稱，「香港的前景怎樣不明朗呢？中國政府對香港已一再聲明，被掠奪的領土應該收回來，要恢復行使香港的主權，提出擬設立特別行政區，保證一切制度不變，實行港人治港，維持香港的繁榮和穩定。」10月18日，香港《文匯報》又援引《泰晤士報》和《金融時報》的消息，指撒切爾夫人致函中國，表示準備對中國作出重要讓步。香港《文匯報》又自北京報道，「港督尤德今飛北京，中英談判明再舉行。」此時，中英第二階段會談已經進行到第七輪。

中英兩國外長會晤之後，中英談判「漸入佳境」。1984年4月22日，香港《文匯報》發出本報訊，透露「據幾位曾受姬鵬飛會見的香港人士透露說，姬鵬飛向他們表示，前十二輪中英談判

集中在1997年以後的安排，今後將談97年前的過渡問題。」
「他們引述姬鵬飛的話說，從達成協議之日開始到1997年便是過渡期。」1984年9月26日，經過中英雙方兩年多的努力，雙方談判代表團長在北京草簽中英關於香港問題的協議，再報本國政府批准。香港《文匯報》將報道重點放在分析評論方面。9月25日，香港《文匯報》發表駐京記者題為「中英順利達成協議試析」的文章，詳細論述了中英談判取得成果的原因；一是「符合中英兩國國策。中國要統一，這是中國八十年代三大任務之一，英國要實行非殖民化，這已是二次大戰後，英國朝野的共同傾向。」二是「良好關係是基礎。進入七十年代以來，中國與英國關係亦不斷改善。」三是「雙方有共同的目標。就是要保持香港的繁榮穩定。」四是「中國提出解決香港問題的基本方式——實行『一國兩制』的構想——英方覺得可行，可以放心，可以向英國國會及在國際上有所交代，也可以為港人接受。」五是在會談過程中，雙方採取合作態度。」當然，會談並不是一帆風順，先後有「條約有效論」、「主權換治權」、「九月金融風暴」等風波，但雙方基於友好合作關係，終於達成協議。

　　1984年中英談判基本成定局之時，鄧小平接連利用外事會見和接見香港有關人士的機會，就香港問題在中英達成協議之後的走向，發表重要意見，香港《文匯報》有關新聞報道準確地傳達了鄧小平意見的本義。1984年6月22日，鄧小平接見香港唐翔千等知名人士，6月29日，香港《文匯報》詳細報道了接見記錄。「鄧小平主任在會見開始時就說，『同英國的談判快完成了。香

港主權問題確定了，1997年以後搞什麼制度就是我們講的『幾個不變』，社會制度、經濟制度、法律、生活方式都不變，就是說，中華人民共和國實行『一個國家，兩種制度』，大陸十億人口搞社會主義，這不會變；但允許國內某些區域搞資本主義，比如香港、台灣。總之，97年後的安排，雙方會談已告一段落，現在轉到13年過渡期。」12月19日，鄧小平在北京會見英國首相撒切爾夫人，第二天，香港《文匯報》刊發特派記者採寫的新聞，「鄧小平說，人們擔心協議簽署後，中國是否會始終不渝地執行。我在這裏告訴閣下，也告訴全世界人民，中國是會信守自己的諾言的。」1984年12月19日中英雙方正式簽署關於香港問題的聯合聲明，香港《文匯報》除完整轉發新華社新聞報道，還大量援引西方各大新聞社的新聞報道，並圖文並茂刊發赴京特派記者團的現場報道。

上世紀八十年代，中國改革開放伊始，各方面都小心翼翼地「摸著石頭過河」，新聞媒體的開放更為有限。作為愛國媒體的香港《文匯報》相比之下具有不言而喻的優勢，在新聞報道、高官採訪以及花絮上，在香港諸多媒體中領先一籌，令其他香港媒體稱羨不已。這一時期，香港《文匯報》負責北京政治新聞的幾位記者，都成為香港新聞界的名人，社會各界十分關注這幾位記者自北京發出的報道。

二、聚焦基本法制定工作

進入過渡期，香港前途面臨的首要問題是起草一部香港回歸後規範香港特區運作的法律，即「香港特別行政區基本法」。香

港市民甚至全世界都關注中國政府如何開創世界先例，制定一部
憲制性法律，保證在社會主義制度國家框架之內，存在資本主義
特別行政區並行發展。自1985年7月六屆全國人大常委會第十一
次會議通過由59人組成的基本法起草委員會，7月1日基本法起
草委員會召開第一次會議，到1990年4月4日，七屆全國人大三
次會議通過香港特別行政區基本法，基本法起草歷時四年八個
月，三易其稿，凝聚了香港和內地的智慧心血，終於制定了堪稱
先例的憲制性法律文件。正如鄧小平指出的，「寫出了一部具有
歷史意義和國際意義的法律」，「這是一個具有創造性的傑
作」。香港《文匯報》這一時期的密集報道反映了中國政府如何
克服各種障礙，根據《中英聯合聲明》，把對香港實行的12條政
策在制定香港基本法的過程中一步步具體化、法律化。

　　1985年7月1日，基本法草委會在北京召開第一次會議，香
港《文匯報》在其專電中報道，會議在人民大會堂一樓西會議室
舉行，56位委員出席，3人缺席。並指出，「12年後的今天，同
祖國分離了一個半世紀之久的香港，就要重新回到祖國的懷抱，
成為中華人民共和國的一個特別行政區。」草委會的任務，「就
是根據中華人民共和國憲法第31條和中英聯合聲明中我國政府對
香港的方針政策的有關規定（即12條），本著維護國家主權，保
持香港的穩定和繁榮的原則，在廣泛徵詢和聽取香港各界同胞意
見的基礎上，進行基本法的起草工作。」「預計五年完成，將三
上三下，廣徵港人意見。」

　　1986年4月19日，香港《文匯報》以「本報採訪組」名義報

道，「基本法起草委員會第二次會議今天早上9時在人民大會堂
舉行開幕大會」，稱「基本法初稿後年提出，起草工作要適當加
快」，起草時「須全面準確體現『一國兩制』方針」。4月22
日，香港《文匯報》刊發「本報採訪組」報道，稱「對於香港起
草委員會強烈要求的幾項修改意見，今晨基本法起草委員會在分
組討論中初步達成了一致意見。」「幾位昨天表示可能投反對票
的香港委員，今天分別表示若大會接納他們較重要的修改意見，
明天他們會支持最後的草案修改稿，放棄投反對票。」11月30
日，香港《文匯報》刊發本報記者報道，草委會第三次全會在北
京開幕，「聽取了五個專題小組的工作報告，及提出了關於香港特
別行政區區旗、區徽的徵集和審定辦法草案。」

　　1987年4月14日，香港《文匯報》記者組報道，草委會第四
次會議開幕，姬鵬飛主任在開幕詞中強調「一國兩制」，「指出
這是既定國策，任何情況下都不會改變」，會議著重討論『關係
專題小組』和『居民專題小組』的工作報告。4月17日，香港
《文匯報》報道鄧小平會見出席基本法起草委員會第四次全體會
議的委員，並刊發了鄧小平會見時講話的詳細摘要，鄧小平表
示，「我們『一國兩制』能不能夠真正成功，要體現在基本法裏
面。」「『一國兩制』50年不變，……50年以後更沒有變的必
要，……我們對內開放和對外開放政策也不變。」「我們……對
香港澳門的政策，是在堅持四項基本原則的基礎上制定的政策，
沒有中國共產黨，沒有中國的社會主義，誰能搞這樣的政策？」
12月19日，香港《文匯報》記者採訪起草委員會秘書長李後，表

示「過去一年的起草工作，既緊張又富有成果，……明年基本法初稿公布後，將進行繁忙的意見徵集工作，詳細計劃將在第七次全體大會制定。」

1988年4月14日，在基本法草案公布前夕，香港《文匯報》刊發綜述，回顧基本法起草歷程，指出「草委會成立兩年多來，初略計算大小會議69次，會議日220多天，85年12月，草委會主任姬鵬飛訪港，此外，86年1月，草委會副秘書長魯平帶領專家組來港收集意見，歷時一個月；同年7至8月，草委會5個專題小組的內地委員分別訪港聽取意見，每批為期半個月。基本法諮委會六批內地交流團，香港各界社團的交流團……列舉數字是枯燥的，但是北京投放了大量的人力、物力及時間資源草擬基本法，卻可以在枯燥的數字中有所反映。」

到1990年2月13日，香港《文匯報》駐京記者報道，起草委員會第九次全體會議在京一連五天舉行，將通過向全國人民代表大會提交基本法草案修改稿及香港特別行政區區旗區徽圖案（草案）。2月17日，香港《文匯報》報道，「基本法（草案）今日全部獲得通過。」2月18日，香港《文匯報》記者報道，「鄧小平今天會見了參加香港基本法起草委員會第九次全體會議的全體委員，對他們表示了祝賀和謝意。」鄧小平指出，剛剛獲得草委會通過的香港基本法草案「具有歷史意義和國際意義」，「這個歷史不僅指過去和現在，而且包括將來。」所謂國際意義，不僅對第三世界，而且對全人類都具有長遠意義。「把這樣一個文件搞成功，這是個創造性的傑作。」4月5日，香港《文匯報》記

者組報道，「七屆全國人大三次會議今天在北京閉幕，會議以2660票贊成，16票反對，29票棄權，8人未按表決器的結果，通過了《中華人民共和國香港特別行政區基本法》。當萬里委員長宣布通過時，會場響起了持續半分鐘之久的熱烈掌聲。

　　草委會中香港委員的表態，是香港市民關注的焦點。1985年7月18日，草委會第一次全體會議後不久，在港的委員即舉行會議，香港《文匯報》即做出報道，稱「多位草委向記者表示，會議的氣氛很好，討論認眞而深入，有些問題已獲結論，未達結論的，將會在下一次會議再討論。」香港《文匯報》同時報道了此次會議的一些花絮，稱「衆老記猛拿鏡頭，各草委定過抬油。大哥誠衝出重圍，毛鈞年壓住陣腳。」12月，草委會主任姬鵬飛訪港，12月15日，香港《文匯報》報道，25位香港草委會委員會見姬鵬飛。12月20日，香港《文匯報》報道姬鵬飛答謝宴會的有關內容，指姬鵬飛和港督尤德的致辭，回顧了過去一年來貫徹執行聯合聲明過程中香港取得的成就，「充滿融洽氣氛的宴會本身，就是過去一年來進展的最佳寫照。」「難怪賓主在席間頻頻舉杯，共祝新的一年有更大成績。尤德、鄧蓮如等更酒興甚濃，一口就乾了滿杯的茅台，激起全場的掌聲。」1986年2月7日，香港《文匯報》就魯平訪港徵求港人對起草基本法意見，發表題爲「望北京以港人的意見爲依歸」的綜述，摘錄報道了本港各報的有關社評或評論。在基本法起草期間，草委會設立的各個專題小組也開展了許多徵集意見和諮詢活動，香港《文匯報》同樣重視報道，使讀者全面知悉。

香港社會各界爲配合基本法的起草，向草委會積極而有組織地反映香港市民對基本法的所想所願，在中央政府和草委會的支持和幫助之下，成立基本法諮詢委員會。諮委會在基本法起草過程中，發揮了重要作用，也得到香港市民的關心。香港《文匯報》順應民意，積極及時報道了諮委會的有關新聞，尤其是在諮委會籌建過程中，香港《文匯報》給予了及時跟進。1985年7月24日，草委會第一次會議剛結束不久，香港《文匯報》就報道，「基本法諮詢委員會的章程草擬小組昨日召開第一次會議，……將根據中英聯合聲明、草委會第一次會議文件及諮委會召集人第一次會議的精神草擬章程，……諮委會成員將以被邀請方式加入。」1987年11月5日，香港《文匯報》報道，「基本法諮詢委員會執行委員會舉行第十五次會議，互選出梁振英及高苕華分別擔任秘書長及副主任。」「函邀鄭耀棠唐翔千加入執委會」。1989年1月13日，香港《文匯報》報道，草委會主任姬鵬飛表示，全國人大常委會公布了基本法（草案）之後，一定會再次諮詢香港人的修改意見。1989年1月15日，在基本法第二次諮詢期間，香港《文匯報》報道，「行政局首席議員鄧蓮如昨日呼籲本港各論政團體爲本港的利益著想，在基本法第二次諮詢期內尋求政制發展的一致意見，她相信港人的共識會得到基本法草委會的尊重。」7月21日，香港《文匯報》報道，「諮委會執委會昨日宣布，基本法諮詢工作恢復，希望港人共同努力，定出一部良好的基本法，呼籲踴躍發表意見。」8月15日，香港《文匯報》刊發評論，論述「新形勢下基本法諮詢工作的特點」，對當時港人

關心的一些關係香港的時事熱點，一一作出解釋或評述。1990年
2月19日，香港《文匯報》報道，「中間派七團體昨日就基本法
起草委員會通過的政制最後方案發表聲明，認為最後方案雖未如
理想，但基本上可以接受」，「要力爭完善四項有待商榷的問
題」。

總體而言，在基本法起草的四年多時間裏，由於起草委員會
的正式會議基本在北京召開，香港《文匯報》堅持發揮自己在北
京設有記者站派駐常駐記者的優勢，利用和國家相關機構的良好
關係，對基本法起草的進程給予充分的跟蹤和詳細權威的報道。
同時，對基本法委員會在香港的活動，以及與起草密切相關的其
他活動，香港《文匯報》也投入巨大資源，密集報道。因此，香
港《文匯報》關於基本法起草的新聞報道，成為香港媒體中最為
全面、權威的消息，受到香港及國際的持續關注，也贏得香港市
民的歡迎。

三、反對彭定康的倒行逆施

1992年，末代港督彭定康上任後，不惜違反《中英聯合聲
明》，在香港以推行「民主」為幌子，提出所謂「憲制改革方
案」，妄圖在香港回歸之後埋下「釘子」。1992年10月，彭定康
在其到任後的第一份施政報告中，提出所謂的憲制改革方案。10
月9日，香港《文匯報》就刊發多篇報道、特稿和述評，質疑批
評彭的方案，「政制變動大不利過渡，社會人士質疑批評，指施
政報告中對中英關係會造成損害」。同日，香港《文匯報》的其
他報道的題目為：「彭定康的五點錯誤估計，李明坤擔心實行其

建議會引政制危機」，「彭定康留影響跨97，港人須付出不輕代價」，「新華分社發言人就政制發表重要談話，英方做法有違聯合聲明」。從上述報道的時間、內容、標題等，可以看出香港《文匯報》在其發布政制改革開始，迅速刊文分析質疑，之後或引用新華社文章，或自行撰寫，通過多種形式全方位對彭定康的改革方案進行抨擊。到1992年底，短短數月，香港《文匯報》共發表社論32篇，專論54篇，短論20餘篇，大小文章329篇，還有大量的新聞報道、讀者來信、市民心聲等，同時還編輯出版三個專題的新聞資料。兩整版「彭定康政改方案違背聯合聲明和基本法的資料對比」，四整版「政制銜接平穩過渡是香港最大民意」，在輿論上既形成揭露批判彭定康政改方案的浩大聲勢，又針對港人的疑惑和期望，做出合情合理的詮釋和解答，從而有利於爭取港人支持。

　　在整個後過渡時期，彭定康及英國政府除了拒絕收回其違背聯合聲明的政改方案，還不時在政制銜接等方面挑起衝突，香港《文匯報》當仁不讓地擔起輿論鬥爭的主力責任，與違背中英聯合聲明、阻撓香港順利回歸的勢力，展開圍繞政改方案的輿論鬥爭。1993年10月21日，香港《文匯報》報道，立法會議論彭定康的第二份施政報告，議員指出，「英國政府統治香港150年，直到現在才突然在香港搞『民主』，是英國政府的無賴行為」，「大部分議員均認為施政報告內有關港政制發展的條文對解決目前中英談判僵局及協助本港平穩過渡全無幫助。」12月4日，香港《文匯報》報道，中方表示，「在中英未達成協議情況下，立

法局通過任何選舉法案，中方不接受，將另起爐灶。彭定康稱希望談判，實際是騙局。」這一時段的報道，香港《文匯報》準確突出表明中方的態度、立場，在新聞報道中始終保持大篇幅刊載中方的講話、表態。同時，還組織社會各界對彭定康的各種「小動作」進行批判，在輿論上向英方施壓。

進入臨近回歸的1995和1996年，香港《文匯報》始終對彭定康違背中英聯合聲明的一系列倒行逆施保持高壓批判態勢。例如1996年10月4日，香港《文匯報》刊發評論，指彭定康的最後一份施政報告是「拂逆民心，挑起爭議」，「公然違背香港人的意志，置香港人的利益於不顧，……公然再一次居心叵測地製造香港人的所謂信心危機，並挑起事端，鼓動港人與中國政府對抗。」10月17日香港《文匯報》刊發了立法局議員批評彭定康最後一份施政報告的妙語輯錄，如「港督不但能言善辯，而且對玩弄政治花式，偷換概念，以及反黑為白的伎倆，可謂是武林高手。」這一階段，香港《文匯報》乘勝追擊，繼續揭露彭定康「政改」的本質，著重宣講即將回歸之際的香港政制過渡安排，讓讀者了解中方在政制方面的預先部署。

總括而言，12年左右的過渡期中英雙方鬥爭不斷，中國政府堅持「以我為主」方針，最後實現了香港順利平穩的回歸。這一時期，中英雙方的輿論鬥爭「刀光劍影」，讓民眾眼花繚亂。香港《文匯報》以犀利精闢的言論，及時準確的新聞，系統深刻的分析，在愛國愛港陣營和廣大香港市民中贏得威信，被讚譽為「愛國愛港媒體的旗艦」。

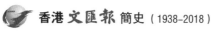

四、籌劃與報道香港回歸祖國大典

　　1997年7月1日，依照《中英聯合聲明》既定時間表，香港結束12年的過渡期，順利回歸祖國。回歸典禮是一場彪炳史冊的盛典，標誌著英國終於結束在香港150餘年的殖民統治。這場盛典更標誌著中國人民一洗150餘年的民族恥辱，在中國近代史上第一次收回自己的領土，香港再不受殖民統治，600萬香港同胞可以理直氣壯宣稱自己是中國人。因此，7月1日的回歸大典為全國人民和香港同胞關注，也為全世界所關注。中英雙方、香港各界為此都付出極大努力，將這場史無前例的回歸大典呈現得精彩絕倫。回歸大典對新聞界也是一個巨大挑戰，成為媒體行業內部一次激烈的競賽。如何將回歸大典及時、準確、完整地向受眾展示，是一場艱巨的考驗。

　　自1996年起，香港《文匯報》就開始籌劃回歸大典的報道，全報社統一組織指揮，協調各部行動，集體研究方案，在回歸大典的新聞報道中，全面領先於香港其他報紙，贏得了香港同胞和國內各界各方面的高度讚譽。

　　一是新聞信息及時全面。

　　對於籌備香港7月1日回歸大典新聞，香港《文匯報》從1996年就開始有組織有計劃地進行採訪。1996年，香港《文匯報》先後對北京舉行香港回歸倒計時活動詳細報道，並陸續採訪內地有關主管部門，披露籌備回歸大典有關消息。進入1997年，有關新聞更加密集，內容逐漸具體，不僅中方的情況，港府和英方的籌備也時時披露。1997年4月5日，香港《文匯報》報道

「英國官員透露，中英已達成協議，從現在開始邀請大約3200名嘉賓出席香港回歸中國的政權交接儀式，其中包括400位國際嘉賓，而這些國際嘉賓中，有一部分是外國政府的部長級官員和國際組織的首腦。」6月16日，香港《文匯報》報道新聞媒體行業籌備採訪回歸大典的情況。稱回歸慶典的新聞中心佔用會展中心七層，超過9000平方米，供電子傳媒使用的150餘個工作間，文字傳媒有工作間80餘間，大廳內還有600個座位，24小時開放。已經申請採訪的超8000名記者，其中有2800餘名本港記者，來自日本的1300人，美國的1000人，英國的700人，內地的600人。港府在未來三周安排超過70項的採訪活動。

7月1日的回歸盛典，香港《文匯報》重點詳細報道中國領導人的講話、活動和交接儀式盛況，並配發大量彩色照片。當天，香港《文匯報》報道，「江澤民率團抵港參加慶典」，「江澤民和李鵬微笑著走出機艙，⋯⋯這是中國最高領導人首次踏上這塊一個半世紀以來處於英國殖民統治之下的中國領土。」7月2日，香港《文匯報》詳細報道政權交接儀式和特區政府的成立典禮，在特區政府成立典禮的報道中寫道，「昨天是香港邁入了新的歷史紀元的第一天。在這舉國歡騰，普天同慶的時刻，香港特別行政區政府舉行盛大而隆重的慶祝特區政府成立典禮，出席的嘉賓有4600多人。」此外，還詳細報道了江澤民和特區第一任行政長官董建華的講話。7月2日，香港《文匯報》又報道了北京歡慶香港回歸祖國的盛況，「10萬人的歡聚，18000人的熱情表演，──歡慶香港祖國大會在這裏掀起一個香港回歸慶典的高

潮。」

二是系列報道全面立體。

香港《文匯報》關於回歸慶典的新聞報道，除7月1日凌晨舉行的盛大交接儀式和特區政府成立典禮外，還涵蓋相關方方面面。例如關於人民解放軍接管香港防務的新聞，既有從全港整體角度出發的綜述，也有從一個哨位看的特寫，既有從官方角度編寫的新聞，也有採訪香港市民感受的報道。7月1日，香港《文匯報》報道，「解放軍已執行香港防務，駐港先頭部隊零時與英軍接防，14營區悉升五星旗」。7月2日，香港《文匯報》報道，解放軍駐香港部隊的主力部隊，「6時50分，駐港部隊的車隊開始進入馬會道，公路兩側的人群立即歡呼起來，鼓樂齊鳴。——並將一塊寫著『威武文明之師』六個大字的牌匾獻給駐港部隊，長5英尺，高2英尺」。同時，還報道了駐港部隊海軍、空軍的進駐。7月6日，報道香港工聯會舉行盛大晚會，慶祝回歸。接著又報道一系列香港各愛國社團的慶祝大會、酒會。此外，在回歸過程中勞苦功高的香港警隊和港府公務員也被列為報道的重要對象。8月1日，香港《文匯報》報道，行政長官董建華「昨日向負責統籌交接儀式及有關活動的公務員表示感謝，而公務員的優良表現深受中央領導人及國際人士擊節讚賞，他們所做的貢獻和努力將永誌香港的史冊」「特區政府昨日在前港督府舉行香港回歸慶祝活動的祝捷酒會，約300名公務員出席」。

三是花絮背景獨家披露。

新聞事件報道配置相應花絮或背景報道，可使新聞豐富多

彩，吸引讀者。香港《文匯報》在7月1日的回歸報道中，配發
了一定數量的花絮和背景新聞，讓讀者從更多角度了解回歸慶
典。1997年1月12日，香港《文匯報》報道，「在本港市面上，
以『97』為題材的紀念品不斷湧現，真可謂各式各樣都有。⋯⋯
除了——信用卡及電話卡之外，更有⋯⋯手表、匙扣、筆座、手
電筒、帽子、毛巾、各款襟章、原子筆，甚至砌圖等等。⋯⋯這
些『回歸紀念品』現已成為人們喜好收藏的一股『熱潮』。」而
早在6月13日，香港《文匯報》報道，港府表示，「至今已有10
間商業機構合共提供870多萬元的贊助，為採訪交接儀式的中外
記者提供所需設施，包括電訊器材、刊物及紀念品。」6月14
日，香港《文匯報》報道了各省自治區和直轄市祝賀香港回歸所
送厚禮的清單。6月26日，香港《文匯報》報道，「警方昨日正
式接手交接儀式會場的保安工作，300名警員由昨日起24小時駐
守在會展新翼內各地方」，「近百名解放軍儀仗隊進入會展綵
排」等。

　　四是彩色版面靚麗矚目。

　　1997年7月1日香港《文匯報》出版58大張232版，全方位
見證香港回歸祖國這場舉世矚目的歷史盛事，當日版面更以粉紙
精印1000本，每本有獨立編號，作為回歸紀念品。當天香港《文
匯報》的版面設計首頁使用兩大版做彩色跨版，用道林紙（香港
稱粉紙）印刷。當日《文匯報》出版了兩次號外。「7·1」之
後，還不斷有人求購7月1日當天的香港《文匯報》。

　　五是廣告版面領先全港。

7月1日，香港《文匯報》慶祝回歸的廣告版面，領先香港各報，創造了新的歷史紀錄。當日廣告版面達230餘版，絕大部分為彩色廣告。香港各大社團、商會、公司、銀行、機構，幾乎全在香港《文匯報》刊登慶祝廣告。內地省市自治區中與香港聯繫密切的企業、公司，也以全版特刊的形式在香港《文匯報》刊登祝賀廣告。無論從版面設計，圖片配發和印刷質量，7月1日的香港《文匯報》廣告都堪稱一流。當天全份的香港《文匯報》，厚實豐富，展示了香港《文匯報》的雄厚實力，給市民留下深刻印象。

第五章

堅守愛國愛港立場　推進「一國兩制」實踐

（1997-2018）

第一節

提出發展新理念　開拓發展新局面

香港回歸祖國後，迎來發展的歷史新紀元，香港《文匯報》也開啓了新的發展階段。21世紀初起，香港《文匯報》在激烈的報業競爭和政經新態下，努力走創新發展、貼近社會、貼近讀者之路，推出了一系列全面革新措施，面貌煥然一新。2009年，香港《文匯報》確定了「文以載道、匯則興邦」的價值觀念，進一步明確以促進香港的人心回歸、推進兩地經貿文化融通、探索「一國兩制」條件下的媒體運行規律爲自身的三大職責。2016年，香港《文匯報》又與香港《大公報》整合組建大公文匯傳媒集團，「世界華文媒體旗艦」的地位得到進一步鞏固。

一、加快信息化建設　持續推進媒體轉型與融合

香港《文匯報》地處國際化大城市香港，得技術創新風氣之先。1996年，香港文匯網（www.wenweipo.com）以文匯報電子版的形式，在香港回歸前夕正式上線。2000年後，香港《文匯報》開始加快報社信息化建設，取得了令海外同行矚目的進展。如引入方正採編系統，投資購置數碼攝影器材，並開發了文字和圖片數碼資料庫，令編輯部和資料部門的工作效率大大提高；報社辦公全部實現電腦化，並且電腦設備也不斷升級換代，完成了廣告、財務、辦公室等幾個應用系統的建設和升級改造；採用光纖網，並設立了資訊技術部。同時，香港《文匯報》網站也進行了數次比較大的改版，無論是形式、功能還是用戶界面、訪問量，都實現了飛躍。①

①　《海外華文報紙信息化在困難中前行——＜香港文匯報＞張國良社長訪談錄》，《中國傳媒科技》，2006年第1期。

2004年後，香港《文匯報》開始啓動報紙歷史版面的數碼化工程。這一工程歷時兩年半，涉及1948–2003年間共43萬個報紙版面，可檢索文字21億字。依託報紙數碼化，該報成爲香港首家完成歷史報紙數碼化的報紙，具有全文檢索、組合檢索、圖片檢索、廣告檢索、版面檢索、檢索統計六大檢索功能，有極高的數據價值和歷史參考價值。

　　2009年，香港文匯網轉型改版爲綜合性傳媒網站，成爲香港最具權威性和點擊量最高的綜合性傳媒網站之一。據Alexa網站統計，香港文匯網點擊率穩居香港報業網站前三甲，單日訪問量峰值曾突破2200萬人次。香港文匯網秉承「全面、客觀，及時、準確」原則，充分整合海內外的新聞資訊，並強化與網友的互動交流，使文匯網成爲兩岸三地綜合性新聞網站及全球華人交流溝通的重要平台。

　　香港《文匯報》也加快新媒體建設步伐，增強在移動互聯時代的擴大影響力。2010年12月到2011年12月，基於iOS和Android平台的移動客戶端相繼上線，在傳統媒體中可謂捷足先登。2012年11月，香港《文匯報》正式成立新媒體中心，大力推動報網互動，充分整合信息資源；延伸新媒體平台產業鏈條，擴大覆蓋領域和傳播形式，充分發掘新媒體的自身價值。2013年3月2日，《文匯報》報頭正式使用二維碼，實現掃碼閱讀報紙電子版。2014年10月10日，香港《文匯報》推出「雲報紙」，成爲香港第一家具備「雲出版」能力的報業機構。此外，香港《文匯報》的官方微信、新浪官方微博和臉書（Facebook）官方帳戶、

《早安香港》等一系列新媒體平台進一步豐富了多元化的新媒體矩陣，形成了立體化的傳播格局。

　　與技術設施的不斷改進相適應，香港《文匯報》的發展理念也日漸完善。2006年，香港《文匯報》在廣泛徵求意見的基礎上開始啓用視覺識別系統（VIS）——「龍行天下」。整體圖案借助龍的抽象圖像，以飄逸筆法顯出不凡張力，氣勢渾厚天成，無形間透發出深厚的文化氣息，內涵深遠。以龍爲內核的中華文化，歷史悠久，源遠流長，影響範圍涵蓋全世界。「龍行天下」宛若奔騰向前的姿態，象徵中華民族積極樂觀的精神面貌，勇往直前，銳意進取，與香港《文匯報》求是創新的精神相一致，激發報社同仁不斷向上。從此報頭、名片、運報車等都見「龍行天下」的標識。

　　2009年，香港《文匯報》確定以「文以載道、匯則興邦」作爲報社的價值理念。這一理念旨在全面、客觀、準確地報道新聞事實，以有效傳播國家民族理念、履行媒體責任爲依歸；以「海納百川」的胸襟，匯聚各方才智，充分整合資源，爲民族復興盡職盡責。

二、加強業務建設　開拓海外合作

　　回歸以來，香港《文匯報》在新聞報道業務方面銳意改革，全力融入香港社會，聚焦香港市民關心的熱點問題，貼近香港社會脈搏，全方位報道香港政治、經濟、民生新聞，追蹤記錄香港社會的風雲變幻，努力做到突顯自己的角度和特色，文字深入淺出，版面豐富多彩，編排精美大方，贏得香港社會菁英的認同和

喜愛。有關國家和內地的新聞報道，以權威、獨家、準確和深刻而享譽香江乃至海內外。有關中國政治、經濟、軍事和文化各方面的最新動向，香港《文匯報》都能通過與權威部門、消息人士的良好關係和遍及全國各地的30多個辦事處網絡，迅速準確地將第一手信息傳遞給海內外讀者，經常以獨家震撼性的報道引領香港乃至全球輿論。該報社評被香港電子媒體引用的數量，始終高居本港報章前列；論壇版一向以視角多元、政治敏銳、代表性與包容性兼備著稱，作者隊伍多為社會各界知名人士、專家學者，也有不少社會各層面的長期夥伴，借論壇版各抒己見。

2013年3月1日，全國政協授權該報主辦的《人民政協》專刊正式創刊，每逢周四出版，以國家情懷、香港視角、國際視野，全方位報道人民政協事業的改革、發展和協商民主制度的健全、進步，聚焦政協委員特別是港澳委員「政治協商、民主監督、參政議政」的灼見、建樹和風采，已逐漸成為各級各地港澳委員建言獻策、交流互動、凝聚合力的新平台。此外，香港《文匯報》的港聞、國際、財經、教育、副刊、娛樂、體育等不同類別的版面，都注重貼近社會、貼近讀者，以豐富的信息、多元化的題材、深入的報道，贏得了社會各界的好評。該報在選題策劃、採寫報道、版面設計等方面都具有較高的專業水準，連年在香港新聞界最高評獎——「香港報業公會年度新聞獎」評選中，獲得大量獎項。而這些成績的取得，與報社內部對業務建設的重視是分不開的。值得一提的是，自2011年起香港《文匯報》曾連續4年舉辦報社優秀論文徵文比賽。論文比賽緊緊圍繞探索「一

國兩制」下的新聞運作規律，收到論文共計200多篇，評選出優秀論文50篇，集結成冊，為香港《文匯報》的業務研究和發展積澱下寶貴的財富。

在2016年整合加入大公文匯傳媒集團前，香港《文匯報》在內地各省（自治區、直轄市）設立了31個分社、辦事處；每日出版約60版，除在香港、九龍、新界的各銷售點發售外，還在「百佳」、「7-11便利店」、「OK便利店」、「華潤萬佳超市」等分布廣泛的大型超市和零售點發售。此外，香港各大酒店和三百餘間學校、航空公司、輪船公司、巴士公司等，都大批訂購當日報紙。同時香港《文匯報》是經國家特別批准進入內地發行的少數香港報紙之一。每天經過空運銷往內地的城市包括京、津、滬、渝四個直轄市及所有省會城市，深圳、珠海等沿海開放城市。2014年8月1日起，香港《文匯報》為進一步擴大社會影響力，還開始發行贈閱版。同時頭版版式亦相應改觀，將要聞與導讀兩大元素相融合，突出頭版導讀功能，並美化版面設計。贈閱版總版數為7大張28個版，根據贈閱目標受眾的不同特點，分為校園贈閱版和面向其他目標讀者的社會贈閱版兩類。贈閱版推出後，香港社會反響良好，香港《文匯報》讀者覆蓋面不斷擴大。此外，香港《文匯報》也是極少數獲准直接在中國內地承攬廣告業務的香港報刊，憑藉兩地及海外發行優勢，所刊廣告的影響力為香港其他平面媒體所無法比擬，且廣告、特刊製作素質專業優良，成為各地政府和知名企業形象、品牌宣傳的重要選擇，也成為內地企業進入香港、走向國際的重要宣傳平台。

　　經過多年的苦心經營，香港《文匯報》的業務不斷朝著集團化、多元化方向發展。如在報道內地各省市、中央各部委企業經貿動向、投資環境變化的同時，更依託在內地各省、市、自治區的強大資源，以及海內外新聞資訊網絡和香港人脈優勢，致力於策劃、組織、承辦各種招商、培訓、展覽等大型活動，2015年前內地超過80%的來港招商活動均由香港《文匯報》承辦，共組織了逾500場在海內外具有廣泛影響的招商活動，既獲得眾多客戶的高度評價和信賴，也為促進兩地經貿文化交流做出了貢獻。2012年香港文匯管理學院成立，該學院組織內地政府機關、企事業單位等赴港培訓，在政治、經濟、文化、科技等眾多領域培訓了逾萬名優秀公務員和管理精英。

　　進入新世紀後，香港《文匯報》銳意發展海外及境外市場，拓展相關合作。2004年12月9–12日，由香港《文匯報》主辦、9家海外華文媒體協辦的第一屆「香港文匯報國際合作研討會」在北京新聞大廈會議廳隆重舉行。此後香港《文匯報》每年都與海外華文媒體舉辦合作研討會，並於2009年在加拿大多倫多舉行的第五屆香港《文匯報》國際合作研討會上簽署《共同宣言》，成立了「海外華文傳媒合作組織」。目前該組織成員已發展至近百家，遍布世界五大洲。在此基礎上，香港《文匯報》與其中部分成員合作出版海外版，迄今已成功創辦了「東南亞版」、「菲律賓版」、「西馬中華財經版」、「東馬砂拉越版」、「英國版」、「歐洲商務版」、「台灣專版」、「韓國版」、「美洲商務版」等33個海外（境外）版，發行網遍布全球，每日總銷量超

過200萬份。該報的大量精彩報道同時在亞洲、美加、歐洲、非洲、大洋洲國家和地區見報，引起了海外讀者的廣泛關注。

此外香港《文匯報》還與澳洲墨爾本《聯合時報》、日本東京都《留學生新聞》、美國科州《中美郵報》、意大利《世界中國》等57家海外（境外）媒體建立合作關係，分別在新聞資源共享等方面進行多方位合作。

三、開展公益公關活動 增強社會影響力

除了在新聞報道上履行媒體責任，香港《文匯報》還積極舉辦及參與各種具有積極意義的社會活動，推動社會的進步和發展。如香港《文匯報》與九龍總商會聯合發起的「特區政府施政十件大事評選」已連續十多年舉辦，共有26家傳媒機構主辦、63個團體協辦。市民大眾通過網站、郵寄、傳真等方式參加評選，參與評議和監察政府施政；政府亦可透過每一年的評選結果，掌握社情民意，了解市民的關注點，令施政更切合民情，「特區政府施政十件大事評選」 已經成為市民與政府溝通的互動平台。2009年國慶期間，香港《文匯報》發起主辦大型系列評選活動及慶祝活動《影響中國》，頒發了傑出貢獻人物獎、特色魅力城市獎、慈善愛心企業獎等6大系列獎項；2012年香港《文匯報》與海外華文傳媒組織共同發起「光耀香江」香港回歸15周年大型評選活動，評選出「15件重大新聞事件」、「15位功勳人物」、「15座榮耀城市」，受到了國內外各界的關注。

同時，香港《文匯報》注重社會公益事業，尤其致力於推動香港青年認識國情，增進對國家和民族的歸屬感。2005年10月

20日，在國家有關部委、香港中聯辦、香港特區政府的支持下，香港《文匯報》牽頭組織「未來之星」國情交流活動，並在其後成立了「未來之星同學會」。該項活動的宗旨，是組織及推動香港青少年認知祖國；推動香港與內地青少年的聯誼和交流，讓更多香港青少年深入了解國家發展戰略和內地社會、政治、經濟、教育、科技等領域所取得的成就，了解國家創新、創業發展動態；促進香港與內地青少年之間的合作，攜手共謀發展；培養和凝聚對國家、對香港有承擔、有抱負的香港年輕一代，幫助他們實現成為香港和國家「未來之星」的理想。成立十餘年來，「未來之星」組織各類交流、實習活動，帶領香港青少年深入內地，多角度、多層面了解祖國歷史、感受祖國日新月異的發展變化，組織青年學生赴內地多個城市舉辦「未來之星考察交流團」、「未來之星—中國國情教育培訓班」、「未來之星—香港傳媒專業大學生國情課程班」等系列活動數百次。在本港，「未來之星同學會」亦通過各類聯誼活動不斷凝聚共識、增進感情。目前，「未來之星同學會」已擁有4000餘名會員。從2012年開始，香港《文匯報》還連續多年舉辦全港學生中國國情知識大賽，成為香港學界的盛事。

汶川大地震中，四川省丹棱縣何場中學的教學樓、教師宿舍、廚房和廁所嚴重受損，不能使用，全校600多名師生只能擠在空間狹小的綜合樓內上課。香港《文匯報》募集400萬元港幣援建該校，僅用一年的時間，就在何場中學原址上重新修建了一所質量一流、寬敞明亮、功能齊全的新學校，並將原先的何場中

學和楊場中學合校更名爲文匯中學，該校的學生人數突破了1000人。2009年8月四川文匯中學正式建成，並於該年9月1日正式開學啓用。2014年8月3日，雲南魯甸發生6.5級地震後，鄢家村小學的師生們無法再回到原來的教室學習。報社捐資50萬港元建新校，2016年9月新校舍「文匯樓」傳來朗朗書聲。

香港《文匯報》熱心公益，社會影響力日漸提升，其中2009年「六一」兒童節前夕的報道《全國20萬孤兒未得救助》是一個典型例證。這篇報道驚動中南海，獲得時任國家主席胡錦濤的關注，並直接推動了國家孤兒救助制度的完善。2009年5月31日，香港《文匯報》北京新聞中心記者報道了中國兒童少年基金會「關愛孤殘兒童行動」發布的《中國孤殘兒童生存狀況報告》，其中透露「目前全國僅有6.9萬名孤兒生活在兒童福利機構中，29.3萬人得到了國家制度性救助，除此之外，尚有20萬孤兒沒有得到經常性的制度救助。」報道還指出，相關的調查反映，一些地方的孤兒在父母去世三四年後一直沒有固定照料者，小一點兒的孩子就在村裏吃「百家飯」，獨自居住在父母留下的房子中；大一點兒的孩子則外出做童工或流浪，過著有一頓沒一頓的日子，乏人照料，處境堪憐。一篇僅800多字的特稿，以及配圖上那個「被遺棄12次的孤兒阿寶」，牽動了廣大海內外讀者的心，也第一時間引起了國家主席胡錦濤的高度重視。他閱報後立刻作出批示，要求民政部門核實情況，研究解決辦法。2009年6月，民政部連續發布了《關於制定社會散居孤兒最低養育標準的通知》和《關於制定福利機構兒童最低養育標準的指導意見》兩個

文件，中央有關部門亦密鑼緊鼓制定全國最新的孤兒最低撫育標準，並計劃較大幅度提升此項保障制度，達到每名孤兒每月有600元至1000元的撫育費，使內地孤兒的生活得到長期的制度保障。當時負責該福利政策制定的民政部社會福利和慈善事業促進司司長王振耀說，「從2008年開始，民政部福利慈善司就在著手推動完善孤兒救助體系，香港《文匯報》的報道刊出後，再次引起胡主席對孤兒的關注，加快了國家孤兒救助制度的完善。因此在客觀上，正是你們的報道，催生了中央救助孤兒制度的出台。」①

此外，該報旗下的香港文匯國際公關顧問有限公司還積極策劃並舉辦了一系列深具社會影響力的大型公關活動，如「中國外交55周年成就展」、「爲中國喝彩大型綜合文藝晚會」、「慶祝香港回歸祖國15周年《愛在香港》大型文藝晚會」等活動，均以規格高、規模大、影響廣的特點深受特區政府、媒體及社會各界的普遍關注。香港文匯國際公關顧問有限公司還積極組織各類展覽、論壇講座、書畫展、品牌推廣、文化藝術交流等活動，與香港各界、各商會、社團建立長期密切友好關係。如2008年歷時3個多月的「精彩瞬間　永恆奧運·香港2008奧運圖片巡展」在香港共舉行了9場巡迴展，2008年11月的「改革開放30周年圖片展覽」展出逾百塊展板，包括了500幅圖片，重溫國家改革開放走過的道路，加深香港市民尤其是年輕人對國家的認同感。2014年8月，爲了紀念鄧小平誕辰110周年，在香港舉辦「光輝歷程——紀念鄧小平誕辰110周年」大型展覽，展覽特別精選了鄧小平不

---

① 《胡主席情牽孤兒》，香港《文匯報》，2010年5月31日，A1版。

同歷史時期的400多幅精彩圖片以及部分珍貴文物，全面展示了鄧小平在中國革命、建設、改革開放不同歷史時期的精神風貌和偉大貢獻。

四、組建大公文匯傳媒集團　打造世界華文媒體旗艦

2016年1月27日，由香港《文匯報》與香港《大公報》整合組建的香港大公文匯傳媒集團正式成立。這是兩家報紙順應媒體融合發展的潮流，為實現資源整合、優勢互補、錯位發展而採取的主動轉型和自我革新舉措。大公文匯傳媒集團成立以後，推出一系列改革措施：

一是成功改版，實現錯位發展。2016年3月1日，《文匯報》《大公報》根據各自定位進行改版。香港《文匯報》根據市民報定位，在繼續強化時政新聞的同時，增加貼近市民的民生新聞和專題，增設服務讀者和與之互動的欄目，如「網議政事」、「街談網議」、「創+故事」等，更貼近香港年輕人口味。2017年元旦開始，該報進一步優化版面，陸續推出「慶回歸20周年系列版面」、「小區正能量」系列專題、「創+商機」、「神州傳承」新聞專題等新版面，設置「菁英匯」、「布局十九大」、「外娛放大鏡」、「周末好去處」等新欄目，並力求新聞版面更加明快、清新、秀麗，風格更加統一，給讀者帶來更加愉悅的閱讀體驗。《文匯報》還通過拓寬來稿渠道、建立作者隊伍，加強評論版水平，多層次、多角度、多範疇對各類新聞事件作解讀，全方位有效傳播中央立場聲音；面對一些難點、敏感性的港人所關心的問題，香港《文匯報》始終站在新聞第一線，在正確引導

社會輿論，增強港人信心等方面發揮了重要作用。

二是強化調查報道，增強新聞傳播力。調查報道是《文匯報》新聞報道的一張王牌，集團成立之後，《文匯報》《大公報》兩報的獨家調查報道進一步形成了規模、互為配合，對反對派尤其是「港獨」勢力構成了實質打擊和強大震懾，以獨家、準確、詳實的報道，追擊反對派頭面人物，揭露「港獨」入侵校園，揭批各種分裂勢力合流等。如2016年11月18日的報道《游梁成魔六部曲　女偏激　男投機　同上邪路》，梳理梁游二人成長、求學、參選經歷，深入分析二人無視法治甚至否定「一國兩制」的背後原因。11月24日起，一連兩天，推出《獨侵校園》專題，系統地呈現了「港獨」勢力入侵校園　，荼毒中學生思想的事實。12月14日獨家調查報道《「港獨」滲大學　新莊淪「毒椿」》披露「獨派」人員以學生身份作掩護，潛入大學學生會的現象，並就其社會背景和政黨關係做了較為詳細的梳理，震懾反對派。僅2018年，《大公報》和《文匯報》分別刊發調查報道版面超過50塊，成為愛國愛港媒體參與輿論鬥爭、樹立報道權威的標誌性報道。

三是探索「中央廚房」，打造矩陣化傳播格局。2016年全國兩會期間，集團試行「中央廚房」採編工作模式，統籌指揮全國兩會報道，前方採編人員使用同一發稿平台向各媒體發稿，前方指揮部統一指揮協調每日報道，前後方之間密切溝通協調，形成了「一採多發」、「一創多發」的報道格局，探索了重大報道戰役中統一指揮、合兵作戰的工作模式。經過多次重大戰役性報道

的「實戰演練」，集團全媒體格局下的統一指揮、一體化運作的「中央廚房」模式逐步發展，形成了「戰時」和「日常」兩個主要模式，報、網、端、微、屏等各終端融合順暢有效；制定了集團「中央廚房」戰役報道的一系列融媒體工作流程，涵蓋重大報道指揮、一體化報道、前線隊伍現場協調、內地記者統籌、港聞採訪統籌、全媒體記者轉型、日常輿情監控等，為「中央廚房」的常態化運作，為集團進一步的策、採、編、發整體流程再造，積累了很多有益的經驗。

第二節

砥柱中流 引領愛國愛港輿論

一、為「一國兩制」實踐行穩致遠提供輿論保障

香港順利回歸祖國後，「一國兩制」方針在香港的落實情況自然牽動各方人士的關注，也為香港《文匯報》所重點關注。作為香港回歸後的「指路牌」和繁榮穩定的「定海神針」，基本法對中央和香港特別行政區的關係、香港的政治體制、居民的基本權利和義務等方面做出了詳細規定，全面準確貫徹落實基本法，貫穿回歸後香港特區政府施政的全過程。其中，政改在香港一直是熱門話題，並引發了巨大的紛爭。在「一國兩制」方針在香港實踐歷程中，香港《文匯報》在引領愛國愛港輿論方面，扮演著重要角色。

1、歷屆特首選舉的報道

1996年12月11日，香港特區第一屆政府推選委員會舉行第三次全體會議，以不記名投票方式選舉第一任行政長官人選，董建華獲半數以上推委票數當選為特區第一任行政長官。香港《文匯報》特別策劃「首任特區行政長官人選誕生號外」，在頭條報道《推委會選出首任特首人選　董建華以三百二十票勝出》。自此，歷任行政長官選舉都成為香港《文匯報》的重要報道內容。2005年，行政長官董建華因身體原因主動請辭，提前兩年多結束第二任任期，3月12日，按照香港基本法的規定，曾蔭權以政務司司長身份出任署理香港特區行政長官。《文匯報》在3月11至13日短短兩日，發表四十餘篇報道和分析評論，跟進事件進展、

回顧任期工作。尤其對董建華在任七年多時間裏的突出政績給予高度評價，稱其「開拓歷史作貢獻」，「一方面，爲『一國兩制』、『港人治港』、高度自治的方針在香港成功地付諸實踐，做了大量開創性的工作；另一方面，爲維護香港穩定繁榮的大局做出了重要貢獻」，對於其高票當選全國政協副主席，希望今後能「以實踐『一國兩制』的豐富經驗和與中央良好的溝通，幫助國家制定更加符合港人利益的政策，加強內地與香港的交流，促進香港的發展和繁榮。」3月15日，香港《文匯報》在《新特首產生按基本法辦事　溫家寶肯定董建華貢獻　強調歷史會有公正結論》一文中報道溫家寶答記者問表示，新特首的產生「將完全按照香港《基本法》和有關法律辦事，並相信港人有能力治理好香港。」

2007年3月25日，曾蔭權正式當選香港特區第三任行政長官後，香港《文匯報》除了報道曾蔭權在「勝利感言」中對香港市民的五大承諾、中央駐港機構電賀曾蔭權，以及曾蔭權在當選後乘坐巴士穿梭港九新界、親身答謝香港市民等活動，還連發多篇分析文章，指出經過這次選舉，中央政府也有「三得」：堅守基本法和公開開明的態度令港人更信任中央；對香港管治和繁榮穩定的憂慮，因爲曾蔭權高票當選而可以消除；通過選舉看到香港人的理性與成熟，更添信心。

2012年3月25日，香港特別行政區第四任行政長官選舉結果揭曉，梁振英以689票勝出，當選香港特別行政區行政長官。香港《文匯報》次日在社評《梁振英肩負重任　唐英年雖敗猶榮》

中指出「選舉過程公平公正公開，市民的參與程度之廣泛，充分
體現了港人當家作主的精神」。並分析了梁振英在當選後面臨的
「彌合選舉帶來的社會分歧與嫌隙，團結各階層各界別共同建設
香港」和「尋求香港的生存和發展之路」兩大重任；同時盛讚落
選的唐英年先生「祖孫三代愛國愛港，足為世人楷模」，並稱
「唐英年的落選並非他愛國愛港事業的終結」。3月28日，中央
正式任命梁振英為香港新特首，該報在報道中強調了國務院總理
溫家寶在會議上的發言，表明「中央政府將堅定不移地貫徹『一
國兩制』、『港人治港』、高度自治的方針，全力支持行政長官
和特區政府依法施政；支持特區政府積極應對國際經濟風險挑
戰，維護香港經濟金融穩定和長期繁榮發展。」[1]

　　2017年3月26日，林鄭月娥在香港特區第五任行政長官選舉
中勝出。香港《文匯報》對此次特首選舉的報道可謂「曠日持
久」。《文匯報》積極主動展開部署策劃，完成一系列高質量、
有影響力的報道。2017年1月16日林鄭月娥正式宣布參選後，
《文匯報》共推出相關報道版面188個、新聞逾800條、社論39
篇、評論文章近240篇（自1月17日–3月27日見報計）。如2月
8日刊發的報道《戴妖「民選特首」洩私隱　涉盜號造馬操控選
舉》，最早揭露與批判戴耀庭牽頭的「民選特首」圖謀；3月5
日該報在頭版以《張德江囑選出符中央要求特首》進行重點報道
和解讀，並且突出強調了「中央對行政長官的要求必須更高」這
一重點內容；林鄭月娥正式推出參選政綱後，《文匯報》隨即從
3月1日起，連續13天推出「政綱比拼」專版，全面比較三位候

① 《中央任命梁振英為香港新特首》，香港《文匯報》，2012年3月29日，A01版。

選人在房屋、教育、安老扶貧、青年政策等多方面的施政理念和具體措施。

香港《文匯報》在選前一周推出系列重磅專題，如3月20日，以跨版形式刊登《曾俊華9大選舉偽術》，隨後又陸續刊發了《鬚做騷　零交流》、《鬍鬚政客相　「今我」打「昨我」》等專題，每天一篇，保持熱度。選前兩天又連續推出的跨版：《撐林鄭　撐和諧　撐發展　撐未來》和《選林鄭　選良治　選穩定　選繁榮》，也是《文匯報》的精心策劃之作，分別突出市民和選委聲音，反映主流民意，同時在版面語言上也做到了一脈相承。

3月26日投票當日，香港《文匯報》策劃「2017特首選舉投票日」專版報道，更有文章直言「林鄭月娥以出色表現充分展示落實『一國兩制』、服務港人的擔當和決心，展現有心有力有承擔的領袖特質」，最符合中央對特首人選的「四標準」——愛國愛港、中央信任、有管治能力和港人擁護，「希望選委投票支持符合中央四標準的林鄭月娥，讓她擔起特首的重任，踐行競選承諾」。

2、《基本法》實施與香港政改問題的報道

《中華人民共和國香港特別行政區基本法》，是全國人民代表大會根據《中華人民共和國憲法》制定通過，並於1997年7月1日起施行的香港特別行政區憲制性文件。《基本法》的實施進程與行政長官和立法會選舉等熱點話題密切相關；通過政改達至「雙普選」，也是香港過去十多年的一項重要工作。這項工作關

係到全面貫徹「一國兩制」的大是大非問題，香港《文匯報》在其間始終擔當著堅定維護「一國兩制」的媒體旗艦的角色。

2002年，特區政府推動基本法第二十三條立法的工作受到反對派阻撓，造成激烈的社會爭拗，引起廣泛關注。截至2003年「七一大遊行」，香港《文匯報》先後發表有關第二十三條立法報道近兩百篇，除持續跟進立法討論進程外，報道內容更廣泛涵蓋內地、香港、國外社會輿論，政界、商界、演藝界等知名人士觀點，從多方面、多角度為立法營造有利輿論。

2003年「七一大遊行」後，7月7日，鑒於第二十三條立法被迫推遲二讀，香港《文匯報》發表社評《完成立法符合港人根本福祉》，文章指出：「少數頑固反對立法的政客……，其目的是使二十三條永遠不能立法，把香港推入無窮無盡的爭拗和分化之中，以便摧毀政府管治，破壞『一國兩制』，實現亂中奪權的野心」。並在評論結尾提出：「希望立法會議員和社會各界，從香港的根本和長遠利益著想，捨棄一己私利，放棄搖擺或偏頗立場，為了港人根本福祉，共同積極配合政府完成立法」。遺憾的是，特區政府由於無望在立法會取得足夠票數支撐，最終草案終止立法程序。

2004年4月26日，全國人民代表大會常務委員會決定香港特別行政區2007年行政長官選舉和2008年立法會議員選舉不實行普選。事實上，決定出台前，香港《文匯報》已連續發表多篇文章於「文匯論壇」作為鋪墊，如《目前不具備「雙普選」條件》《07、08年不宜「雙普選」》《「雙普選」不利穩定》等。4月

27日，香港《文匯報》除全面準備報道和解讀人大常委會決定內容外，又發表社評《人大依法為港政制立牌指路》，認為「雙普選」問題「不是要不要民主的問題，而是如何根據實際情況，發展適合香港民主的問題」，決定之所以引發爭議，是「香港社會對07、08年應否實行『雙普選』，存在很大分歧，也說明香港實行『雙普選』的條件不成熟」。此次「人大常委會採取果斷措施進行『釋法』，為香港政制發展『架橋過河』，「人大常委會的決定，對於全面貫徹落實『一國兩制』方針和基本法，切實維護香港社會各階層、各界別的利益，確保香港的民主制度按照基本法的規定循序漸進地健康發展，保持和促進香港的長期繁榮穩定，具有重大而深遠的意義。」率先佔領輿論的高地，支持全國人大對基本法的再闡釋，穩定民眾情緒。2005年12月29日，香港《文匯報》以「特約評論員」名義發表《香港「民主派」實為反對派》的文章，引起強烈社會反應，本港及海外媒體廣泛報道。

　　2010年6月23日，2012年政制方案於立法會進行表決，行政長官產生辦法方案和立法會產生辦法方案，皆有46名議員投贊成票，方案獲得超過三分之二（40名議員）人數支持通過。香港《文匯報》於當日與次日分別發表評論《改良方案凝聚社會各界智慧》《拖延表決方案　有違主流民意》，一方面肯定改良方案通過的積極意義，「改良方案進一步擴闊了參政空間，提高了民主成分，使政治人才有更大的生存和發展空間，為全面邁向雙普選做好準備。中央和特區政府接納改良方案，既表達了推動香港

民主發展的最大誠意和決心，也是對民主黨與普選聯溫和理性路線的精心呵護和巨大支持。」肯定民主黨和普選聯做出的共贏決定，另一方面，立場明確地批評「反對政改方案的議員企圖拖延表決，有違希望政改方案順利通過的主流民意。」

2014年6月10日，國務院新聞辦公室發表《「一國兩制」在香港特別行政區的實踐》白皮書，首次全面總結「一國兩制」在港實踐歷程。6月11日，香港《文匯報》以頭版頭條報道《國務院首發對港白皮書　全面總結『一國兩制』在港實踐　中央擁有對港全面管治權》，詳細介紹白皮書重要內容及其意義，總結梳理內容撮要，幫助民眾了解中央政府對香港發展的評價和展望，並策劃發表「一國兩制」在港實踐白皮書系列社評。截至2014年7月1日，香港回歸17周年紀念日，香港《文匯報》發表圍繞白皮書主題展開的報道、評論等各類文章共計60餘篇。

2014年8月31日，全國人大常委會表決通過了關於香港特別行政區行政長官普選問題和2016年立法會產生辦法的決定，引發香港各界熱烈討論。反對派聲言如果決議不符合「國際標準」就將「佔中」，香港《文匯報》則刊載來論，指出「『國際標準』是偽命題」、「反對派『國際標準』實『個人標準』」等。次日，又於頭條發布新聞《人大決定一錘定音　定港政改框架》，指出此次決定「貫徹香港基本法的規定，根據香港實際情況和循序漸進的原則，從廣大香港同胞根本利益出發，對行政長官普選制度的若干核心要素作出了明確規定，為下一步香港特別行政區提出行政長官普選具體辦法確定了原則、指明了方向。」

　　2015年6月18日，香港特區立法會否決了符合基本法和全國人大決定的政改方案，香港主流民意支持的2017年特首普選方案被扼殺。香港《文匯報》19日發文稱「昨天是香港民主發展史上最黑暗的一天」，嚴厲譴責反對派議員行為，指其「堅持與中央對抗，置廣大港人對普選的期盼於不顧，否決了普選方案，使香港民主發展進程止步不前，使距港人僅有一步之遙的普選夢破滅，反對派議員必須承擔扼殺普選的全部責任。」

　　2015年，恰逢《基本法》頒布25周年，香港《文匯報》策劃「紀念基本法頒布25周年專輯」，刊登行政長官梁振英在《基本法》頒布25周年研討會上的演講辭《基本法的起草、憲制地位與落實》全文，面對反對派提出「公民提名」等謬論，發表系列社評重申基本法初衷。

　　2017年11月5日，香港《文匯報》頭條新聞《人大通過列附件三　體現中央對港實施全面管治權　國歌法納入基本法》並評論其為「維護國家尊嚴、增強國家意識必要之舉」，在本地立法過程中也始終採取積極態度號召「全面落實國歌法各項規定，確保國歌法得到切實執行」，「政府應加強推廣教育，進一步增強國家認同和民族歸屬感。」

　　3、反「佔中」、反「港獨」的報道

　　歷時四個多月的「佔中」事件，是香港反對派策動的一場對抗「一國兩制」全面準確落實、對抗中央管治權、挑戰特區政府依法施政、破壞香港繁榮穩定的嚴重事件。在這場事件中，香港《文匯報》站在輿論鬥爭第一線，發揮了中流砥柱的重要作用。

爲與中央政府及特區政府爭奪管治權，反對派在政改問題上堅持所謂「國際標準」，揚言不合心意就發起「佔領中環」行動，並積極部署，引起香港社會高度關注和強烈反對。2014年8月17日，港島舉行反「佔中」遊行，香港《文匯報》積極參與，高舉印有《文匯報》標識及「反佔中　保普選」字樣巨型橫幅，及「反佔中　保和平」、「反佔中　保法制」等標語旗幟，成爲遊行過程中的亮眼一幕。

2014年8月31日下午，十二屆全國人大常委會第十次會議經過表決，通過關於香港特別行政區行政長官普選問題和2016年立法會產生辦法的決定。決定意味著，下一步香港立法會在特區政府提出的政改方案上只有兩個選擇，要麼以三分之二的多數通過特區政府的方案，要麼以超過三分之一的票數阻止香港在2017年實行普選，由此引發香港泛民主派的激烈反對，甚至以激進言論發表威脅性抗議。學生團體率先發起罷課抗議，隨後又告升級。

2014年9月28日，反對派策動的「佔中」運動正式啓動。次日，香港《文匯報》首發評論《「和平佔中」徹底破產　強烈譴責暴力「佔中」》，批評「『佔領中環』行動提前發難，實是變成暴力衝擊的騷亂」，「『佔中』衝擊法治，破壞公共秩序」，重申「人大關於特首普選辦法的決定，符合『一國兩制』方針，符合基本法，符合香港實際情況，有利於維護國家主權、安全，有利於保持香港長期繁榮穩定」，「佔中」組織者企圖以違法暴力行徑推翻人大決定，是「蚍蜉撼大樹、螳臂當車、可笑不自量」，並呼籲社會各界「支持警方執法，維護法治，維護社會秩

序」。2014年10月6日，香港《文匯報》再刊文《「佔中」不得民心　退場理所當然》，表明「佔中」啟動以來特首梁振英帶領特區政府妥善處理、迎難而上，及中央政府再三「挺梁」的態度。

10月中旬，隨著「佔中」行動進入第三周，香港《文匯報》策劃刊發《揭露「港版顏色革命」》系列社評，明確「佔中」的「顏色革命」性質。11月12日，習近平首次公開評論香港的違法「佔中」，提醒大家不應破壞法治這一香港核心價值，香港《文匯報》發文《中央支持香港維護法治依法清場》。11月19日，「佔中」暴徒暴力衝擊立法會大樓，香港《文匯報》予以強烈譴責。12月11日，香港警方對金鐘「佔領區」展開全面清場行動，結束自9月28日凌晨啟動的違法「佔中」，香港《文匯報》報道「警方執法不容對抗，一舉結束違法『佔中』」，宣告警方清場成功，「佔中」徹底失敗。

自2014年9月30日起，香港《文匯報》以固定版面「守護香港反對佔中」報道「佔中」事件進展，始終立場堅定、觀點鮮明，揭露「佔中」事件為非法佔領運動的實質和危害。2015年1月，香港《文匯報》再次針對已落下帷幕的「佔中」事件展開調查報道，梳理戴耀廷等人策動「佔中」的時間和行動線索，並與同一時期「台獨」發展時間線合併比較，揭露其「勾結『台獨』勢力，引入顏色革命」。

2016年10月12日，立法會候任議員游蕙禎、梁頌恆等「港獨」分子在宣誓過程中肆意加插惡言穢語侮辱國家國人，引起全

城乃至華人圈的強烈憤慨。香港《文匯報》秉持堅定立場履行職
責，緊跟事態發展靈活部署，並積極開展策劃，自10月12日-11
月18日（以見報日計）連續推出一系列重磅報道、專題、評論，
揭露游梁等人「港獨」行徑、譴責其辱國惡行，充分展示「撐釋
法」主流民意，營造強大聲勢，其中刊登「反港獨　撐釋法」要
聞版面（未計港聞版在內）逾130版；相關社論35篇；在評論版
刊登香港各界人士「反港獨　撐釋法」文章共241篇，打擊了宣
「獨」議員的囂張氣焰。

　　4、中央政府關切香港問題的報道

　　香港回歸祖國後，中央政府始終關注「一國兩制」的落實情
況。國家領導人訪問香港，集中體現中央原則與立場，以及對香
港的關懷和支持。

　　1998年香港回歸一周年之際，時任國家主席江澤民親臨香港
參加回歸周年慶典。此時正值香港因金融風暴衝擊而經歷困難的
時期，香港《文匯報》在7月1日的報道《江主席來港參加慶
典　　社會人士稱深感鼓舞　　對落實「一國兩制」「港人治
港」更有信心》中指出，「國家主席訪港，正好提醒大家，香港
擁有幅員廣闊的國家作為腹地，在本身穩固及健全的金融系統和
審慎理財政策的基礎上，我們一定可以安然度過風暴。」此外，
香港《文匯報》還報道了江澤民主席會見中央駐港和中資機構負
責人、登中銀大廈、為香港新機場揭幕等一系列活動，並刊發了
江澤民在香港回歸周年慶祝大會上的講話全文，表達了中央政府
對香港美好未來的殷切期望。2002年江澤民主席抵港並主持慶祝

香港回歸祖國5周年大會暨香港特別行政區第二屆政府就職典禮，香港《文匯報》再次予以全程關注和重點報道。

2007年7月1日，時任國家主席胡錦濤出席慶祝香港回歸10周年大會暨香港特別行政區第三屆政府就職典禮。香港《文匯報》在次日製作的「胡錦濤訪港特輯」中詳細記錄了典禮儀式上曾蔭權宣誓就職及胡錦濤主席監誓的畫面，「曾蔭權首先宣誓就職，他面對國旗和香港特別行政區區旗，舉起右手莊嚴地宣誓。宣誓完畢後，胡錦濤和曾蔭權緊緊握手，全場響起雷鳴般的掌聲。」[①] 並報道了胡錦濤主席訪港時出席深港西部通道開通儀式的過程和細節。同日該報發表社評《「一國兩制」獲成功　人心回歸最可貴──香港回歸祖國十周年獻辭》，以歡快的筆觸表明隨著「中央將保持香港長期繁榮穩定作為治國理政的新課題」，「一國」的認同，「兩制」的融合，正在進入新的境界。

2012年6月30日，香港回歸祖國15周年前夕，時任國家主席胡錦濤再度訪問香港，香港《文匯報》開闢專版「胡錦濤訪港，香港回歸15周年」，追蹤報道其出席慶祝香港回歸祖國15周年大會暨香港特別行政區第四屆政府就職典禮，會見特區新管治團隊全過程，高度評價胡錦濤主席提出的「依法治港，精誠團結，勤政為民，登高望遠」16字箴言。7月2日，香港《文匯報》社評《胡主席總結15年經驗指引香港未來發展》總結闡釋胡錦濤講話內容，評價其「既是對香港回歸15年來『一國兩制』實踐和發展歷程的經驗總結，也是針對香港社會現實存在的一系列深層次矛盾和問題提出的工作要求，對香港的未來發展具有重要的指導

[①] 《胡主席監誓　特區新班子就職　曾特首作出五承諾　香港要建成「中國最好城市」》，香港《文匯報》，2007年7月2日，A02,A07版。

意義。」

　　2017年恰逢香港回歸20周年，香港和中央政府高度重視這「一國兩制」實踐的重要節點。6月29日，國家主席習近平蒞臨香港視察，檢閱香港20年以來落實「一國兩制」的豐碩成果，及5年來「一國兩制」實踐與時俱進的新突破新成就。藉此契機，香港《文匯報》策劃一系列習主席視察和慶祝香港回歸祖國20周年活動的報道，以密切香港與內地關係為宗旨，忠實傳達中央聲音，反映本港社會的風貌變遷。

　　《文匯報》關於「慶祝香港回歸20周年」的報道大致分為三個階段：一是從2017年1月1日起至6月底，以預熱推出的系列專題、專欄為主。二是從6月28日至7月2日，重點圍繞習近平主席視察、慶典活動、新班子上任等展開大篇幅重點報道。三是20周年回歸慶典後一段時間，推出系列社評、重要文章、組織各界知名人士評論等，多角度多層面準確解讀習近平主席視察期間的重要講話，正確引導輿論。總體上，「主幹」與「枝葉」並重。一方面對習主席視察、重要講話、重點慶典活動進行大篇幅報道，一方面也注重突出其他與慶祝回歸相關的新聞，注重民心相通，如百名華青山頂植樹、「育鯤」輪向市民開放、「「遼寧」號」航母訪港、「債券通」等，都有充分報道。

　　習主席到港當天，該報選擇以《溫暖擁抱憶猶新　少年有夢盼再訴》為歡迎頭版，小角度切入，溫情感人。此次視察，習近平對新一屆特別行政區政府未來五年的工作提出要求，「希望特別行政區政府廣泛團結社會各界，全面準確貫徹『一國兩制』方

針，堅守『一國』之本，善用『兩制』之利，扎扎實實做好各項工作。」也明確表示中央政府將始終支持行政長官和特別行政區政府依法施政，「支持香港發展經濟、改善民生；支持香港在推進「一帶一路」建設、粵港澳大灣區建設、人民幣國際化等重大發展戰略中發揮優勢和作用。」更特別指出中央有關部門將「積極研究出台便利香港同胞在內地學習、就業、生活的具體措施，為香港同胞到廣闊的祖國內地發展提供更多機會。」

同時香港《文匯報》刊載習近平在香港回歸祖國20周年大會暨香港特別行政區第五屆政府就職典禮上講話全文，並根據其視察行程發表評論《習主席對香港情真意切　引領「一國兩制」行穩致遠》《習主席提出「三相信」「四表率」　為香港振奮士氣指明方向》《習主席視察意義重大深遠　正本清源指明方向增信心》，總結此次視察之行，「為香港未來發展描繪美好藍圖，開啓『一國兩制』充滿希望的新一頁，香港各界應以習主席的講話為啓示為引領，團結一致，凝聚共識，謀劃長遠發展戰略，走出社會撕裂與『泛政治化』的漩渦，在新的起點上，再度出發，行穩致遠。」

2017年10月，全球矚目的中共十九大成功召開。香港《文匯報》派出記者參與大公文匯傳媒集團前方報道組，前後方周密安排策劃，在10月18日至26日推出大量報道，從港人關注角度著重闡釋習近平新時代中國特色社會主義理論和新時代的「一國兩制」方略。集合港聞、財經、副刊等版面，策劃推出《新時代利港篇》系列專題。其中，香港《文匯報》連續三天重點報道中

聯辦主任王志民對十九大報告的解讀，以及各界對王志民的解讀的響應，進行專題式的報道。10月28日，香港《文匯報》發表評論《認真研讀十九大報告　積極融入民族復興偉業》，表示「十九大報告闡述『一國兩制』和港澳工作的內容，著墨之多、分量之重，是歷屆黨代會報告之最，充分體現了以習近平為核心的中央對港澳的關懷、重視和支持。」

二、關注香港經濟民生　支持政府依法施政

香港特別行政區從誕生開始就遇到前所未有的挑戰，並經受了各種考驗。1996年，美國《財富》（Fortune）雜誌曾以「香港之死」為封面故事預言香港回歸中國後的前景。但在中央政府的全力支持下，香港不僅「未死」，而且更加充滿活力。

1、成功抵禦亞洲金融風暴報道

1997年10月，香港的空氣中還瀰漫著回歸祖國的喜慶餘溫，東南亞金融風暴便黑雲壓城。以美國對沖基金為首的國際金融「大鱷」襲擊香港，恒生指數4天之間就從16000點狂瀉至6000點，股市瀕臨「崩盤」。香港金融、地產、貿易、旅遊四大支柱產業悉數蒙受牽連。早在1997年8月，當金融風暴在泰國、菲律賓等東南亞國家肆虐時，投機商就幾次試探性地對港幣進行了衝擊。8月16日，香港《文匯報》在報道《匯市波動　港股受累》中即指出「當東南亞國家點名批評索羅斯的投機行為時，某些西方國家官員公然站在投機者一邊，予以辯護，這是很不正常的」，並進一步看到「港元匯率的波動和港股下跌，乃東南亞貨幣動盪的連鎖反應。所以，為己為人，香港不宜對東南亞貨幣受

狙擊採袖手旁觀態度⋯⋯所以特區政府參加國際支持泰國貨幣計劃，貸出十億美元，中國政府亦貸出十億美元。」否則「一旦港元受到狙擊，利率必會挾高，屆時，香港市民所持有的股票和物業都會貶值。所以，支持泰國穩定貨幣，也是保衛六百萬港人的財產。某些人對特區政府的行動提出責難，是缺乏遠見和常識的」。較早地爲打響港幣保衛戰發出了預警。

　　就在香港精心策劃、準備迎擊時，「金融大鱷」們再次如期而至，10月20日，香港股市開始大跌，連續四日受重挫。24日，香港《文匯報》刊登正在英國訪問的特首董建華乘機返港前的發言，重申特區政府維護港元聯繫匯率的決心，「特區政府採取穩健的財政管理政策，是全球擁有最龐大財政盈餘的政府之一，包括超過五百億美元的財政盈餘，以及八百五十億美元的外匯儲備」。[①] 同日該報還通過《炒家將會蝕本離場　財第三高官晤記者　料股市將迅速穩定》《政界：港經濟基調良好　指政府有決心捍衛聯繫退炒家狙擊》《香港再次擊退國際炒家》等報道彰顯香港應對這次危機的信心。此時，全球各地股市形成惡性循環式的普遍狂跌，香港股匯雙市受到衝擊，香港《文匯報》一方面全面報道香港各行各業受到金融風暴衝擊的慘狀，如《樓市出現多宗撻訂蝕讓個案　金融風暴下屋苑主顯著調低叫價》（1997.10.24）、《港股兩日損值六千二億　自高峰失去二萬一千億》（1997.10.29）、《金融風暴打擊投資回報　部分保險公司料受影響》（1997.10.31）、《金融風暴影響蔓延⋯⋯災情慘烈影響漸浮現　本港經濟基礎受考驗　明年增長料低於百分之

---

① 《香港昨擊退國際炒家狙擊》，香港《文匯報》，1997年10月24日　A3版。

五》（1997.11.10）等，另一方面也及時揭示經濟活動背後的政治挑戰意味。

1997年10月30日香港《文匯報》刊發的一篇題為《香港金融中心地位不容動搖》的評論指出，「回歸後的香港，無論是政治上或經濟上都成了國際社會的『眾矢之的』和覬覦的目標。不同的人、不同背景的力量出於各種用心，都想測試一下回歸中國後的香港特區，到底有沒有能力在『一國兩制』之下，依靠『港人治港』而生存與發展。尤其西方某些勢力對香港的穩定發展和成長中的亞洲經濟感到很不是滋味，對東亞市場這塊肥肉垂涎三尺，他們要在經濟上採取一些行動來顯示、維護他們的利益」，但特區政府成立後，「世銀年會在港成功召開，行政長官董建華出訪星馬、美國、歐洲受到重視和歡迎，中國在『十五大』之後深入改革開放，這些均為香港金融中心的穩定創造有利條件」，因此「特區要繼續維護金融中心的地位，不但要令港人充滿信心，也要令世界各國人士對特區有信心。」

　　此後，香港《文匯報》接連刊登了中央政府支持香港渡過難關的講話，如《李鵬支持香港續行聯繫匯率　謂香港金融情況良好　人民幣匯率無必要下調》（1997.11.16）、《江澤民：中央支持聯繫匯率　讚特區政府措施有力　若特區要求中央會採措施支持》（1997.12.3）、《朱鎔基重申人民幣不貶值　讚香港妥善應對金融風波　稱中國將成外資在亞洲綠洲》（1998.01.15）等。1997年12月11日，香港特區行政長官董建華首次在北京向中央政府述職，次日香港《文匯報》刊發江澤民主席談話，表示

「中央政府將一如既往地支持董建華先生的工作，支持香港特區按照《基本法》實行『港人治港』和高度自治，決不干預屬於特區高度自治範圍的事情。」並表示相信「有祖國的強大支持，香港一定會發展得更好」；1998年2月26日該報又刊登《曾蔭權訪京帶來五個好消息》的報道，指出中央政府對「特區處理金融風波」，「香港旅遊業」，「香港股市穩定」，「香港經濟發展」，「港元穩定」等方面的支持。這些為香港市民及國際社會相信香港能夠成功應對此次金融危機注入強心針。

1998年香港回歸一周年之際，在中央和特區政府堅定抗擊下，「金融大鱷」們在外匯市場用完了彈藥，雙方力量發生根本逆轉。香港《文匯報》在《歡迎江主席來港共慶回歸周年》中稱，「香港特區成立後不久，亞洲金融風暴呼嘯而至，環視亞洲受衝擊國家和地區，皆蒙受巨大損失，貨幣貶去二成至八成不等，出現金融及經濟的巨大動盪。但香港卻因為有偉大祖國作為靠山，有中央政府的全力支持，再加上特區政府應對得當，因此香港並沒有在亞洲金融風暴中倒下去，而是捍衛了港元聯繫匯率，保持了整體的金融和經濟的穩定。」在這場關乎信心的較量中，中央政府堅定支持，特區政府力挽狂瀾，終於收回失地，確保香港走向新的繁榮。

2、抗擊SARS疫情報道

2003年初，「非典」（SARS）疫情爆發，香港和中國內地都深受其害，面臨著嚴重的公共衛生危機，直到當年6月24日WHO才將中國從疫區中除名。在這次危機中，香港《文匯報》

的主要報道內容包括：一是及時通報疫情，澄清謠言。如3月26日，香港《文匯報》報道中國將加入SARS通報機制，「這對防治目前世界多個地區流行的SARS具有非常重要的意義。」同時該報及時報道各地疫情發展，澄清有關疫情的謠言，安定人心，如《京官駁傳言　通報未隱瞞》（2003.4.2）、《內地肺炎個案近千二例　46人死亡934人已出院　廣西四川湖南新增病患》（2003.4.3）、《內地SARS新增30例》（2003.4.6）、《內地續增57病例》（2003.4.7）、《北京疫情　內地最重　新增八十九病例　總數達七七四》（2003.4.25）、《上海否認有港客被隔離　傳懷疑個案要接受觀察》（2003.4.30）等；二是報道各地救治措施，向本港市民介紹防疫經驗。如3月27該報在《溫家寶朱鎔基關注疫情　促中央及發病區嚴控　組建防治網絡抗疾》中報道國家衛生部已派出工作隊赴港、粵，協商、指導防治工作；集中包括中央、地方、軍隊及高校在內的內地頂尖專家，全力研究病因以及通過全國疾病監測網絡，向各地區疾病控制中心發出非典型肺炎預警等措施，並發表中總訪問團團長曾憲梓的談話，認為「中央對香港的支持很明確，在肺炎事件上，港人不要『心慌慌』」。4月9日該報又報道了「中國疾病預防控制中心已協助衛生部擬定草案，擬向國務院申請數億資金，用於中國公共衛生事件應急機制的建設和完善。」5月8日，香港《文匯報》刊登了對鍾南山的獨家專訪，介紹廣東在抗擊非典過程中有三點血的教訓：「一是不要將病患者在醫院間頻繁轉院，以免造成更多的醫護人員感染；二是醫護人員要做好口鼻的防護，盡可能不要近

距離接觸；三是有接觸時應戴好頭盔式防護面罩」等。此外，香港《文匯報》還不時刊登反映醫護人員捨生忘死、無私奉獻的感人事跡的文章，如《人類衛士以生命換抗疫經驗　廣州呼吸疾病研究所醫護迎戰 SARS 實錄》（2003.5.2）、《臥病在床　豈分貴賤　京滬穗港電台聯播　威院護士分享心路歷程》（2003.5.13）等，表現了中國人民在抗擊「非典」中展現的大無畏精神和必勝信念。

3、應對全球金融危機報道

香港經濟在克服嚴峻考驗，繼續保持著國際金融中心地位的過程，在2008年又一次迎來了因美國次貸危機引發的全球金融海嘯的衝擊。早在2007年4月，美國第二大次級房貸公司——新世紀金融公司的破產就暴露了次級抵押債券的風險；從2007年8月開始，美聯儲作出反應，向金融體系注入流動性以增加市場信心，美國股市也得以在高位維持，形勢看來似乎不是很壞，市場有推測美國次貸危機的高峰期看似已經過去。不過2008年7月14日及21日，香港《文匯報》兩次刊登了曾任房利美和房地美高級諮詢顧問的《貨幣戰爭》作者宋鴻兵的觀點，認為「次按危機第一階段影響雖已結束，但第二階段即『信用違約交換』造成的『金融海嘯』行將登陸。」[1]　果然，8月美國房貸兩大巨頭——房利美和房地美股價暴跌，9月雷曼兄弟申請破產，華爾街引發的金融海嘯席捲全球。9月16日，香港《文匯報》發表社評，稱「僅半年時間，華爾街甚至是世界排名前五名的投資銀行，竟然垮掉了三家，由此引發的金融海嘯，將迅速撲向全球金融市場，

---

[1]　《「兩房」前華人顧問：「金融海嘯」逼近》，香港《文匯報》，2008年7月14日A03版。

並有可能把美國拖進二戰之後最嚴重的衰退，世界經濟將迎來嚴冬」，「全球國家和地區都要有充分準備，以應對更加嚴峻的挑戰。」此後香港《文匯報》的報道重點主要包括如下三方面：

首先，密切關注危機蔓延及對全球影響。一方面全面報道此次危機的「骨牌效應」及各國救市措施，如9月17日，針對美國國際集團（AIG）自救困局，香港《文匯報》刊文稱其「一旦倒閉，殺傷力遠超雷曼」，9月18日該報刊載《信貸危機重創HBOS 11萬人恐失業》稱金融海嘯席捲英倫，9月20日又刊發《多國央行續「泵水」》報道日本、英國、瑞士、澳洲、印度和印度尼西亞央行以及歐洲央行向金融系統注資以增強市場信心，9月30日又報道冰島政府昨日宣布接管該國第3大的Glitnir銀行，以「避免該行倒閉」。此後還包括《比法盧三國　注資700億救Dexia》（2008.10.1）、《瑞典日本再注資　意第2大行瀕爆煲》（2008.10.7）、《美逾百銀行瀕倒閉》（2008.10.7）等。另一方面則關注此次危機對經濟實體的破壞及民眾的怨聲載道，如9月17日該報發表《低下層怒罵華爾街》，通過採訪美國當地的小投資者、服裝設計師等表明一般美國人意識到金融危機對日常生活的迫近，尤其低下階層對社會的怨氣更重，「每天為帳單和樓按努力工作，剩下只有如雀蛋般小的東西」；9月23日該報刊登《「心臟受損」　危機擴至實體經濟》一文，稱「美國經濟就像一個人的身體，金融業是心臟，資金是血液，實體經濟是身體其他器官。金融業遭到重創如同一個人得了心臟病，心臟供血能力受到影響，繼而可能引發其他器官的不適甚至病痛。」生動地

闡釋金融危機對實體經濟的影響。此後又刊載了《金融海嘯苦酒　滲進美國家庭流通緊縮信貸無門　失業急增物價上漲》（2008.10.2）、《退休基金不保　美國長者彷徨》（2008.10.2）、《美國8成人憂金融海嘯衝擊》（2008.10.3）、《瑞銀炒2千人　金融業裁員潮升溫》（2008.10.4）、《「金融海嘯」中的美國華人》（2008.10.5）等大量反映後金融危機時代物價高、就業難、企業倒閉等問題的報道。

其次，香港《文匯報》尤為關心本港經濟運行情況。香港作為國際金融中心，將如何在這次危機中自立？香港《文匯報》自然傾注了更多精力關注香港經濟遭遇金融海嘯後的情況。如2008年9月18日，該報刊登題為《全球金融海嘯已經來臨》的文章，並稱「現階段真正要重視和分析拯救經濟措施的恰恰是備受牽連的歐亞各國」。9月22日，《文匯報》又刊載《香港須有準備抵禦「金融海嘯」》的文章，為特區政府的施政報告提出「加快啟動大型的基建工程項目、加強旅遊基建」等建議。然而此次金融海嘯中，香港受到的影響十分嚴重。9月30日，該報報道「港股昨於期指結算日，大跌逾800點或4.3%，跌穿18000點重要心理關口。」市場消息稱「還會繼續下挫」；同日還刊登了《財富蒸發兼加息　港樓市現劈價潮　二手樓減價個案大增　過去三個月樓價降一成》《銀行殺雞取卵　逆市加按息》等報道。次日，該報又報道了香港財政司司長曾俊華的預警，「未來6個月本港金融市場將面臨更大的風暴。在居安思危原則下，金管局於昨日港股收市後出手，宣布推出5項臨時措施」，並配發社評《政府

果斷出招　維護市場穩定》。10月2日，香港《文匯報》刊載特首曾蔭權在特區政府舉辦的國慶59周年酒會的致辭，稱金融海嘯中香港應逆境自強，香港背靠經濟仍然保持快速發展的內地，是抗禦金融海嘯衝擊的獨特優勢，「對政府而言，則必須認識到盡量減輕市民在金融海嘯衝擊下遭受的痛苦，是政府不可推卸的責任。」香港《文匯報》的相關報道和評論以對經濟民生的建設性貫穿始終，也體現了「愛國愛港」的鮮明立場。

此外，側重報道中央政府救市措施。2008年9月15日，中國人民銀行宣布下調一年期人民幣貸款基準利率等消息，次日香港《文匯報》即發表社評，稱「央行及時採取減息措施，不僅有助紓緩中小企的融資困難，保持經濟平穩增長，而且能夠對大幅下挫的內地股市起到穩定作用。」9月19日，該報在《中央救市面面觀》中稱「當具有世界第一外匯儲備量的中國也被捲入華爾街金融海嘯之際，中央匯金公司購入三大銀行股票，是保護國有重點金融機構和本國投資者切身利益的及時之舉，標誌著中國政府維護資本市場健康運作的承擔，並不止於『出口術』。這一重大信息，對迷失方向和信心的A股乃至港股市場，具有鼓舞作用。」9月20日又發文指出金融危機對中國千億美元海外投資的影響，「中國銀監會、保監會及證監會等監管部門近日已要求各金融機構上報所有外匯金融資產的情況，以重新評估美國金融危機帶來的衝擊。」9月23日又報道「中國經濟三駕馬車中，出口受金融和經濟危機的拖累基本「熄火」，投資減速勢頭明顯，而消費增長則顯得動力不足，由此預計今後兩年中國經濟增長將明

顯回落。國家信息中心最新預測，今年四季度中國GDP增速可能驟降至9%以下。」這一時期，香港《文匯報》廣泛報道中國政府的救市措施，尤其注重通過社評解讀中央政府的政策信息，表明中國應對危機的能力和決心。

三、力促兩地加強交流融合　共榮共享

香港回歸後經歷了一次次嚴峻的考驗，不僅沒有被打垮，反而逆勢而上，經濟實力更勝以往，作為國際金融、貿易和航運中心的地位不斷鞏固，作為祖國內地對外開放的「窗口、橋樑、國際通道」以及「超級聯繫人」的獨特地位和優勢依然。這背後，是中央政府一項項「挺港」「惠港」政策：金融風暴，中央政府鼎力相助；經濟衰退，CEPA促進香港繁榮。香港回歸開啓了香港與內地交流合作的新篇章、新模式，香港《文匯報》對中央支持和兩地加強、深化合作的進程及時報道、深入剖析。

1、CEPA等一系列中央惠港政策報道

經歷亞洲金融風暴衝擊的香港經濟，在2000年強勢反彈後，又因世界經濟大氣候不好而陷入低谷。2003年「三大考驗」匯聚香港：一是亞洲金融風暴直接導致的長期經濟通縮在2003年上半年達到高峰；二是香港特區政府成立以來面臨多次公共衛生危機，尤其在2003年「非典」突如其來；三是2003年香港正在經歷一場嚴峻的政治考驗，即從二十三條立法被擱置開始到2003年7月1日的「50萬人遊行」。為應對這三大考驗，中央政府為全力支持特區政府依法施政，推出一系列政策，尤其是CEPA（Closer Economic Partnership Arrangement）即《內地與香港關

於建立更緊密經貿關係的安排》的出台大大提振了香港低迷的經濟。

　　早在2001年11月，香港特區行政長官董建華在赴京述職期間，正式向國家領導人提出兩地建立「類自由貿易區」的構想，並獲得中央政府支持，隨即進入磋商階段。為保證CEPA出台，各界群策群力，客觀分析該安排在實行過程中可能出現的一些問題，如在服務貿易中，港資如何界定、對內地經濟的衝擊有多大，以及是否會有國際間投機資本湧入內地等。針對種種擔憂，香港《文匯報》獨家專訪了中國WTO研究院院長、著名經濟學家張漢林教授以及相關專家，指出「從大的政治背景方面來講，香港與內地的更緊密經貿安排不存在原則性障礙」；從經貿角度考慮，「更緊密經貿安排是兩地對外經貿戰略的重要組成部分，雖然可能會導致局部利益分布不均，但是總體上看，既有利於香港經濟的振興和繁榮，也有利於內地企業競爭力的提高和產業規模升級」，對於兩地的更緊密經貿安排宜早不宜遲，「與其把所有實施風險都研究透，不如先啟動，然後根據在具體實施過程中出現的新情況繼續研究和解決問題。」①

　　2003年6月29日，在國務院總理溫家寶和香港特區行政長官董建華見證下，商務部副部長安民和香港財政司司長梁錦松代表雙方在CEPA協議書上簽字。溫家寶還表示，今後中國與東盟之間「10+1」的自由貿易協議如果有任何新的內容，亦將完全適用於香港。次日香港《文匯報》在報道中指出這是中央對香港經濟進一步的支持，並摘要刊登了溫家寶在簽署儀式後會見香港社會

①　《CEPA大勢趨　無原則障礙》，香港《文匯報》，2003年6月14日A4版。

人士時的演講內容，全面介紹了 CEPA 協議「貨物貿易、服務貿易和貿易投資便利化」三方面內容，及「逐步取消貨物貿易的關稅和非關稅壁壘，逐步實現服務貿易自由化，促進貿易投資便利化，以提高內地與香港之間的經貿合作水平，實現共同發展」的基本目標。此後香港《文匯報》先後報道了香港各界人士對 CE-PA 的高度評價和樂觀預期，如 7 月 2 日該報報道香港電影業是這份「大禮」最大受惠行業之一，「『香港電影協會』主席洪祖星肯定地說，最直接的刺激，當然就是電影增產」，並估計「明年港片起碼會有一百五十部製作」；7 月 8 日該報報道香港貿易發展局將投入七千萬元用於提供信息和分析、協助香港產品開拓內銷渠道、海外推廣及協助香港服務業提升內地佔有率，並引用貿發局副總裁林天福的講話，表示「CEPA 可加強香港經濟結構轉型，走向高增值製造及服務輸出，鞏固香港作爲國際商貿中心地位」，同日香港《文匯報》還報道了香港明天更好基金行政總裁袁金浩與三十二個外商會代表及外國領事午餐會面，「言談中得悉外國投資者認爲香港與內地的更緊密經貿關係安排（CEPA）對經濟發展的影響，比二十三條更重要」；7 月 9 日《文匯報》又指出受 CEPA 簽署這一利好消息影響，「預期香港的就業機會因而增加，對住宅及零售商舖市場都有正面影響」等。

　　此後的開放「個人遊」是中央政府刺激香港經濟發展的一項重要措施。在此之前，內地居民來港旅遊必須參加「香港遊」旅行團，2003 年上半年「非典」疫情爆發後，香港旅遊業遭到重創。在中央政府全力支持下，根據 CEPA 協議，開放內地遊客訪

港的「個人遊」於2003年7月28日開始實施，廣東省主要城市居民只需憑身份證和二十元費用，便可申請有效期三個月的「個人訪問」訪港簽註，香港《文匯報》在6月30的報道中稱這是內地與香港簽訂「更緊密經貿關係」安排後首項落實的計劃，將「方便廣東旅客訪港，有利於本地旅遊業，零售和其他相關行業」。此後，應香港特區政府的請求，中央政府陸續開放內地43個城市的居民「個人遊」來港，為當時陷於癱瘓的零售業及酒店業帶來生機。2004年11月6日，香港《文匯報》刊文指出，「首8個月來港自由行旅客達260萬人次，較去年大幅增長」，但還應從三方面深化擴展自由行效益：首先是要發掘市場潛力，「仍有過十億人口的市場潛力可以挖掘，各界尤其是政府有關方面仍要再接再厲」；其二，是要做好來港自由行旅客的工作，想方設法發掘其消費潛力，要「增設新的旅遊景點項目；銷售新的有吸引力的產品，要把香港變成享譽內地的購物天堂。」 其三是把自由行的概念擴展其他行業，「要把握商機，爭取中央政府支持，盡快開展教育自由行、醫療自由行、內地民企自由行等」。

隨著CEPA實施的不斷深入，香港《文匯報》也不斷為香港經濟發展建言獻策，如2004年10月28日該報在社評《利用CEPA重建製造業》中稱，CEPA第二階段內地同意在374個零關稅產品以外，再給予香港713個產品零關稅，「新安排是中央為幫助香港扭轉產業單一格局而採取的重大舉措，寄託著中央對香港加快結構轉型和持續發展的殷切期望。本港各界都應充分理解中央的良苦用心，充分運用和發揮有關政策，重建香港的製造業。」

2006年10月31日，全國人大常委會通過關於授權香港特區對深圳灣口岸港方口岸區實施管轄的決定。香港特別行政區將對深圳灣口岸港方口岸區實行禁區式管理，禁止任何危害國家安全等破壞活動，這也意味著，深圳灣口岸將成爲香港和內地之間第一個實施「一地兩檢」的口岸。香港《文匯報》次日撰文稱「人大常委會的決定爲『一地兩檢』這一全新的通關模式掃清了法律上的障礙。這既是『一國兩制』優勢的體現，也是『一國兩制』落實進一步深化的表現，有助於提高通關效率，節約通關成本，惠及兩地日益頻密的經貿與人員往來，進一步提高本港的競爭力。」

2007年7月1日，香港深圳西部通道（即深圳灣公路大橋）及深圳灣口岸正式啓用，香港《文匯報》刊文《胡總成「一地兩檢」第一人　與曾蔭權黃華華等剪綵　西部通道正式通車》及評論《西部通道有利推動跨境基建》，稱「西部通道開通，對促進香港和內地的交流與合作具有重要意義。深圳灣口岸落實『一地兩檢』，亦充分體現了『一國兩制』的創造性和靈活性。」同時，《文匯報》也沒有忽視現實存在的缺陷和問題，接到市民投訴後，次日便發文指出「西部通道通車後，配套服務沒有跟上，屬於不應出現的疏忽」，要求「盡快完善交通接駁，加強口岸管理，並擴大現時的交匯處，暢通車流人流。」

2012年1月6日，香港《文匯報》頭條報道滬港經貿合作會議第二次會議於上海舉行，兩地政府在經貿合作、文化交流、公務員交流、醫療合作領域達成4項合作協議。「消除『瑜亮情

節，滬港務實合作』」，上海和香港作爲我國兩個定位截然不同卻同樣重要的金融商業中心，一改過去兩地合作缺乏載體落實的弊端，「加大力度深化合作，將協議化爲各項具體可行的政策，並加快推出討論多時的港股 ETF 等措施，通過項目載體來推動合作。」尤其是滬港通的啓動，一方面「增強兩地股票市場的綜合實力，擴大兩地投資者的投資渠道，提升兩地市場的競爭力」；另一方面，「支持和配合內地資本項目逐步開放，及人民幣國際化的進程，推動人民幣成爲國際市場的投資貨幣。」

2、正確處理兩地摩擦事件報道

2008 年 9 月，沸沸揚揚的毒奶粉事件席捲祖國內地，香港《文匯報》及時跟進事件進展，並堅持以客觀、公正的態度進行新聞報道，有效緩解了香港民衆的緊張情緒。9 月 12 日香港《文匯報》整理各方信源發布新聞《逾百嬰腎結石　甘肅一童夭折　『毒奶粉』殃 9 省　全國回收 700 噸》，全面報道事件起因、發展，及各地嬰兒患病情況、民衆態度和政府應對等。隨後幾日，密切關注事件進展，尤其關注中央工作與香港奶粉流入情況，第一時間報道食環署意見「有問題的『三鹿牌』奶粉，香港沒有發售」，及時安撫市民情緒，防止事態惡化。

9 月 16 日，香港《文匯報》《三鹿原料飲品　港「裕記」撤櫃回收》報道香港連鎖食品店「裕記食品批發有限公司」被揭有售毒奶粉製造商「三鹿」生產的原料飲品，「裕記」已及時回收，食物安全中心也已著手處理。17 日，香港《文匯報》綜合消息稱「『三鹿』事件震驚中南海」，「國家質檢總局緊急排查內

地109家嬰幼兒奶粉生產企業，結果顯示，有22家企業69批次產品檢出了含量不同的三聚氰胺，甚至包括伊利、蒙牛等內地乳製品知名品牌。」並附上名單列表。截至9月25日，據報道香港確診嬰童飲毒奶粉導致腎結石達5宗。同一時期，內地對國產奶粉的普遍不信任，導致香港奶粉「搶購潮」，不少商家被迫限購。

　　2013年1月，「奶粉」再一次共同成為香港和內地民眾關注的焦點，香港《文匯報》在頭條位置刊發《限奶粉出境　港日內出招　將軍澳『撲粉』到東涌　家長空手回叫苦》，報道水貨客導致「奶粉荒」問題嚴重。2月2日，香港《文匯報》社評稱「香港當局多個部門昨日公布聯手推出10招，包括修例限定成人只可攜帶兩罐奶粉出境、設立24小時訂購熱線和制定『水客』監察名單等，以確保奶粉供應及打擊水貨活動」，以「確保本地奶粉正常供應，滿足本地家長奶粉需求」。3月1日香港開始執行的「限奶令」成為當年兩會期間的熱點話題，香港《文匯報》連發數十文，報道兩地政府及相關人士對此政策的解釋和討論，並指出「『限奶令』目的是確保本地父母能夠為他們的嬰兒得到足夠的奶粉供應，有其必要性。然而，『限奶令』涉及兩地關係，宜注意勿矯枉過正，令正常的自由行旅客成為處罰對象，傷同胞感情。」12月6日，據香港《文匯報》報道，直至農曆新年，撤除限奶令的呼聲始終沒能實現，特區政府根據「十一黃金周」進行的壓力測試結果，指出「本港奶粉供應鏈尚未完善，例如奶粉券效用未達預期效果、零售層面補貨機制需改善等。」

　　香港《文匯報》在「限奶令」相關報道中，重在特區政府的

立法解釋和措施落實情況，以及對撤除「限奶令」爭議的報道，呼籲香港和內地雙方增進理解，共同尋找源頭解決問題。

2012年，兩地社會問題的爭議又聚焦於香港停收夫婦雙方皆非港人的「雙非」孕婦，甚至有部分市民參與遊行，「反對『雙非』孕婦佔用香港公立醫院資源，並令學額緊張和加重納稅人負擔，促請港府向『雙非』嬰兒停發出生證明。」2012年1月20日，香港《文匯報》對此發表評論《控制「雙非」孕婦　終須法律解決》，認為：「特區政府或終審法院都應該考慮主動提請釋法」，「澄清「雙非」孕婦在港所生子女並無居港權，一次解決外傭及「雙非」嬰兒居港權危機。」《「雙非」緣何湧港　公民黨須向港人交代》則指出：「內地「雙非」孕婦湧港產子，根源是公民黨在2001年策動『莊豐源案』，導致『雙非』孕婦在港產子擁有居港權。這顆定時炸彈逾10年後終於爆炸，不僅對本港醫療體系、社會福利和人口政策帶來沉重壓力，而且引發了香港人與內地人的矛盾，造成分化香港人與內地人的惡果。」因為關乎《基本法》及對居港權的釋法問題，2月1日，香港《文匯報》再發評論：「修改基本法解決『雙非』是本末倒置」，應「由終院主動糾錯或通過人大『釋法』，徹底解決問題」。

特區政府對此採取入境行政攔截措施，雖然一定程度緩解了社會壓力，但始終未能根本解決「雙非」問題，對此，香港《文匯報》8月至11月期間，多次發文敦促「『雙非』居港權問題須盡快處理」，「法律解決方治本」，並強調「市民應向公民黨追究責任」。2013年1月，梁振英當選後宣布香港公私營醫院「雙

非」零配額，贏得社會各界掌聲。2012年至2013年，香港《文匯報》「雙非」相關報道共計約100篇，尤其深度解析「雙非」問題，並多次發文提供解決思路，推動特區政府直面問題，在整個過程中起到積極正面作用。

　　2012年8月，深圳政府宣布放寬到港自由行，非深圳戶籍居民可在9月起以「一簽多行」方式來港旅遊，引發香港各界強烈反響。香港《文匯報》8月26日刊文稱「港府旅業歡迎深放寬一簽多行」，根據梁振英、蘇錦樑、張建宗等政界人士言論，分析指出：內地進一步放寬「個人遊」來港的旅遊安排，「對推動零售、餐飲等消費行業有正面作用」，「可推動就業」，「為港經濟帶來好處」，「雖然可能個別事件有負面影響，但市民需宏觀、客觀地看問題」。9月1日，香港《文匯報》報道「非深戶『一簽多行』暫緩3周」，行政長官梁振英表示：「港府將會與內地部門商討是否設定簽註人數上限，又將設立相關機制，以作為內地發出赴港雙程證及簽註的考慮基礎。」香港《文匯報》在此期間積極跟進香港和內地政府針對「自由行」問題的協商過程，促進香港和內地關係良好發展，同時，也直面開放「一簽多行」導致的「水貨客」問題，關顧香港民眾之所憂。

第三節

與祖國休戚與共　同呼吸共命運

　　二十餘年來，中國不斷融入世界，並持續收穫改革開放的發展成果，成為世界第二大經濟體；同時世界形勢風雲變幻，中國的國家利益不斷遭受挑戰。香港《文匯報》始終憑藉對「一國兩制」的深入理解和準確把握，立足國家發展大局，利用遍布內地的記者網優勢，及時報道中國崛起發生的巨大變化，向世界傳達中國聲音，講好中國故事。

一、關注祖國和平崛起　共襄偉大民族復興

1、展示內地成就報道

　　2001年中國正式加入 WTO，標誌著中國經濟開始全面融入世界。香港《文匯報》從1995年起就一直關注中國的入世談判進程，並不斷闡釋中國入世對香港的機遇及應對措施。其中1999年11月14日，香港《文匯報》刊發了本報記者發自北京的獨家報道《北京：中美談判否極泰來》，被其他媒體紛紛轉載。2000年下半年，中國加入世貿組織多邊程序開始啟動，香港《文匯報》對此的關注更加密集，2001年11月10日，世界貿易組織第四屆部長級會議在卡塔爾首都多哈以全體協商一致的方式，審議並通過了中國加入世貿組織的決定。次日香港《文匯報》與此有關的報道多達22篇，並發表社評《中國融入世界經濟主流意義深遠》，稱「這標誌著中國已融入世界經濟主流，中國將以發展中國家的身份全面參與全球化進程，這不僅有利中國更快地推動現代化進程，而且會給世界經濟發展帶來更多機會和動力」，並在11月13

日的社評《只緣身在此山中》中回應一些人認爲香港的吸引投資條件正在削弱的擔憂，稱「中國加入世貿之後，香港的生意機會不是減少了，而是增加了」，全面分析中國入世後香港如何進一步發揮橋樑作用，促進「中介轉型」，「關鍵在於香港能不能抓住機會，發揮自己的優勢，並配合新的形勢，採取提升中介服務質量的措施。」中國入世在香港及全世界政經領域都產生了良好反響，香港《文匯報》此後也有不少報道，論述中國加入WTO對世界新經濟秩序的意義。

入世以來，中國已從世界第六大經濟體成長爲全球第二大經濟體，最大貨物貿易國，世界第二大對外投資國，人均國內生產總值接近8000美元，這一系列成就可直觀地證明入世以來中國的巨大進步。在此期間，中國在各方面的成績令世界矚目，尤其在科技及高端製造業領域，更是邁入世界先進地位。以中國在航天領域的成就爲例，神舟系列飛船從無人到載人、「北斗」衛星開啓全球組網、「嫦娥」落月以及中國自主建設的「天宮」空間站等，即是中國製造業及綜合國力提升的有力證明。香港《文匯報》在這一時期也集中精力報道了中國在這一領域的一系列成就，鼓舞港人的愛國熱情和民族自豪感。如關於2003年10月15日成功發射的中國首個載人飛船神舟五號，香港《文匯報》早在一年前中共「十六大」期間便開始部署。當時香港《文匯報》通過有關渠道，獲知中央有意向於2003年秋季發射載人飛船，於是開始積極安排專門人手進行跟進，在香港總部的整體策劃下，令整個採訪工作積極有效。神舟五號載人升空的連續多日的報道

中，香港《文匯報》無論從新聞內容、新聞圖片及報道的版面上，均一直領先於同儕，並獲得多項全球第一，獨家新聞最多，版面內容最豐富。其中率先披露「神五」發射和回收時間及地點；率先報道國家主席胡錦濤將到酒泉發射中心觀看「神五」升空；率先披露航天員訓練及家庭情況等等。特別是先後兩天獨家刊登首個航天員楊利偉及三名身穿制服的中國航天員照片，更得到外界一致好評，並被數十家香港和海外媒體及網站轉載，香港《文匯報》在《今圓飛天夢　再賦強國篇——熱烈祝賀「神五」發射成功》中自豪地宣稱：「中國人圓了數千年的飛天夢！神舟五號發射成功，標誌著中國攀登世界科技高峰邁出具有重大歷史意義的一步，展示出中國改革開放以來形成的雄厚綜合國力，象徵著偉大中華民族復興進程躍上一個新的起點。」當2013年中國載人航天發射第十年時，香港《文匯報》刊發的報道《載人航天十年　神十演繹十全十美》，詳述中國航天從「孤膽英雄」到實現多人升空、太空行走等成就。

　　除了科技領域，中國崛起也表現在更多方面。比如中國提出「一帶一路」倡議及「亞投行」獲得國際社會積極響應，表明了中國的綜合國力在引領世界經濟發展上具有的巨大吸引力。2013年9月和10月由中國國家主席習近平分別提出建設「新絲綢之路經濟帶」和「21世紀海上絲綢之路」的合作倡議。針對這一國家級頂層合作倡議，香港《文匯報》近年來傾注大量篇幅關注，僅據「香港文匯網」進行標題檢索統計，自2014年1月至2018年4月有關「一帶一路」的文章就多達2300多篇。通過大量報道，香

港《文匯報》全面分析這一戰略計劃對沿線國家、內地各省市及港澳台等地區的機遇，闡釋在「一帶一路」合作框架下共同打造政治互信、經濟融合、文化包容的利益共同體、命運共同體和責任共同體的倡議精神。其中「亞洲基礎設施投資銀行」（簡稱亞投行，AIIB）是「一帶一路」戰略的重要支柱，旨在促進亞洲區域的建設互聯互通化和經濟一體化的進程，並且加強中國及其他亞洲國家和地區的合作，為「一帶一路」建設形成完整融資鏈，是首個由中國倡議設立的多邊金融機構。據香港《文匯報》報道，2013年10月2日中華人民共和國主席習近平在雅加達同印度尼西亞總統蘇西洛舉行會談時首次倡議籌建亞投行，以期「同域外現有多邊開發銀行合作，相互補充，共同促進亞洲經濟持續穩定發展」。此後直至2015年12月25日亞投行正式成立，香港《文匯報》都一直關注著籌備進程，並通過社評等形式闡釋中國牽頭設立亞投行並非「挑戰美國主導的國際金融秩序」，而是「一個合作共贏的平台」，表明中國在堅持走和平發展道路的同時，一直在開拓合作共贏的國際關係新路。[1]

2、內地舉辦國際盛會的報道

在這一時期，中國逐漸以一個負責任大國的形象頻繁出現在世界舞台，承辦了APEC峰會、奧運會等一系列重要的國際盛會，香港《文匯報》均派出精幹報道力量，展現中國在國際經濟、文化等事務中的擔當和貢獻。如2001年10月20日亞太經合組織（APEC）峰會首次在中國上海召開，次日香港《文匯報》在《APEC領導人會議昨開幕　江澤民介紹日程　就宏觀經濟形

---

① 《中國創立亞投行是多邊共贏之舉》，香港《文匯報》，2015年3月23日A04版。

勢等三議題作討論》《滬APEC成全球焦點　政要雲集凸顯會議重要性》等報道中充分展示此次峰會作爲一個重要窗口向全世界展示改革開放、經濟建設巨大成就的作用，並於22日全文刊登APEC《領導人宣言》。這一年，對中國而言還有另一件大事便是「申奧」成功，北京獲得2008年夏季奧運會的舉辦權，加上「上海合作組織」成立、中國正式加入WTO等大事，香港《文匯報》在年終時總結稱2001年是「世界的中國年」，「所有這些均表明，中國外交在新世紀的開年躍上了一個更高平台，中國對國際事務的影響力呈進一步增強的趨勢。」①

北京奧運會對中國來說具有獨特意義，這不僅是一次體育盛會，更是中國向世界各國展示經濟、文化等各方面成就的一個重要窗口。香港《文匯報》極爲重視北京奧運會的報道活動，從香港派出兩位記者與北京新聞中心逾20人的奧運採訪團隊匯合，展開兩個多星期的採訪。在此期間，香港《文匯報》每天都以六個專版以上的篇幅報道北京奧運會，爲讀者提供最新的奧運信息。開幕式當天，香港《文匯報》刊發了多組報道，如《奧運揭幕百載夢圓　全球聚焦鳥巢　北京今夜無眠》《焰火秀中華　煙花將組2008張笑臉》《對設施讚不絕口　各領隊具信心創佳績　港隊奧運村內升起紫荊旗》《緣分讓我們走進開幕式》等，並發表社評《百年奧運夢今圓　歷史書寫「中國年」》，盛讚中華民族堅忍不拔、自強不息的精神，同舟共濟、共克時艱的傳統。8月9日該報在頭條報道中詳細描繪了開幕式盛況及聖火點燃等激動人心的時刻，並結合《電聲光影融中西方智慧　歌舞書畫展五千年

① 　《展望二〇〇二年中國外交》，香港《文匯報》，2001年12月28日A05版。

文明　史詩式揭幕，顯東方神韻》《選劉歡揭秘：英語唱得棒》
《港導演設計鳥巢「飛人」》《主題歌作者即開幕式音樂總監》
《現場感人　激動欲泣》等多篇報道全面解構開幕式的每一細
節，彰顯了深厚的報道功力。尤其是當天的社評《中華文化完美
融合奧運精神》以優美的文筆、磅礴的氣勢、高屋建瓴的視野對
開幕式進行解讀，讚其「將中華五千年歷史文化精髓巧妙濃縮，
天人合一的智慧和高超的光影造型技術，與「綠色奧運、科技奧
運、人文奧運」的理念珠聯璧合，相得益彰」，「開幕式展現的
東方神韻，見證了一個古老民族融入世界潮流的步伐。」

　　在賽事期間，除了關注奧運健兒在賽場上的表現，香港《文
匯報》還特別關注中國借助奧運契機展開的首腦外交、北京奧運
會的後勤保障工作、賽事服務中的科技手段、志願者與普通平民
的辛勤奉獻、場內場外的花絮細節，全面呈現了北京奧運會的進
展情況，以及注重報道由香港協辦的2008年北京奧運的馬術賽事
在香港舉辦的盛況，如《京奧氣氛罩香江　市民喜淚看開幕大熒
幕直播盛況　維園尖沙咀人氣旺》《中國騎手華天　奧馬賽受矚
目》等。8月24日，北京奧運會圓滿落幕，香港《文匯報》當日
報道本港一項調查發現，「在京奧開始後，超過6成被訪青年對
自己作為中國人的自豪感有提升，較4年前一項同類調查，增加
73%。」[1]　並在次日社評中充分肯定中國舉辦此次奧運會的歷史
意義，「北京奧運之年，也是中國改革開放30周年，看似巧合，
實際上蘊涵著歷史的必然。正是改革開放30年來雄厚的物質基礎
和日漸提高的軟實力，讓中國有能力成功舉辦奧運會。奧運夢不

---

[1]　《京奧昇華民族情》，香港《文匯報》，2008年8月24日14版。

僅是中國強國夢的一部分，而且是中國改革開放的加速器。」同時認為香港的經濟發展和轉型亦將得到更大動力，「香港得益於國家改革開放舉辦馬術比賽，也有助香港提升國際形象，推廣亞洲國際都會美譽，進一步鞏固旅遊及盛事之都的地位。」並引用BBC、共同社、法新社等各家外媒的報道，稱北京奧運「成功非僥幸」，大大提升了中國的國家形象。

此後，中國還繼續承辦了2010年上海世博會，2014年亞信峰會、APEC北京峰會，2011年（三亞）及2017年（廈門）金磚國家峰會等盛事進一步向國際社會展示一個更加開放和自信的中國，增進了彼此之間的互動和了解。香港《文匯報》始終踐行傳播中國的使命，報道每次盛事的進程和成果。如2010年上海世博會期間該報全程跟進、深入報道，相關新聞多達130餘篇，對世博會香港館及香港活動周等更是格外關注，有力促進了中國與世界的交流。

3、內地受災、抗災報道

當代中國比歷史上任何時期都更接近中華民族偉大復興的夢想，但中國崛起的進程並非一帆風順，而是經歷了重重考驗。2008年，正在中國人民翹首期盼北京奧運會盛大開幕前夕，一場罕見的雪災和汶川大地震相繼給中國造成重創。「多難興邦」，面對這些挑戰，香港《文匯報》與祖國人民風雨同行，真實記錄了堅強的中國人民團結一致、眾志成城，成功應對一次又一次嚴峻考驗的壯闊歷程。

2008年1月10日起中國南方發生50年一遇的罕見冰雪災害，

令廣東、廣西、湖南、湖北、安徽、江西、河南、重慶、四川、貴州、雲南等十餘個省區措手不及，直接經濟損失超過一千億元人民幣，受災人口超過1億。香港《文匯報》對災情十分關注，除了報道內地居民生產生活受雪災影響的情況，也報道雪災對香港食品供應和價格的影響，並呼籲香港市民「應予諒解」；① 不僅展現中央及地方政府的救災和恢復措施，給予積極評價，也看到中國在此次雪災中暴露的在應對突發性災難危機中救援保障機制的脆弱環節，並提出相應建議。②

就在中國剛從南方雪災中恢復過來之時，更大的災難——舉世震驚的5‧12汶川大地震發生了！2008年5月13日，香港《文匯報》頭版頭條報道了這一驚懼慟人的消息：「12日14時28分，四川省汶川縣發生里氏7.8級強烈地震，包括北京、上海等內地19省市和港澳、台灣等地，以至泰國曼谷、越南河內等東南亞地區，都感到不同程度震動。」並在其他版面刊載了一系列報道，介紹地震發生後全國上下的應對舉措，如《胡總火速指示溫總趕抵災區》《衛生部：13支小組赴災區》《一級預案啟動近萬軍警馳援》《溫總下令：軍隊強闖震區　救人強調「早一秒抵達　就能及早搶救生命」》《未來兩天有雨　救災臨不利因素》等，並在社評《救災反應迅速　信息高度透明》中高度評價中央政府「在一個小時之內已就救災作出決定，溫總乘專機立即趕往災區」等措施，並讚揚信息高度透明化，「這既反映了中國改革開放後的巨大進步，也顯示中央汲取過去應對自然災害的經驗教訓，已形成一套以人為本、高效及時、透明開放的救災觀念

---

① 《供港食品緊張　市民應予諒解》，香港《文匯報》，2008年1月29日A02版。
② 《建立災害危機救援和保障機制》，香港《文匯報》，2008年3月8日A20版。

和機制。這對於及時有效救災，減輕及消除外界的的恐慌情緒，具有重要意義。」此後香港《文匯報》連續報道賑災新聞，並專門設置「大地震專輯」報道版面，發表與此有關的獨家報道、災後重建報道、各界捐贈新聞、記者手記等。如5月19日，國務院宣布即日起一連三日為全國哀悼日，北京奧組委亦迅即宣布，北京奧運聖火境內傳遞活動暫停三天，香港《文匯報》稱這「昭示中國政府和人民對生命的尊重，以及戰勝災難和重建家園的決心與勇氣。」同日又報道「四川汶川地震震級由日前報告的里氏7.8級修訂為里氏8.0級。」

據不完全統計，自5月13日至5月30日，該報刊出的有關地震的專版143個、社評11篇、評論46篇、稿件1303篇、圖片875幅。在這些報道中，香港《文匯報》還創下了多項本港傳媒或平面傳媒的紀錄，部分還是全球華文傳媒的紀錄。包括：一、本港傳媒中，最早從災區發出有關地震災害以及當地情況的報道；二、最早報道了中國地震專家明確指出，汶川大地震烈度超過官方公布的7.8級的訊息；三、最早報道了溫總理在災區流淚、摔倒，以及因有部分人員未能及時趕到現場搶救災民生命，而憤怒得摔了電話的消息；四、在本港平面媒體中第一個發出了從直升飛機航拍震中現場的照片；五、本港平面媒體中第一個就都江堰市聚源小學建築質量奇劣，作出了一個整版的追蹤報道；六、本港平面媒體中第一個直接在救災扶傷的現場採訪了溫總理，並在報道中轉達了溫總理對香港市民表示感謝的充滿激情的談話：「當香港同胞知道祖國人民遭受慘痛，紛紛參與到抗震救災的行

動中來，而且慷慨解囊，眞誠相助，讓我深受感動。特別是香港
醫療救護隊在搶救傷病員的工作中，發揮了積極的作用。謝謝你
們，謝謝香港人民！」；七、以《穿行在生與死的邊緣》爲題，
一連兩天，發出了本報記者在災區現場100個小時的長篇通訊，
向讀者直抒胸臆，坦陳記者作爲個人，在生死關頭的猶豫和對新
聞職責的堅守；八、動員本報分布在全國10個省市記者站的力
量，聯機報道了從災區向各省市分流地震中傷員以及各省市如何
全力搶救、護理的消息等。

二、維護國家安全利益　譴責暴恐分裂勢力

1、內地反「暴恐」事件報道

2008年北京奧運會臨近之時，世界目光聚焦中國。而一些分
裂勢力也正蠢蠢欲動，不僅在奧運聖火境外傳遞過程中上演鬧
劇，還陰謀在國內製造暴力恐怖事件，破壞和平穩定的局勢。

2008年3月14日，一群不法分子在西藏自治區首府拉薩市區
的主要路段實施打砸搶燒，給當地人民群衆生命財產造成重大損
失。香港《文匯報》次日轉載新華社電訊，表明「有足夠證據證
明這是達賴集團有組織、有預謀、精心策劃的。」中央政府及西
藏自治區「完全有能力維護西藏社會穩定，維護西藏各族群衆生
命財產安全。極少數人破壞西藏安定和諧的圖謀不得人心，是注
定要失敗的。」同時又刊登本報駐西藏記者的報道，披露了大昭
寺廣場周邊的青年路、宇拓路、林廓路等主要街道上的「車輛、
超市和商店都遭到打砸，並有人哄搶商場內貨品和縱火焚燒汽
車、商場，而廣場肇事者多爲藏族年輕人」等細節。此後幾日香

港《文匯報》大量刊載揭露拉薩「3．14」事件真相及「藏獨」
分子殘暴面目的報道，如《網友親歷騷亂　兇徒多是年輕人》
（2008.3.16）、《拉薩目擊：「從沒見過的暴行」》
（2008.3.16）、《西藏武警迅速平亂　拉薩市面復歸平靜　「藏
獨」縱火160處10人無辜燒死》（2008.3.16）、《達賴策劃騷
動　官方披露證據》（2008.3.19）、《暴徒砸銀行洗劫ATM
機　焚燒民宅店舖214間　拉薩專賣店5藏漢女店員燒死》
（2008.3.20）、《拉薩滅門慘案　再揭暴徒燒死5人》
（2008.3.23）等，並及時報道人民政府批捕疑犯、向無辜死難者
家屬發放撫恤金等處置措施。

　　拉薩「3．14」事件爆發初期，由於外界未能全面了解和掌
握事件真相，謠言四起；部分西方媒體出於種種原因，對騷亂事
件進行了歪曲和不實報道，甚至指責中國政府「武力鎮壓和平示
威」，誤導海內外民眾，混淆視聽，造成惡劣的影響。香港《文
匯報》一方面盡力報道事件真相，揭露騷亂背後達賴集團種種有
組織、有預謀的言行，另一方面針對部分西方媒體的歪曲報道作
出有力回擊，如3月19日該報刊登國務院總理溫家寶在記者會上
就此事件的回應，指出「當地政府和有關部門依照憲法和法律，
採取十分克制的態度，迅速地平息了這起事件，維護了拉薩以至
西藏各族人民的利益」，並嚴厲駁斥達賴所稱的「中國政府滅絕
西藏文化」等言辭「完全是一派謊言」。[1]　此外，香港《文匯
報》還通過「文匯論壇」組織各界專家分析騷亂事件的本質，為
中央政府的處置建言獻策，如《「藏獨」勢力還是恐怖組織？》

---

① 《強調暴亂事件暴露所謂「和平對話」偽善　溫總：達賴策劃騷亂破壞奧運》，香港《文匯報》，
　2008年3月19日A02版。

（2008.3.19）、《西方虛僞的雙重標準》（2008.3.21）、《西藏問題：中國如何展開有效國際公關？》（2008.3.22）、《「藏獨」騷亂的本質》（2008.3.25）等文章有力回擊了部分外媒的不實報道和污衊評論，進一步澄清了事實眞相，傳遞正義聲音。

2009年7月5日，在民族分裂分子熱比婭爲首的「世界維吾爾代表大會（簡稱世維會）」等境外三股勢力，借廣東韶關「6·26」群體鬥毆事件直接煽動、精心策劃下，一夥暴徒在新疆自治區首府烏魯木齊發動了打砸搶燒嚴重暴力犯罪事件。在此事件中香港《文匯報》繼續站在維護民族團結和國家統一的立場報道事件眞相，並通過發表社評《「疆獨」恐襲升級　分裂不得人心》（2009.7.7）等嚴厲譴責分裂勢力以殘忍手段造成平民傷亡、破壞祖國和平穩定的行爲，並譴責美歐等國對熱比婭及其「世維會」提供政治庇護、放縱其遙控東突分子在中國製造恐怖事件的行徑，有力地向世界發出中國堅決維護國家統一的聲音。

2、全面報道重大外交事件

1999年5月7日（北京時間5月8日），北約的美國B-2轟炸機發射使用三枚精確制導炸彈或聯合直接攻擊彈藥（JDAM）擊中了中華人民共和國駐南斯拉夫聯盟大使館，當場炸死三名中國記者邵雲環、許杏虎和朱穎，炸傷數十人，造成大使館建築的嚴重損毀。5月9日香港《文匯報》刊登中華人民共和國政府聲明，強烈抗議美國戰機轟炸中國駐南大使館，「這一行徑是對中國主權的粗暴侵犯，也是對維也納外交關係公約和國際關係基本準則的肆意踐踏」，並報道中華人民共和國外交部副部長王英凡

緊急召見美國駐中國大使尙慕傑，奉命就我國駐南斯拉夫聯盟共和國大使館遭北約導彈襲擊一事向以美國爲首的北約提出最強烈抗議。[1] 同時還刊發《安理會緊急會商五小時　秦華孫及聯合國成員強烈譴責北約襲擊中國使館暴行》《北京各校昨大遊行　高呼「中國人民不可辱」　今天還有大遊行》《各地爆發反美遊行示威》等，報道北京、上海、廣州、南京等城市爆發的反美示威遊行的情況，「（北京美國駐華）使館四面的街道上，一支支學生隊伍情緒激昂地遊行示威，遊行隊伍高舉橫幅，上書『強烈譴責美國的霸權行徑』，『中國人民不可辱』、『堅決擁護我國政府的嚴正聲明』、『支持南聯盟人民反抗北約侵略』、『強烈抗議北約暴行』」。

　　5月11日，香港《文匯報》連發三篇本報記者採寫的報道《江澤民：不容北約卸責　昨與葉利欽通電話籲各國政治家警惕炮艦政策　俄羅斯特使抵京》《美國的「解釋」不能令人信服——訪中國現代國際關係研究所研究員、美國問題專家楚樹龍敎授》《中國向北約提四要求　公開正式道歉、徹查事件、公布結果、嚴懲肇事者》，嚴正表明中國政府堅定維護國家利益的態度。次日香港《文匯報》又發表評論文章《道歉不足夠　北約須作出交代》，稱「雖然克林頓和北約一些國家首腦已作出了口頭道歉，同時其駐華使館和領館又將在今天下半旗爲中國死難者致哀，但這是不足夠的」，要求「北約必須按照中國政府的嚴正要求對中國人民作出交代」。文章嚴厲抨擊了霸權主義者橫行霸道的炮艦政策，質問道「如果強權者可以當太上皇，對每一個國家

---

① 《中國政府提最強烈抗議　緊急召見美大使　保密采進一步措施權利》，香港《文匯報》，1999年5月9日。

的內政發號施令，對民族分裂主義煽風點火，世界焉有安寧？中國又焉可在和平的國際環境下搞經濟建設，同列強進行平等的經濟貿易合作？」

近年來隨著中國不斷崛起及「中國威脅論」的渲染、美國實施「重返亞太」戰略，日本、菲律賓、越南等國不斷在東海、南海地區製造爭端，妄圖干擾中國正常發展。中國與南海周邊國家的劃界爭端由來已久，隨著2002年中國與東盟各國簽署《南海各方行為宣言》，以保證南海地區和平與穩定，周邊局勢獲得一段平穩時期。但2010年後，南海再起波瀾，由於越南長期覬覦南海地區豐富的油氣資源並不斷加大開發力度，中國政府逐漸採取措施保護南海資源、反對越南等國掠奪石油行為。2010年1月27日香港《文匯報》在題為《南沙油源遭掠　年失1個大慶　專家促攻關深海鑽探技術　加快南海海域開發》的報道中指出中國海洋資源正在大量流失的現狀，並呼籲中國「一定要加大海洋科學研究的投入，尤其要加快海底深潛、海底觀測和深海鑽探這三大主要方向的技術研發。」2011年5月27日，中方主管部門進行海上執法後引發中越兩國外交口水戰，對此香港《文匯報》發表中國外交部發言人表態，稱「越方在中國管轄海域開展油氣作業活動，損害了中國在南海的權益和管轄權，違背了兩國在南海問題上達成的共識，中方對此表示反對。中方主管部門採取的行動，完全是在中方管轄海域進行的正常海洋執法監察活動」。[1]　此後香港《文匯報》不斷重申中方維護南海和平航行自由的立場，並在6月2日發表社評《中國堅定護主權　越南莫誤判形勢》，揭

---

[1] 《越南在華海域探油氣　中國外交部反對》，香港《文匯報》，2011年5月29日A06版。

露「越南長期以來千方百計搶佔南海的島嶼、掠奪油氣資源，並與美國狼狽為奸，企圖將南海問題國際化」，並嚴正警告「中國維護主權和領土完整的決心不容置疑，更不會對侵犯主權的挑釁坐視不理，越南切勿誤判形勢。」

另一方面，圍繞黃岩島爭端菲律賓也不斷在南海興風作浪，與越南聯合對抗中國，不斷指責中方在南海地區的主張和行為。2012年7月24日，對西沙群島、中沙群島、南沙群島的島礁及其海域進行行政管理和開發保護的海南省三沙市正式成立，「香港文匯網」刊發即時報道，稱「我國設立三沙市在國際法上有充分依據，菲越在南海的主權主張則明顯違反聯合國海洋法公約的條文和精神」，並詳細梳理了菲、越兩國的前宗主國從未主張過或從未成功地獲得過對南海諸島的權利等史實，有理有據地證明了「三沙建市侵犯菲、越領土主權之說純屬無稽之談」。次日香港《文匯報》又詳細報道了三沙市成立大會暨揭牌儀式，並刊登了《中方駁阿基諾　重申黃岩島屬華》等報道，對南海局勢作出了有力回應。但南海並未就此風平浪靜，2013年1月22日，菲律賓正式向聯合國海洋法法庭提請針對中國的「仲裁」，面對此一鬧劇，香港《文匯報》多次重申「中國政府鄭重宣布不接受、不參與菲律賓提起的仲裁」的立場。2016年7月12日，海牙國際仲裁法庭對南海仲裁案作出「最終裁決」，判菲律賓「勝訴」，並否定了「九段線」。香港《文匯報》援引中國國家主席習近平會見外賓時的講話，稱「中國在南海的領土主權和海洋權益在任何情況下不受所謂菲律賓南海仲裁案裁決的影響。中國不接受任何基

於該仲裁裁決的主張和行動。」① 並評論道「實際上，菲律賓單方面精心導演的這場鬧劇，倒是幫了中國一個大忙：仲裁讓全世界聽到了13億中國人的正義之聲：每一寸中國的領土都不允許被外人拿走。」②

　　東海方面，自2012年日本政府將釣魚島（日稱尖閣列島）「國有化」後，中日之間即圍繞釣魚島主權展開激烈的交鋒，兩岸三地民間發起的保釣運動也得到香港《文匯報》的格外關注。尤其是2012年8月15日，香港愛國人士衝過日本攔截，成功登上釣魚島，插上五星紅旗，宣布中華人民共和國對釣魚島擁有無可爭議的主權。這天適逢日本宣布無條件投降67周年，香港《文匯報》發表社評《兩岸三地保釣警告日本》，嚴詞批評「此次釣魚島的爭議升溫，完全是日本一手造成」，兩岸三地合力保釣表明「中華兒女必將同仇敵愾，堅決維護國家主權和民族利益，日本侵佔釣魚島的圖謀絕不可能得逞。」此後該報不斷刊文呼籲兩岸攜手合作維護釣魚島主權，如《讓世界聽到兩岸保釣呼聲》（2012.9.21）、《同保釣禦外侮　兩岸民意主流》（2012.9.22）等，並及時報道中方漁政船巡航、戰機飛越宮古海峽等行動。2013年11月23日，中華人民共和國國防部宣布劃設中華人民共和國東海防空識別區。次日香港《文匯報》轉載新華社評論稱「中國政府正式宣布劃設東海防空識別區，這一正當之舉，體現了中國政府和軍隊維護國家領土領空主權和安全的堅定決心和堅強意志」，並報道了中國空軍隨即進行了首次空中巡邏的新聞。

　　3、維護兩岸關係報道

---

① 《習近平：中國不接受裁決》，香港《文匯報》，2016年7月13日A2版。
② 《鬧劇幫了中國一個大忙》，香港《文匯報》，2016年7月13日A2版。

台海局勢多年來風雲變幻。進入新世紀後，兩岸關係由於新當選的台灣地區領導人陳水扁堅持「台獨」立場而趨於緊張。2000年3月19日香港《文匯報》即發表了中共中央台灣工作辦公室、國務院台灣事務辦公室就台灣地區產生新的領導人所作的聲明，「台灣地區領導人的選舉及其結果，改變不了台灣是中國領土一部分的事實。和平統一是以一個中國原則為前提的。任何形式的『台獨』，都是絕對不允許的。」陳水扁正式就職後，該報嚴密關注台灣當局的言行立場，不斷發聲敦促其放棄「台獨」立場，切實改善兩岸關係。2001年1月29日香港《文匯報》在《大變局　大困局──二○○○年台灣政局概述》中全面梳理、評析了民進黨上台後，既只有少數民意基礎，又實際只搞「少數執政」，低估在野黨，漠視「立法院」，固執己見，違背民意，給台灣及兩岸關係帶來的一系列危機。2004年台海形勢更加嚴峻，陳水扁拋出「一邊一國」等言論，糾結各種勢力、千方百計地利用公投進行「台獨」活動，對此全國人大開始討論有關《反分裂國家法（草案）》，香港《文匯報》在有關報道中稱制定《反分裂國家法》「是必須和恰當的，為維護統一提供具體法律依據」，這不僅是為了阻止台灣獨立，亦是要在法律中首先闡明中央實現統一的基本政策，就是要和平統一、「一國兩制」。① 2005年3月14日，《反分裂國家法》正式頒布，香港《文匯報》予以全文刊登，並廣泛報道港台輿論及國際社會對該法的積極評價，有力打擊了「台獨」勢力的囂張氣焰。

　　2008年3月21日，國民黨候選人馬英九在台灣地區領導人選

---

① 《「反分裂法」專遏制台獨港澳不適用》，香港《文匯報》，2004年12月18日 A02版。

舉中勝出，兩岸關係迎來改善曙光。香港《文匯報》次日在社評
《馬英九高票勝選　兩岸關係新契機》中認爲馬英九高票當選，
反映台灣民眾既不滿陳水扁執政八年的腐敗無能，也不願意見到
兩岸關係持續緊張對立。陳水扁當局處心積慮推動的所謂「入聯
公投」被否決，也再次證明「台獨」不得人心，並對馬英九重申
「九二共識」表示積極支持。在馬英九當局與內地方面共同努力
下，兩會恢復了機制化會晤，簽署了兩岸經濟合作框架協議
（ECFA）等多項合作協議。兩岸每天航班從零增至120班，來台
陸客累計超過1800萬人次；來台就讀陸生增至35000人，增長40
多倍。香港《文匯報》欣然見證兩岸交流日漸增多、兩岸民心日
漸貼近。2015年11月7日，中共中央總書記、國家主席習近平與
台灣方面領導人馬英九在新加坡會面，就進一步推進兩岸關係和
平發展交換意見，實現了66年來兩岸領導人首次會面。11月8日
香港《文匯報》刊出了9版篇幅，向讀者全方位呈現「習馬會」
的歷史瞬間，解讀其中釋放出的重要信息及深意，如在頭條新聞
《習馬握手　跨越海峽　開創歷史》中寫道，「兩岸隔絕狀態破
冰28年來的交往，『九二共識』達成23年來的堅守，國共兩黨
領導人會晤10年來的推動，兩岸和平發展7年來的積累，讓這70
秒的雙手緊握水到渠成」，並發表題爲《「習馬會」夯實兩岸和
平發展政治基礎》的社評對此予以高度評價。

　　然而當2016年蔡英文當選台灣地區領導人後，拒絕承認「一
中」原則，兩岸關係重新面臨重大考驗。由於蔡英文在當年的就
職演說即「5·20講話」中刻意迴避「九二共識」，香港《文匯

報》轉載《人民日報》發表的評論員文章，強調「只有確認體現一個中國原則的政治基礎，兩岸關係制度化交往才能得以延續，兩岸關係和平發展成果才不會得而復失。台灣當局新領導人必須完成沒有完成的答卷。」① 但此後蔡當局不僅沒有補交答卷，反而小動作不斷，使兩岸關係不斷惡化，不僅官方交流停擺，民間交往亦見倒退。2016年12月初蔡英文與美國當選總統特朗普通電話，頓時激起千層浪，香港《文匯報》批評此舉更充分暴露蔡英文「其所謂兩岸三項原則——『溝通、不挑釁、沒有意外』——的虛偽本質和欺騙性。」② 為促兩岸關係趨向正軌，香港《文匯報》除了呼籲蔡英文當局盡快承認「九二共識」，還經常報道台灣內部尤其是國民黨方面的理性態度，如2017年5月20日吳敦義當選新一任中國國民黨主席後，該報在社評《國共攜手反「台獨」 促兩岸關係回正軌》中認為，面對民進黨當局推行「去中國化」和「柔性台獨」，國共兩黨堅持「九二共識」的共同政治基礎顯得尤為重要，亦牽涉到兩黨的進一步合作。2017年10月13日又報道了在中國國民黨舉行的「紀念兩岸交流30周年」大會上馬英九對當局「回歸『九二共識』、反對『台獨』、推動兩岸和平發展，才是真正為台灣人民」的呼籲。2018年1月春節期間，蔡英文當局又在兩岸春節包機上作梗，致使東航、廈航兩家航空公司共176班兩岸春運加班航班被取消，香港《文匯報》批評蔡英文當局上台以來，不僅拒不承認「九二共識」，還在兩岸涉及民生的問題上開倒車，為兩岸民間往來製造障礙，「這種罔顧民眾利益、以政治綁架民生的做法，受到兩岸輿論嚴厲批

① 《人民日報評論員文章：蔡英文須完成沒有完成答卷》，香港《文匯報》，2016年5月21日A04版。
② 《蔡英文搞小動作必嘗苦果》，香港《文匯報》，2016年12月5日A05版。

評」，並表明「當今世界絕大多數國家均與中華人民共和國建立
了外交關係，國際社會普遍承認一個中國的原則，『九二共識』
是兩岸開展協商的唯一正確軌道。民進黨放著陽光大道不走，企
圖用其他旁門左道的手段來實現其『隱性台獨』的目的，這絕對
是低估了中國內地維護國家統一和領土完整的決心，是對兩岸關
係發展大趨勢的嚴重誤判，注定不會得逞。」①

---

① 《以春節航班作「要挾」　蔡英文用錯腦走錯路》，2018年1月29日A06版。

附錄

一、香港《文匯報》歷任負責人更迭一覽表

職位	姓名	任職時間
董事長	【英】克明	1938–1939
	李濟深	1948–1952
	梅文鼎	1952–1982
	李子誦	1982–1989
	張雲楓	1992–2003
	張國良	2003–2008
	王樹成	2008–2015
社長	吳荻舟	1957–1962
	孟秋江	1962–1967
	李子誦	1978–1989
	張雲楓	1992–1999
	劉再明	1999–2000
	張國良	2000–2008
	王樹成	2008–2015
	姜在忠	2016–今
總編輯（總主筆）	【英】克明（總主筆）	1938–1939
	胡惠生	1938–1939
	徐鑄成（主筆，主持筆政）	1938–1939
	儲玉坤（總主筆）	1945–1946
	宦鄉（副總主筆，主持筆政）	1946
	徐鑄成（總主筆）	1946–1947 1948–1949
	馬季良	1946–1947 1948

職位	姓名	任職時間
	金仲華	1949
	劉思慕	1949–1950
	莫乃群	1950
	孫師毅	1950
	劉火子	1950–1951
	馮英子	1951
	李子誦	1951–1978
	金堯如	1978–1983
	楊正彥（總主筆）	1985–1986
	張雲楓	1986–1992
	劉再明	1992–2000
	王伯遙	2003–2010
	李曉惠	2010–2015
	吳明（執行總編輯）	2015–今
總經理	嚴寶禮	1938–1939 1945–1947 1948–1951
	余鴻翔	1951–1979
	王家禎	1980–1989
	胡煥長	1991–1999
	潘一黎	1999–2003
	仇學忠	2004–2008
	顧行偉	2008–2010
	歐陽曉晴	2010–2016

二、香港《文匯報》歷年「香港報業公會年度新聞獎」
獲獎情況一覽

公佈年份	獲獎組別	名次	名稱	作者
2002	最佳新聞版面設計	亞軍	《2001第一天》專輯	
2003	最佳新聞版面設計	冠軍	《眉已白心仍赤——鏡頭下的董建華》	李漢成 美工組
	最佳經濟新聞寫作(中文組)	優異	《項部長中大細談難忘經驗》	陸秀霞
2004	最佳新聞寫作(中文組)	冠軍	《溫家寶：中國總理不好當！》	李偉平
	最佳新聞報道	優異	《憂戚東江》系列	涂俏
2005	最佳經濟新聞寫作(中文組)	亞軍	《產煤大國遭遇煤炭危機！》	郭玲玲
	最佳新聞寫作(中文組)	季軍	《紅梅浴火留暗香》	余綺平
	最佳標題(中文組)	優異	《再見須待九年後，今宵香江月最圓》	張景華
2006	最佳新聞寫作(中文組)	冠軍	《陳家山礦難家屬愁對春節》	楊樹梅 李陽波
	最佳標題(中文組)	冠軍	《告訴日本：不是輸了，而是錯了！》	汪峰
	最佳科學新聞報道	季軍	《李述湯：用納米看大千世界》	曾家輝
	最佳經濟新聞寫作(中文組)	亞軍	《烏金天府蒙「污名」，羞吟山西好風光》	張玉蘭 王寬應
	最佳經濟新聞寫作(中文組)	季軍	《港企三招自救，留住民工》	羅愛文 熊君慧 趙鵬飛
2007	最佳標題	冠軍	《名校響警號　又出狀元又出賊》	鄒潔儀
	最佳標題	亞軍	《霍公臨終念奧運　落葉歸根是香江》	姚逸民
	最佳新聞版面設計	季軍	「阿扁下台！」	盧少光 美術部
	最佳新聞寫作(中文組)	季軍	《走近告御狀的人群》	張悅 祝莉、實習記者張萌
	最佳新聞寫作(中文組)	優異	《334個孩子　334幕悲劇》	常劍虹 田建東
	最佳圖片組(特寫)	季軍	《奇幻水母》	羅蘭蓉

2008	最佳經濟新聞寫作(中文組)	冠軍	《日匯劇升衰十年 中國慎防蹈覆轍》	胡海巖
	最佳經濟新聞報道	冠軍	《港企下一站系列報道》	羅愛文 趙鵬飛 劉揚 唐苗苗
	最佳標題(中文組)	冠軍	《嫦娥安抵廣寒 中華攬月夢圓》	盧少光 李楠、陳功
	最佳新聞寫作(中文組)	冠軍	《鋼管穿腹插膽 鐵籠囚禁一生》	熊君慧
	最佳新聞寫作(中文組)	季軍	《導遊媽媽以來的母親節》	郝君兒
	最佳新聞寫作(中文組)	優異	《走近北京兒童醫院 蝸居車庫的孩子們》	江鑫嫻
	最佳新聞寫作(中文組)	優異	《冷靜選路救7人 腳踩實地哭出聲》	楊奕霞
	最佳標題(中文組)	季軍	《一筆環境債兩地攜手還 粵港環保無「兩制」》	李楠
	最佳標題(中文組)	優異	《不愛學海投股海》	張旭婕
	最佳標題(中文組)	優異	《炒風日盛師長憂》	
	最佳新人	季軍	「反思內地兒童醫保系列」	江鑫嫻
	圖片組(新聞組)	亞軍	《千鈞一髮》	梁祖彝
	圖片組(特寫組)	優異	《覺光終償夙願》	高仲明
	圖片組(特寫組)	優異	《中頭獎》	劉國權
2009	最佳經濟新聞報道	冠軍	《金融海嘯下的珠三角》	
	圖片組(特寫組)	冠軍	《飛來橫禍》	潘達文
	最佳新聞寫作(中文組)	亞軍	《逾百喪子家長泣問:周邊民房不垮 何故校樓獨塌》	江鑫嫻 向雷
	最佳經濟新聞寫作	優異	《營運回歸「傳統」 港銀盈利臨重挫》	
	最佳經濟新聞報道	優異	《越南困局 本報直擊系列》	羅愛文 羅斯、劉揚
	圖片組(新聞組)	優異	《難為兩餐》	李志樑
	最佳新聞寫作(中文組)	優異	《今天兒童節 孩子你在哪?》	趙鵬飛 李東波
	最佳科學新聞報道	優異	《張健華創節水種植法 令塞北變江南》	覃卓嘉 任智鵬
	最佳科學新聞報道	優異	《探索基因秘密 引入最新療法 破解鼻咽癌魔咒》	曾家輝
	最佳新人	季軍	《港珠澳大橋　融資方案初定》	劉揚
	最佳標題	優異	《美國金融爛賬 全球埋單》	羅雅蘭

	圖片組(體育組)	冠軍	《意外失手》	徐慧華
2010	最佳新聞寫作(中文組)	亞軍	《浩劫一週年系列報道》	趙鵬飛 王長富 向雷 朱琳
	最佳新聞版面設計	亞軍	《愛滋兒童：許我一個未來》系列報道	李楠 美工部
	最佳科學新聞報道	亞軍	《中大創零污染 超長壽電池》	覃卓嘉
	最佳科學新聞報道	季軍	《理大中西合璧 研新藥救癡呆》	覃卓嘉
	最佳科學新聞報道	優異	《革新乙肝研究 學者屢創成績減患癌風險》	曾家輝
	最佳經濟新聞報道	優異	《中央經濟工作會議深度解讀系列》	胡海巖 李雪穎
	最佳經濟新聞寫作(中文組)	優異	《酒店娛樂業笙歌漸稀落 夜生意跌8成》	羅愛文 謝白清 肖郎平 任田
	最佳標題(中文組)	季軍	《香江豪宅價狂飆 幾家歡喜萬家愁》	朱韻詩
2011	最佳新聞報道	亞軍	「追擊內地兒童拐棄系列」	林舒婕 魯欣
	最佳新聞寫作(中文組)	優異	《8萬港人靜默遊行誓究真相 大悲無言 公義無價》	邱萍菲
	最佳科學新聞報道	優異	《港大四傑組「宇宙最強」研究隊　探尋外太空生物》	周婷 任智鵬
	圖片組(體育組)	優異	《全城動容》	徐慧華
2012	最佳新人	季軍	《5,800萬守望小天使：爸媽，春節能回家嗎?》 《慘過「蟻族」京城百萬人淪鼠族》	李茜婷
	最佳新聞寫作(中文組)	優異	《溫總：憂國不謀身》	王玨 周逸
	最佳科學新聞報道	優異	「系列報道－香港科研挑戰」	周婷
	最佳標題(中文組)組	優異	《不理民憤拒降加幅 港燈巧取 中電豪奪》	姚逸民 陳功
	最佳經濟新聞寫作(中文組)	優異	《必升神話破滅　人幣終有貶值時》	馬子豪

2013	最佳標題(中文組)	冠軍	《長毛長拉　長津長無》	陳功
	最佳標題(中文組)	優異	《瑞典榮領諾獎　東方睿智論文學　有用因無用 莫言勝萬言》	陳功
	最佳科學新聞報道	冠軍	「試管裡的苦茶專題系列」	歐陽文倩
	最佳新聞寫作(中文組)	冠軍	《11天使在哭泣　這個聖誕無奇跡》	程相逢、陳融雪、吳文倩
	最佳新聞版面設計	優異	「內地自然保護區系列」	鄭慧欣、鄭世雄、美術部
	圖片組(新聞組)	優異	《另一個戰場》	劉國權
2014	最佳科學新聞報道	亞軍	「科教興國系列」	歐陽文倩 任智鵬
	最佳新人	冠軍	《出口貿易受影響　朝商憂半島開戰》 《小米加步槍 打敗美國佬》 《老兵不堪回故地　憑江悼戰友》	于珈琳
	最佳新聞寫作(中文組)	季軍	《淮河衛士:環保喜劇　我來導演》	劉蕊 駱佳、馬靜
	最佳新聞版面設計	季軍	「紀念抗美援朝勝利系列」	鄭慧欣 鄭世雄
	最佳經濟新聞寫作(中文組)	優異	《生意陷「夏日寒冬」為節流捨「面子」反腐重挫高端消費 外灘名店大逃亡》	章蘿蘭、孔雯瓊、錢修遠
	最佳標題(中文組)	冠軍	《京城十面霾伏　故宮百步迷蹤》	陳振傑
	圖片組(新聞組)	季軍	《奶粉?！搶呀!》	曾慶威
2015	最佳新聞寫作(中文組)	季軍	《90後遺容化妝師妝點生死對話讓逝者享尊嚴讓生者得慰藉》	于永傑
	最佳科學新聞報道	季軍	「80後科研精英系列」	鄭伊莎、馮晉研、歐陽文倩、任智鵬
	圖片組(新聞組)	季軍	《記者採訪被索頸》	黃偉邦
	圖片組(特寫組)	季軍	《鍾校長「下課」胡鴻烈送上紅玫瑰》	劉國權
	最佳科學新聞報道	優異	「機械人革命系列」	鄭伊莎
	最佳經濟新聞報道	優異	「內房觀察系列」	蘇洪鏘、張易、顏倫樂、陳堡明
	最佳標題(中文組)	優異	《「佔中」清尾場 銅鑼響「叮叮」》	陳振傑
	最佳標題(中文組)	優異	《縱慾落獄 肥龍入籠 許仕仁判囚七年半 須還千萬賄款》	陳功 羅紀良

2016	最佳科學新聞報道	冠軍	「探析氣候變化系列」	鄭伊莎
	最佳科學新聞報道	亞軍	「巾幗科研路系列」	馮晉研
	最佳新聞寫作(中文組)	季軍	「阿福五年祭二之一玉樹孤兒：阿福哥，你是我們的佛」	王岳 肖剛
	最佳文化藝術新聞報道	季軍	「守望本土文化系列」	徐全
2017	最佳經濟新聞報道	冠軍	「應對人民幣貶值系列」	李昌鴻、王莉、章蘿蘭、孔雯瓊
	最佳標題(中文組)	冠軍	「霾沒半壁河山 難吸一口淨氣」	鄭慧欣
	科學新聞報道	亞軍	「AI新時代系列」	鄭伊莎、任智鵬、歐陽文倩、姜嘉軒、吳希雯、黎忞
	科學新聞報道	優異	「邵逸夫獎系列」	鄭伊莎
	最佳文化藝術新聞報道	優異	「探索本土系列」	歐陽文倩 姜嘉軒
	最佳新聞寫作(中文組)	優異	《戲院伴民甲子 皇都恐成歷史》	翁麗娜 岑志剛
	最佳新聞版面設計(單版組)	優異	《塗鴉藝術難落腳『街頭潔癖』幾時休》	李嘉嘉 謝錦輝
2018	最佳標題(中文組)	冠軍	《詩壇巨擘余光中仙遊 享壽九十 餘光凝海峽 鄉愁無了期》	明澤宏
	最佳科學新聞報道	亞軍	「納米生物科技系列」	任智鵬、鄭伊莎、黎忞
	最佳文化藝術新聞報道	亞軍	「探索城市人文系列」	徐全
	最佳經濟新聞寫作(中文組)	亞軍	《海航啟德消失的1200伙》	顏倫樂
	最佳圖片(新聞組)	季軍	《再坐一會》	潘達文
	最佳圖片(體育組)	優異	《一劍封喉》	郭正謙
	最佳標題(中文組)	優異	《東鐵「死火」市民「扯火」》	羅紀良

書名：《**香港文匯報簡史**》

著　　者：黃　瑚　等

責任編輯：黃錫豪　王新源
裝幀設計：張　敏

出　　版：香港文匯出版社有限公司
　　　　　香港仔田灣海旁道七號興偉中心29樓
電　　話：28738288

發　　行：香港聯合書刊物流有限公司
　　　　　香港新界大埔汀麗路36號中華商務印刷大廈3字樓
電　　話：21502100

印　　刷：美雅印刷製本有限公司
　　　　　香港九龍觀塘榮業街6號海濱工業大廈二期4字樓

版　　次：2019年7月初版
國際書號：ISBN　978-962-374-706-6

定　　價：港幣180元